西北师范大学教育科学学院

◆ 博士学位论文丛书 ◆

万明钢　王兆璟　总主编

民族团结教育课程实施的理论与实践研究

刘卫民 ◎ 著

甘肃人民出版社

甘肃·兰州

图书在版编目（CIP）数据

民族团结教育课程实施的理论与实践研究 / 万明钢，王兆璟总主编；刘卫民著. -- 兰州 : 甘肃人民出版社，2024.12. --（西北师大教育学博士学位论文丛书）.
ISBN 978-7-226-06101-5

Ⅰ．D633

中国国家版本馆CIP数据核字第2024N79Q07号

责任编辑：魏清露
封面设计：李万军

民族团结教育课程实施的理论与实践研究
MINZU TUANJIE JIAOYU KECHENG SHISHI DE LILUN YU SHIJIAN YANJIU

万明钢 王兆璟 总主编
刘卫民 著

甘肃人民出版社出版发行
（730030 兰州市读者大道568号）
兰州新华印刷厂印刷

开本 787毫米×1092毫米 1/16 印张 22.25 插页 3 字数 345 千
2024 年 12 月第 1 版 2024 年 12 月第 1 次印刷
印数：1~1 000

ISBN 978-7-226-06101-5　　定价:68.00 元

目 录

摘　要 ………………………………………………………………… 001

Abstract ……………………………………………………………… 005

第一章　引　论 …………………………………………………… 001

一、研究缘起 ……………………………………………………… 001

　　(一) 时代对民族团结教育课程的呼唤 ……………………… 002

　　(二) 民族团结教育课程发展的需要 ………………………… 004

　　(三) 民族团结教育课程实施的现实困境 …………………… 005

二、核心概念界定 ………………………………………………… 006

　　(一) 课程 ……………………………………………………… 006

　　(二) 民族团结教育课程 ……………………………………… 007

　　(三) 课程实施 ………………………………………………… 011

三、研究目的与意义 ……………………………………………… 013

　　(一) 研究的目的 ……………………………………………… 013

　　(二) 研究的意义 ……………………………………………… 014

第二章　文献综述 ………………………………………………… 016

一、关于课程实施的相关研究 …………………………………… 016

（一）关于课程实施内涵的研究 …………………………………… 016
　　（二）关于课程实施取向的研究 …………………………………… 017
　　（三）关于课程实施影响因素的相关研究 ………………………… 024
二、民族团结教育课程的研究现状 ……………………………………… 028
　　（一）民族团结教育课程体系研究 ………………………………… 028
　　（二）关于民族团结教育课程目标的研究 ………………………… 030
　　（三）关于民族团结教育课程内容的研究 ………………………… 032
　　（四）关于民族团结教育融入相关学科教育的研究 ……………… 034
三、民族团结教育的相关研究 …………………………………………… 035
　　（一）理论层面多学科综合视域的民族团结教育研究 …………… 036
　　（二）基于实践分析层面的民族团结教育研究 …………………… 040

第三章　研究的设计、方法与过程 …………………………………… 045

一、理论基础 ……………………………………………………………… 045
　　（一）多元文化教育理论 …………………………………………… 045
　　（二）交往互动理论 ………………………………………………… 048
　　（三）课程理论 ……………………………………………………… 051
二、研究的思路与框架 …………………………………………………… 053
　　（一）研究思路 ……………………………………………………… 053
　　（二）研究问题 ……………………………………………………… 054
　　（三）研究框架 ……………………………………………………… 055
三、研究方法的确定 ……………………………………………………… 056
　　（一）调查研究法 …………………………………………………… 056
　　（二）文本分析法 …………………………………………………… 061
　　（三）观察法 ………………………………………………………… 061

第四章　民族团结教育课程实施现状 ………………………………… 063

一、民族团结教育课程实施的背景 ……………………………………… 063

（一）民族团结教育课程文件分析 …………………………… 063
　　（二）正式的民族团结教育课程资源分析 …………………… 073
二、民族团结教育专项课程实施现状考察 ……………………………… 083
　　（一）民族团结教育专项课程被纳入政治课程中实施 ………… 084
　　（二）民族团结教育专项课程教材变动频繁 ………………… 084
　　（三）民族团结教育专项课程未得到应有重视 ……………… 085
　　（四）民族团结教育专项课程开设效果不佳 ………………… 091
三、融于学科教学的民族团结教育课程实施现状 ……………………… 096
　　（一）学科课程民族团结教育资源考察 ……………………… 097
　　（二）学科课程实施主体考察 ………………………………… 102
　　（三）学科课程课堂观察 ……………………………………… 113
四、融于活动课程的民族团结教育课程实施现状 ……………………… 124
　　（一）民族团结教育活动课程的主要形式 …………………… 124
　　（二）民族团结教育活动课程的实施主体考察 ……………… 127
　　（三）活动课程的实施现状探究 ……………………………… 131
五、民族团结教育课程实施存在的问题 ………………………………… 140
　　（一）课程实施的路径有缺失 ………………………………… 140
　　（二）课程实施领导和组织者作用发挥不到位 ……………… 141
　　（三）课程实施主体——教师的民族团结教育素养欠缺 …… 143
　　（四）课程实施保障不足 ……………………………………… 143
　　（五）课程内涵不足 …………………………………………… 145

第五章　民族团结教育课程实施的影响因素 …………………… 146

一、课程因素对民族团结教育课程实施的影响 ………………………… 147
　　（一）民族团结教育课程方案的合理性 ……………………… 148
　　（二）民族团结教育课程方案的清晰性 ……………………… 151
　　（三）民族团结教育课程方案的复杂性 ……………………… 155
　　（四）民族团结教育专项课程缺位 …………………………… 159

二、学校因素对民族团结教育课程实施的影响 …………………… 160
　　(一) 学校文化因素 ………………………………………………… 160
　　(二) 学校行政体系的投入 ………………………………………… 163
　　(三) 学校的支持系统 ……………………………………………… 164
三、教师因素对民族团结教育课程实施的影响 …………………… 165
　　(一) 教师的参与和态度 …………………………………………… 166
　　(二) 教师的课程决策 ……………………………………………… 167
　　(三) 教师的能力 …………………………………………………… 168
四、环境因素对民族团结教育课程实施的影响 …………………… 170
　　(一) 地方行政的影响 ……………………………………………… 170
　　(二) 社会环境的影响 ……………………………………………… 171

第六章　民族团结教育课程的本体探源与价值追求 …………… 174

一、民族团结教育课程的本体探源 ………………………………… 175
　　(一) 民族团结思想的历史回溯 …………………………………… 175
　　(二) 民族团结教育的嬗变 ………………………………………… 185
二、民族团结教育课程的生成逻辑与价值追求 …………………… 193
　　(一) 民族团结教育课程的生成逻辑 ……………………………… 194
　　(二) 民族团结教育课程的价值追求 ……………………………… 202

第七章　民族团结教育课程实施的应然取向 …………………… 210

一、民族团结教育课程实施的应然追求 …………………………… 210
　　(一) 回归民族团结教育课程的价值本真 ………………………… 210
　　(二) 建构各族青少年的民族团结意识 …………………………… 214
　　(三) 实践社会对青少年发展的终极关怀 ………………………… 218
　　(四) 彰显民族团结教育课程的人文秉性 ………………………… 221
　　(五) 由理想世界回归生活世界 …………………………………… 223
二、民族团结教育课程实施的原则 ………………………………… 224

（一）整体育人原则 …… 224
　　（二）知情意行统一原则 …… 226
　　（三）民族团结教育与公民教育相结合原则 …… 226
　　（四）多样性和统一性平衡原则 …… 227
　　（五）及时的反馈与调节原则 …… 227
　三、民族团结教育课程实施的应然路径 …… 228
　　（一）课程范式的转型与重建 …… 228
　　（二）民族团结教育课程结构与模式建构 …… 235
　　（三）民族团结教育课程实施的实践路径 …… 243

第八章　学校民族团结教育课程实施的基本模式 …… 245

　一、搭建校内民族团结教育课程实施体系 …… 245
　　（一）建立联系紧密的课程实施管理机构 …… 245
　　（二）营造全员育人的教师文化 …… 246
　　（三）建构嵌入式的校园各民族师生交融格局 …… 247
　二、民族团结教育专项课程实施的基本模式 …… 248
　　（一）民族团结教育专项课程的师资 …… 248
　　（二）课程的支持机构与课程管理 …… 249
　　（三）民族团结教育专项课程的教学模式 …… 250
　三、融于学科课程的民族团结教育课程实施的基本模式 …… 251
　　（一）把握学科课程的民族团结教育内容 …… 251
　　（二）坚持意识形态再生产的创生取向实施课程 …… 256
　四、民族团结活动课程实施的基本模式 …… 257
　　（一）学校民族团结教育活动课程的类型 …… 257
　　（二）民族团结教育活动课程的设计 …… 260
　　（三）民族团结教育活动课程的实施 …… 261
　五、重视隐性课程的教育作用 …… 262
　　（一）校园物质环境 …… 263

（二）校风（班风） ………………………………………………… 264
（三）制度文化 …………………………………………………… 264

第九章 民族团结教育课程实施的实践案例 …………………………… 265

一、融于学科教学的民族团结教育课程实践案例 ……………………… 266
（一）历史课程之中华民族起源 ………………………………… 266
（二）富含爱国情感的历史课程之中华民族融合发展 ………… 269
（三）关照多元文化元素的语文课堂 …………………………… 275

二、基于活动课程的实践案例 …………………………………………… 279
（一）"九同"融情式校园文化课程案例 ………………………… 279
（二）浸润式文化引领课程案例 ………………………………… 280
（三）爱国主义教育活动课程案例 ……………………………… 282
（四）社会实践活动课程案例 …………………………………… 283
（五）主题式活动课程案例 ……………………………………… 284
（六）科技文体活动课程案例 …………………………………… 287

第十章 民族团结教育课程实施的策略与方法 ……………………… 289

一、民族团结教育课程实施的策略 ……………………………………… 289
（一）课程实施策略的分析与抉择 ……………………………… 289
（二）富有弹性的实施策略与模式探索 ………………………… 292
（三）建构一体化的课程实施支持体系 ………………………… 294

二、民族团结教育课程实施的推进策略 ………………………………… 296
（一）建立有利于民族团结教育课程实施的外部支持系统 …… 296
（二）改善民族团结教育课程实施的条件 ……………………… 298
（三）提升教师民族团结教育素养 ……………………………… 302

第十一章 结论与建议 …………………………………………………… 307

一、研究的结论 …………………………………………………………… 308
（一）现实的民族团结教育课程实施面临困境 ………………… 308
（二）民族团结教育课程实施受到多方面因素的影响 ………… 308

（三）民族团结教育课程的本体价值追求是课程的逻辑起点 …… 309
（四）民族团结教育课程实施应回归课程的价值本真 ………… 310
（五）应以整体课程范式建构民族团结教育课程及其实践路径
　　……………………………………………………………… 311
（六）注重学校民族团结教育课程实施体系的合理建构 ……… 312
（七）结构互嵌的校园组织是实施民族团结教育课程的基础
　　……………………………………………………………… 312
（八）应采用富有弹性的实施策略并建构一体化的课程支持体系
　　……………………………………………………………… 312

二、建议 …………………………………………………………… 314
（一）尽快出台正式的《学校民族团结教育指导纲要》……… 314
（二）营造健康的民族团结教育课程实施生态环境 …………… 314
（三）关注中小学校长的专业发展 ……………………………… 315
（四）推进民族地区基础教育均衡化发展 ……………………… 316
（五）营造全社会支持民族团结教育课程实施的氛围 ………… 316

参考文献 …………………………………………………………… 317

致　谢 ……………………………………………………………… 337

摘 要

进入 21 世纪以来，世界多极化、经济全球化更深入发展，文化多样化、价值多元化持续推进，和平与发展始终是社会发展的主流和本质，但和平发展与区域合作的挑战持续存在。近些年，国际政治形势动荡，全球金融危机影响深刻，社会矛盾、民族、宗教冲突不时成为时代发展中不和谐的音符时有显现。在这样的时代背景下，世界各国都在以各种方式来维系国家认同、民族认同，以增强国民内聚力，维护国家安全和社会稳定。

2008 年 11 月《学校民族团结教育课程实施纲要（试行）》的颁布，标志着我国民族团结教育课程从隐性课程到显性课程，从非正式教育课程到正式教育课程的重大转变，民族团结教育课程开始了课程化、科学化的发展道路。民族团结教育课程纳入中小学课程系列十余年来，对于提升公民民族团结意识、营造和谐民族关系、构建和谐社会发挥了重要的作用。然而民族团结教育课程化以来，课程实施面临着困境，课程实施效果与课程理想之间差距显现。

该论文聚焦民族团结教育课程实施研究，采用调查研究法、文本分析法、观察法，通过理论与实践、一般与特殊、质性与量化的研究范式，立足民族团结教育课程实施的现状，探究了民族团结教育课程的本体溯源与价值追求，探索民族团结教育课程实施的优化策略与方法。为此，论文在梳理民族团结教育和课程实施相关研究的基础之上，首先结合量化和质性研究方法，从广义"课程"概念视角，沿着民族团结教育课程的实践路径——专项课程、融于学科课程的民族团结教育课程、民族团结教育活动课程实施现状进行了实证研究，并探究了影响民族团结教育课程实施的影响因素。其次，探析了我国民族团结思想和民族团结教育的历史发展脉络，提出了民族团结教育课程的价值追求。再次，对标民族团结教育课程的价值追求，在理想与现实的对照之下提出了应然的民族团结教育课程实施路径，建构了基于整体课程范式的民族团结教育课程形态和学校民族团结教育课程实施的基本模式，并提供了可资借鉴的民族团结教育课程实践案例。最后，提出了优化民族团结教育课程实施的策略与方法。

研究者深入研究场域开展理论与实践研究，通过对民族团结教育课程实施现状的实证考察，本论文提出，现实的民族团结教育课程实施，存在课程实施路径缺失、课程实施领导和组织者作用发挥不到位、课程实施主体——教师的民族团结素养欠缺、课程实施保障不足、课程内涵不足等问题。基于对课程实施现状的分析，该论文从课程本身、学校、教师、环境四个方面分析了影响民族团结教育课程实施的因素。得出民族团结教育课程设计方案不合理、不清晰、实施复杂影响课程实施，民族团结教育专项课程教材变动大，执教困难等诸多原因使得专项课程缺位；学校的应试文化、学校行政体系设置、学校的课程支持不足影响民族团结教育课程运行；教师参与态度不积极、教师的课程决策不当、教师民族团结教育能力不足使课程实施效果不佳；行政干预多，学校疲于应付、社会区域发展不平衡、社会民族团结氛围、家庭背景、社会支持等也是影响民族团结教育课程实施的重要因素。

通过对课程本体的探源和价值取向的研究，论文提出，民族团结教育课程尽管在近年来才显现为正式课程，但其课程本体早已存在。中国古代的社会思想和政治文化中就蕴藏着丰富的民族团结意蕴，并在历朝历代的社会管理和人民交往中实践着民族团结。因此，中国语境下的"民族团结"是伴随多元一体格局逐步形成的厚重历史文化积淀，"民族团结"作为一种文化符号，是融入中华民族血脉的中华优秀传统文化元素，是我国统一多民族国家和多元文化社会的道德规范、也是社会制度和公民义务之一。民族团结教育课程的价值追求，是实现对未来和谐社会的建构与调控、体现对青少年在多元社会中成长和发展的终极关怀，实现对社会文化的代际传递。为了优化民族团结教育课程实施，论文提出，民族团结教育课程实施应超越分科课程桎梏，回归民族团结教育课程的价值本真，对照课程的价值追求，实践课程对未来社会的建构与调控，展现课程"以文化人"的育人品格，建构青少年的民族团结意识，实践课程对青少年发展的终极关怀。在课程实施中应彰显课程的人文秉性，由理想世界回归生活世界实践课程。为实现课程理想，该论文认为，应推动民族团结教育课程范式的转型与重建，以整体课程范式课程观设计、实施、评价民族团结教育课程。

整体课程范式课程观视域中的民族团结教育课程，在课程目标确立上兼顾青少年成长、社会生活和课程发展需要，实现三者的有机统一；在课程内容选择与组织上，实现中华民族文化、各民族文化、地域文化的有机整合，实现直接经验与间接经验、个人经验与社会经验的有机统整；在课程实施中建构开放、动态的课程实施系统；在课程评价上，以背景评价、输入评价、过程评价和成果评价四个维度的连续反馈实现目标、内容、实施与评价的有机结合。

以整体课程范式课程观建构的民族团结教育课程，统整专项课程、融入学科课程的民族团结教育课程、民族团结教育活动课程为有机整体。论文建议，设计嵌入式专项课程，即专项课程由地方组织开发，嵌入《思想品德》《历史与社会》课程中实施。尝试建构了"三纵一横"民族团结教育实践路径，使民族团结教育课程兼具国家课程、地方课程和学校课程的特征，体现课程的统一性、地域性和灵活性。基于民族团结教育课程的理论建构，该研究进行了实践探索，提出了学校民族团结教育课程实施的基本模式，沿专项课程、融入学科课程的民族团结教育课程、民族团结教育活动课程三条实践路径提出了课程实践的条件保障、支持系统等，并提供了可资借鉴的实践案例。

研究的最后，该论文从宏观层面建议，采取富有弹性的课程实施策略推进课程实施，建构一体化的民族团结教育课程支持体系，建立有利于民族团结教育课程实施的外部支持系统，改善民族团结教育课程实施的条件，提升教师民族团结教育素养。为有效推进民族团结教育课程实施，建议对试用版《纲要》的经验和不足进行总结，尽快出台正式的《学校民族团结教育指导纲要》，营造健康的民族团结教育课程实施生态环境，关注中小学校长的专业发展提升课程领导能力，推进教育均衡化发展，营造全社会支持民族团结教育课程实施的良好氛围。

关键词：课程；民族团结教育课程；课程实施；实施模式；实施策略

Abstract

Since the coming of the 21st century, with the in-depth development of world multipolarization, economic globalization and the ongoing of the cultural diversity and value diversification, development in peace has always been the mainstream and essence of social development, but peaceful development and the challenges of regional cooperation still persist. In recent years, the international political situation is turbulent and the global financial crisis has a profound impact, where social contradictions, ethnic and religious conflicts often become the discordant notes in the development of times. According to such background, countries throughout the world are maintaining national identity and ethnic identity in various ways in order to strengthen national cohesion andsafeguard national security and social stability.

In November 2008, the issuance of "the syllabus on Education of national Unity in Schools (Trial)" marked the great change of the national unity education curriculum in China from implicit curriculum to the explicit curriculum, from the informal curriculum to the formal curriculum.Since then, the course of curricularization and scientificization has come into being in the curriculum of national unity education. In the past ten years, with the national unity education curriculum incorporated into the primary and secondary school curriculum, it has played an important role in promoting citizens' national unity consciousness, improving a harmonious national relationship andbuilding a harmonious society. However, with the development of national unityeducation curricularization, the implementation of curriculum is faced with difficulties in the emerging gap between the effect of course implementation and the ideal of thecourse.

The paper focused on the implementation of national unity education curriculum, using investigation method, text analysis method, observation method, Through the theory and practice, the general and special, qualitative and quantitative research paradigm, based on the present situation of the national unity education curriculum implementation, the paper explored the national unity education curriculum resource and value pursuit of ontology, and explored the optimization of national unity education curriculum implementation strategies and methods. Therefore, on the basis of sorting out relevantstudies on national unity education and curriculum implementation, this paper first combined quantitative and qualitative research methods, and from the perspective of the concept of "curriculum" in a broad sense, conduceted empirical research along the practical path of national unity education curriculum -- special curriculum, national unity education curriculum integrated into disciplinary curriculum, and national unity education activity curriculum implementation status, and explored the influencing factors of national unity education curriculum implementation. Secondly, the paper analyzed the historical development of national unity thought and national unity education in China, and put forward the value pursuit of national unity education curriculum. Thirdly, in the contrast of ideal and reality, this paper proposed the appropriate implementation path of national unity education curriculum, constructed the curriculum form of national unity education based on the overall curriculum paradigm and the basic mode of implementation of school national unity education curriculum, and provived practical cases of national unity education curriculum for reference. Finally, the paper presented the Strategies and methods of optimization of national unity education curriculum implementation.

Abstract

Through the empirical investigation of the implementation status of national unity education curriculum, this paper proposed that the implementation of national unity education curriculum in reality has problems such as the lack of curriculum implementation path, the inadequate role of curriculum implementation leaders and organizers, the lack of national unity quality of teachers, the lack of curriculum implementation guarantee and the lack of curriculum connotation. Based on the analysis of the current situation of curriculum plementation, this paper analyzed the factors affecting the implementation of national unity education curriculum from four aspects: curriculum itself, school, teacher and environment.It is concluded that national unity education curriculum design is not reasonable, and not clear, the implementation of complex influence curriculum implementation, national unity education specialized curriculum changes frequently difficult in teaching, and many other reasons that absence of specialized course; the examination-oriented culture, the establishment of school administrative system and the lack of school curriculum support affect the curriculum operation of national unity education.Teachers' attitude to participate in the curriculum is not positive, teachers' curriculum decision-making is inappropriate, unsatisfying effect of the curriculum implementation because of teachers' inability on national unity; Many administrative interventions, schools struggling to cope with theuneven development of social regions, social atmosphere of ethnic unity, family background and social support are also important factors affecting the implementationof national unity education curriculum.

Through the research on the origin and value orientation of the curriculum ontology, this paper put forward that although the curriculum of national unity education has only appeared as a formal curriculum in recent years, its curriculum ontology has already existed. Social thoughts and political culture in ancient China are rich in the unity of the connotation, and in the social management and the people who lived in ages past activities practiced national unity. Therefore, "national unity" in the Context of China is a historical accumulation gradually formed along with the pattern of pluralistic integration. As a cultural symbol, "national unity" is an excellent traditional cultural element integrated into the blood of the Chinese nation, as well as a moral norm, social system and civic duty of China's pluralistic society. Value pursuit of national unity education course, is to realize the construction of a harmonious society in the future and regulation, reflect on teenagers in a pluralistic society ultimate care for growth and development, realize the intergenerational transmission of social culture. In order to optimize the national unity education curriculum implementation, the paper put forward, the national unity education curriculum implementation should be beyond the shackles of branch course, return to national unity education curriculum value authenticity and, contrast value pursuit of the course, the national unity education curriculum implementation should also practice course of construction and regulation of the future society, show the course "humanistic" character education, construct the teenagers national unity consciousness, practice courses of ultimate care of children and youth. In order to realize the curriculum ideal, this paper argued that it is necessary to promote the transformation and reconstruction of the curriculum paradigm of ethnic unity education, and to design, implement and evaluate the curriculum of national unity education with the overall curriculum paradigm.

In the ulvole curriculum paradigm curriculum perspective, the curriculum of nation unity education takes into account the needs of youth growth, social life and curriculum development in the establishment of curriculum objectives to achieve the organic unity of the three; In the course content selection and organization, it realizes the organic integration of Chinese national culture, national culture and regional culture, and realizes the organic integration of direct experience and indirect experience, personal experience and social experience. To construct an open and dynamiccurriculum implementation system in curriculum implementation; In course evaluation, continuous feedback from the four dimensions of background evaluation, input evaluation, process evaluation and outcome evaluation are used to achieve the organiccombination of objective, content, implementation and evaluation.

The curriculum of national unity education, which is constructed by the curriculum concept of the whole curriculum paradigm, the curriculum of national unity education integrating the special curriculum, the curriculum of national unity education and the curriculum of national unity education activities, is an organic whole. The paper suggested that the embedded special course should be designed, that is, the special course should be developed by local organizations and implemented in the courses of "Ideology and Morality" and "History and Society". This paper tried to construct the practice path of "three vertical and one horizontal" national unity education, so that the national unity education curriculum has the characteristics of national curriculum, local curriculum and school curriculum, and reflects the unity, regionalism and flexibility of the curriculum. Based on the theory construction of national unity education curriculum, the study on the practice exploration, put forward the implementation of the national unity education school curriculum basic pattern, the special course, integrated subject to national unity education courses, the unity of the three education activity curriculum practice path to ensure curriculum practice conditions, support systems, etc., and provided practical examples for reference.

At the end of the study, this paper proposed from the macro level to adopt flexible curriculum implementation strategies to promote curriculum implementation, construct an integrated curriculum support system for national unity education, establish an external support system conducive to the implementation of national unity education curriculum, improve the conditions for the implementation of national unity education curriculum, and enhance teachers' national unity education quality. In order to effectively promote the implementation of national unity education curriculum, it is suggested to summarize the experience and shortcomings of the pilot version of the "Outline", as soon as possible to issue the formal "Outline" of national unity education guidance in schools, create a healthy ecological environment for the implementation of national unity education curriculum, pay attention to the professional development ofprimary and secondary school principals to improve curriculum leadership, promotebalanced development of education, and create a good atmosphere for the whole societyto support the implementation of national unity education curriculum.

Key Words: curriculum; national unity education curriculum; curriculum implementation. ; course implementation mode; course implementation strategy.

第一章 引 论

一、研究缘起

本研究的缘起,主要基于笔者作为基础教育工作者多年,生于新疆、长于新疆,自小在多民族环境成长和生活,对民族团结之必要性、重要性与紧迫性有着深入骨髓的感悟。工作后从事民族地区基础教育工作多年,一方面深切感受到民族团结教育的极端重要性,另一方面切身体会到民族团结教育课程在实施中面临的诸多困境。

我国是一个统一的多民族国家,多元一体的国情自古使然,民族团结在我国有着深厚的历史积淀。新中国成立以来,民族团结工作备受重视,民族团结教育始终是学校教育的重要内容之一。2008年,教育部联合相关部委出台了《学校民族团结教育指导纲要(试行)》,将民族团结教育课程作为"国家统一要求列入地方课程的重要专项教育"纳入学校课程序列,并规范了民族团结教育课程的目标和内容标准,使民族团结教育进入课程化发展阶段。《纲要》颁布至今已走过了十余个年头,对十余年来民族团结教育课程的实施进行系统研究有助于民族团结教育课程更好地发展。

(一) 时代对民族团结教育课程的呼唤

伴随全球化深入发展,民族主义的浪潮再度涌起,不断侵蚀民族国家,国际局势动荡不安。"全球化重构了民族,带来了民族分化"①。在风云变化的国际局势中,中华民族经历千年的历史沿革和民族发展,在19世纪末20世纪初又经历了近百年屈辱,1949年,以中华人民共和国成立实现了中华民族的独立。在中华民族发展的历史进程中,始终受到国际环境的影响,也承受着来自国际社会的各种思潮冲击。二战以来,随着国际大范围内的民族主义抬头,国际大环境变得更加复杂,东欧剧变、苏联解体、海湾战争以及"9·11"等国际事件催化了新的世界范围民族问题,以"IslamicState"("伊斯兰国")为代表的宗教民族主义与极端暴力相结合威胁着世界和谐与和平。亚太地区民族问题也相当突出,在国外各类敌对势力的扶持下,以"三股势力"为代表的分裂分子打着民族和宗教旗号行分裂国家之罪行,导致国内民族关系发生着微妙的变化,并开始威胁祖国统一和国家安全。

中华民族是一个有着五千年文明发展史的伟大民族,中华民族以中华文化为民族凝聚的内生力量,从自在、自觉到自为,走过了漫长的凝聚、融合发展道路。新中国成立70年来,中国共产党把马克思主义民族理论同中国民族问题相结合,走出了具有中国特色的民族发展之路,确立了党的民族理论和民族政策,把民族平等作为立国的根本原则之一,创造性地确立了民族区域自治制度,开辟了各民族平等团结互助和谐的新纪元。

我国作为统一的多民族国家,民族团结是社会凝聚力的基本内容,也是国家繁荣昌盛的根基,关系到国家和社会的安全稳定,以及中华民族共同的发展利益。"国家的统一,人民的团结,国内各民族的团结,这是我们的事业必定要胜利的基本保证"②。"各民族团结进步是中华民族的生命所在、力

---

① [英]安东尼·吉登斯著,郭忠华编. 全球时代的民族国家:吉登斯讲演录[M].南京:江苏人民出版社,2010:11
② 毛泽东.毛泽东选集(第5卷)[C].北京:人民出版社,1977.363.

量所在、希望所在","我们要站在党和国家事业发展全局的战略高度,充分认识继续推进我国民族团结进步事业的极端重要性和现实紧迫性。"①2014年,习近平在新疆调研中指出:面对当前的新的形势,我们必须以民族团结为基石,坚持社会安全稳定大政方针,培育中华民族共同体意识,促进各民族之间的价值共融与相通。"各民族要相互包容、相互尊重、相互欣赏、相互了解、相互帮助,像石榴籽一样紧紧地抱在一起。"②我国历来将民族团结作为维护国家统一的重要工作之一,毛泽东、邓小平、胡锦涛、习近平等历代党的领导人分别对民族团结的重要性都做出过深入凝练的阐述,表达了对民族团结工作的重视。

然而,在20世纪末,随着世界范围民族主义抬头,国内民族问题也在随着国际局势发生着新的变化,我国不仅面临新的问题,也不得不面对在国外敌对势力扶持下,借人权问题和民族问题向我国实施和平演变渗透的现实问题。这些问题的解决,还需疏堵结合,标本兼治。作为国家的重要组成部分,教育始终扮演培育未来公民的重要角色。民族团结教育课程的开设,在培育未来公民开放包容的民族观,形成民族团结意识方面备受期待。2014年民族工作会议以来,"铸牢中华民族共同体意识"成为党和国家建构新时代统一的多民族国家的战略方针。2019年新中国70华诞前夕,党中央举行盛况空前的全国民族团结教育进步表彰大会。习近平总书记的讲话总结了70年来各民族共同缔造的辉煌成就,提纲挈领地阐述了中华民族多元一体的独特、丰厚的历史文化积淀,对新时期的民族团结工作提出了新的、更高的要求。

在这样的时代背景下,课程研究者理应担负起时代的使命,关注民族团结教育课程在学校育人视域、未来社会塑造视域下的具体运作情况,关注民族团结教育课程的实施,为提高民族团结教育课程实效提供智力支持,这也是课程研究者的时代责任与担当。

---

① 胡锦涛.在国务院第五次全国民族团结进步表彰大会上的讲话[M].北京:人民出版社,2009.7.
② 新华网.习近平在新疆考察[EB/OL]http://www.xinhuanet.com/politics/2014-05/01/c_1110495131.htm

（二）民族团结教育课程发展的需要

当代世界，以经济一体化、政治多极化、文化多元化为主要时代特征，使得21世纪的社会充满挑战和变化，它期待着21世纪的社会成员能够在充满活力、文化多元的背景下，独立、和谐、主动地应对全球化带来的一切挑战[①]。处于这个时代，信念、价值观、宗教信仰、生活条件、理想与生活方式呈现出多变性、复杂性、多元性，存在矛盾和冲突。在这样的现实中，青少年的生活成为一种偶发性的经历，充满不确定性。教师们是在和来自不同家庭、不同文化背景的，有着各自不同成长经历的学生们在一起生活[②]。始于西方的多元文化教育，作为一种思潮提倡文化的异质性和多样性和谐，虽然在不同文化背景的社会建构中存在争议，但也一定程度促进了人们对异质群体共存交融的重视。近10年来世界各国以各种形式回应着新时期教育发展的新需要，以欧盟、美国、澳大利亚等为代表的各地区核心素养框架中无一例外地将在异质群体中交往、交流和互动的能力纳入核心素养体系。

当代民族团结教育必须力图克服人类面临的文化狭隘、民族狭隘、区域与制度狭隘等困境。《国家中长期教育改革和发展规划纲要（2010—2020)》进一步明确要求："在各级各类学校广泛开展民族团结教育……不断夯实各民族大团结的基础，增强中华民族凝聚力"充分体现了党和国家对民族团结教育的高度重视。民族团结教育课程作为国家统一要求列入地方课程实施的重要专项教育，是在时代发展需要、国家安全需要、个人发展需要等多重需求之下做出的教育回应。在中小学校开设民族团结教育课程，对于构建和谐社会，塑造符合多元社会要求的合格公民，提升青少年跨文化交流合作能力，促进中华优秀传统文化的传承和发扬，具有十分重要的现实意义。

时至今日，民族团结教育课程专门化、科学化的历程已届十年，课程发展面临的困境有目共睹，从课程的目标设定、课程设计、课程实施、课程评

---

① 邵晓霞.民族团结教育课程的理论与实践研究[D].兰州:西北师范大学.2012.1-2
② ［加］马克思·范梅南著,李树英译.教学机智——教学智慧的意蕴[M],北京:教育科学出版社,2001.8.

价方面都面临着重重困难,亟须课程理论进行针对性的研究,从理论上为课程的发展提供支持,为课程实践提供前进的动力和明确的方向。

(三) 民族团结教育课程实施的现实困境

2008年11月,教育部、国家民委联合发布了《学校民族团结教育指导纲要(试行)》(以下简称《纲要(试行)》),以政策文本形式确立了中小学民族团结教育的目标与任务,明确了课程性质、指导思想和基本原则,并提供了民族团结教育的内容标准,将民族团结教育课程作为"国家统一要求列入地方课程实施的重要专项教育"纳入全国中小学教育范围。然而在民族团结教育实践中,民族团结教育课程、教材、师资队伍建设滞后[1],学校领导和教师对民族团结教育的重要性和必要性认识不统一,重视不够[2];民族团结教育对象认识偏狭[3];"进教材、进课堂"易,"进头脑"难[4]等问题普遍存在。

一方面,民族团结教育从培育青少年包容、跨文化交际能力,维护国家安定团结、建构各民族团结进步的和谐格局出发,迫切要求建构对应课程体系,通过系统的教育培育青少年的民族团结意识;另一方面,民族团结教育开展以来,从隶属于德育课程中的一部分到2008年作为国家统一要求开设的专门地方课程,取得的效果并不理想。在现实的学校教育情境中,从课程设置来看,中小学拥挤的学科课程让民族团结教育课程难以保证课时,"小学和初中阶段每学年要保证10—12学时的教学活动时间,高中阶段的普通高中每学年保证8—10个学时的教学活动时间,高中阶段的中等职业技术学校每学年保证12—14个学时的教学活动时间"[5]得不到有效落实;从课程实施手

---

[1] 邱金国,刘建荣.中职学校开展民族团结教育的问题和对策[J].中国民族教育,2013,(Z1):24-25.
[2] 黄慧英.边境地区学校民族团结教育调查研究及建议——基于云南省L县学生调查问卷的分析[J].黑龙江民族丛刊,2016,(5):55-61.
[3] 万明钢.主体民族在民族团结中应承担更多责任[J]. 中国民族教育,2015,(1):17.
[4] 张珍.边疆民族地区大学生民族团结教育存在问题及对策[J].高教论坛,2015,(5):32-35.
[5] 教育部办公厅 国家民委办公厅关于印发《学校民族团结教育指导纲要(试行)》的通知[J].小学德育,2009(1):4-7.

段来看，一般地区和学校将民族团结教育课程的实施交由政治学科教师实施，虽然将民族团结教育课程纳入考试评价范围，但实施过程中重应试识记、轻情感目标达成的倾向十分严重，高考、中考等终结性评价导向，几乎将民族团结教育课程导向学科应试课程；从课程实施效果来看，民族团结教育课程的实施尚存在较多问题，未能取得入脑入心的理想教育效果。

面对课程的需要以及课程实施中的现实困境，需要对民族团结教育课程实施进行系统研究，寻找课程实施中存在的问题，探寻影响民族团结教育课程实施的有效措施和策略，优化和发展课程，使民族团结教育课程发挥其应有的功能。

总之，基于时代对民族团结教育课程的呼唤、民族团结教育课程发展的需要以及民族团结教育课程实施面临的现实困境，同时也考虑到个人的学术旨趣和工作基础，我最终选择了民族团结教育课程实施研究这个题目。总的研究问题是：民族团结教育课程实施面临困境的原因是什么，如何改进？对总问题进行分解，产生了四个具体问题：（1）民族团结教育课程自何处来，去往何处？（2）民族团结教育课程实施的过程中发生了什么？（3）影响民族团结教育课程实施的因素有哪些？（4）如何解决民族团结教育课程面临的困境？本研究的核心部分就是对这些问题的回答，这些答案构成了民族团结教育课程实施研究的内容。

二、核心概念界定

（一）课程

对课程问题进行探讨，首先需要明确的是对课程的认识问题，从认识论的角度，厘清课程的本质、内涵与外延，对于认识民族团结教育课程，开展民族团结教育课程相关研究具有重要意义。

在我国，"课程"一词最早见于唐代，在朱熹"宽着期限，紧着课程""小立课程，大作功夫"的表述中，"课程"已含有学习范围、进程、计划的程式等意义。①国外的"课程"来源于拉丁文词根"currere"②，斯宾塞在《什么知识最有价值》中使用"curriculum"一词，并将其概念化为"教育内容的系统组织"③。

随着教育发展，人们对"课程"的认识不断深化，对课程定义亦在不断发展之中。美国学者布鲁尔统计，课程至少有 119 种定义。④1991 年版的《国际课程百科全书》列举了九种代表性的课程概念；⑤《中国大百科全书·教育》界定课程为"课程是课业及进程，广义指所有学科（教学科目）的总和，或指学生在教师指导下各种活动的总和。狭义则是指一门学科"⑥。顾明远主编的《教育大辞典》中对课程界定为"为实现学校教育目标而选择的教育内容的称谓"⑦。施良方对各种课程定义进行归纳，总结了主要的六种定义，"课程即教学科目；课程即有计划的教学活动；课程即预期的学习结果；课程即学习经验；课程即文化再生产；课程即社会改造的过程"⑧。学者们基于不同的课程观，从不同的研究视角出发，强调课程某一方面的特征，阐释课程不同方面的特点，也反映不同的课程研究范式和视角。

总体来看，课程是学校教育的重要组成部分，是实现教育目标的主要手段和媒介，其本质是：按照一定的教育目的，在教育者有计划、有组织的指导下，受教育者与教育情境相互作用而获得有益于身心发展的全部教育内容与进程。

（二）民族团结教育课程

民族团结教育课程是以"民族团结"为核心的课程。费孝通先生的"多元

---

① 钟启泉,汪霞.课程与教学论[M].上海:华东师范大学出版社.2008.2.
② [美]蔡斯著,李一平、陆忻译.课程的概念与课程领域:载瞿葆奎.课程与教材(上册)[C].北京:人民教育出版社.1988.245-254.
③ 钟启泉,汪霞.课程与教学论[M].上海:华东师范大学出版社.2008.2.
④ 乔治.A.比彻姆.课程理论[M],北京,人民教育出版社,1989:169.
⑤ Arieh Kewy(ed.),The International Encyclopedia of Curriculum,Pergamon Press,1991,P.15.
⑥ 中国大百科全书？教育[I].北京:中国大百科全书出版社,1985:207.
⑦ 顾明远主编.教育大辞典(增订合编本)[I].上海:上海教育出版社,1998:892.
⑧ 施良方.课程定义辨析[J].教育评论,1994,(3):44-47.

一体格局理论"阐明,中华民族是在几千年的历史发展进程中,通过许许多多分散孤立的民族单位经过接触、混杂、联结、融合,逐步形成"多元一体格局"的中华民族[1]。在古代,我国儒家的孔子、孟子以及道家的老子、庄子等人的作品中反映出的"天下""大同""和为贵""兼相爱""有教无类"等充满团结友爱和社会伦理规范的思想,表达了对国家民生、社会秩序和"民族交往"的理想和策略,这些思想在中华文化教育体系里成为体现中华民族凝聚力和向心力的元素[2]。在近代,康有为在《大同书》中提出了"天下大同"的理想,描绘了"人人平等,天下为公"的大同社会。民族团结是各民族间和各民族内部结成的平等互助、友好合作的关系[3],在中华民族形成、发展、壮大的历史长河中,民族团结有着中华民族特有的悠久历史。

"自有人生,便有教育",教育起源于人类社会生活的需要[4],在我国教育发展的历史中,民族团结教育亦有着悠久的历史,"以德厚夷""华裔一家""夷汉一家""刑德并用""以夏变夷"[5]等思想处处表现出古代民族团结发展的意蕴。从"课程"的广义角度来说,自从有了民族团结教育也就有了民族团结教育课程,只是"课程"的形式和内容没有以系统、显性的形式出现。中华人民共和国成立以后,我国以《中华人民共和国宪法》为法律基础,实现了真正意义上的民族平等。建立在民族平等基础上的民族团结教育从中华人民共和国成立以来,逐步开始在中小学课程中正式化和体系化。

中华人民共和国成立以来,我国民族团结教育课程经历了自在阶段(1949—1977年)、自为阶段(1978—1999年)、发展阶段(2000—至今)[6],在2008年《纲要(试行)》颁布之前,民族团结教育课程以隐性课程形式,融于各级各类学校教育的方方面面,主要载体为德育课程和中小学思想政治

---

[1] 费孝通.中华民族多元一体格局[M].北京:中央民族大学出版社,1999:3-38.
[2] 辜鸿铭.中国人的精神[M].上海:上海三联书店,2010,20—22.
[3] 徐杰舜.社会科学视野中的民族团结概念[J].中国民族,2004,(6):51-52.
[4] 胡德海.教育学原理[M].北京:人民教育出版社,2013:150-151.
[5] 何波.论中国古代对"夷狄"的教化观[J].民族教育研究,2000,(3):55-63.
[6] 邵晓霞.从民族团结教育课程看我国多元文化教育[J].云南民族大学学报(哲学社会科学版),2011,(4):19-24.

课程,在《纲要(试行)》颁布之后,首次明确了民族团结教育课程的性质、目标、内容,标志着民族团结教育从教育规范转向课程规范,开始了课程化发展的历程。

本研究之"民族团结教育课程",是以民族团结教育为核心,以提升民族团结意识、培育民族团结素养为目标,在广义的"课程"范畴内,与"中小学民族团结教育"这一教育领域相对应的课程。

1. 民族团结教育课程的形态与构成

根据《纲要(试行)》要求,学校"要通过课堂教学、专题教育活动和实践活动等多种方式,把民族团结教育贯穿到小学至高中教育阶段的教学、育人全过程中"。因此,学校民族团结教育课程在学校的课程形态主要有:融于学科课程的民族团结教育课程、民族团结教育专项课程、民族团结教育活动课程。

民族团结教育专项课程指《纲要(试行)》中规定的"专门的民族团结教育课程",是"国家规定列入地方课程实施的专项教育","小学、初中每学年10—12课时;高中阶段8—10课时;中职学校12—14课时"教学时间的"重要专项教育"的课程[①]。专项课程自2009年开始进入全国中小学开始实施,有国家统编和地方版等不同版本教材。

融于学科教学的民族团结教育课程,指列入中小学课程体系,以学科知识为主要载体的各学科课程,如语文、数学、政治、历史等学科。学科课程是学校教育中的主要组成部分,也蕴含着丰富的民族团结教育资源,是民族团结教育不可或缺的组成部分。

活动课程和学科课程共同构成学校的正规课程[②]。民族团结教育活动课程指融入民族团结教育内容,"学科课程以外,由学校有计划、有目的、有组织地通过多种活动形式,综合运用所学知识,开展以学生为主体,以自主性、

---

① 教育部办公厅 国家民委办公厅关于印发《学校民族团结教育指导纲要(试行)》的通知[J].小学德育,2009,(1):4-7.
② 靳玉乐.国家精品课程系列教材·课程论[M].北京:人民教育出版社,2012:115.

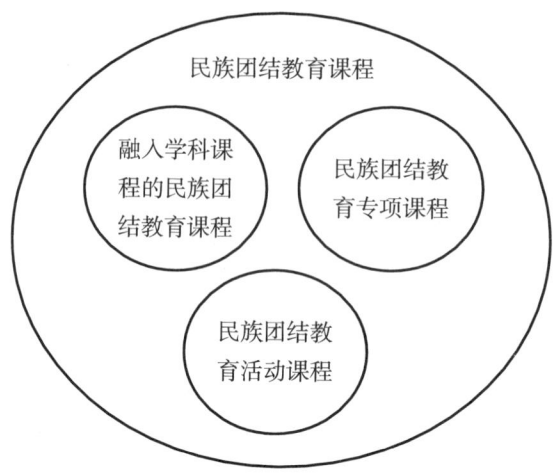

图 1-1 民族团结教育课程的构成

实践性、创造性、趣味性以及非学科性为主要特征的多种活动内容的课程"[①]。活动课程形式多样,灵活多变,主要有社会实践活动课程、主题式活动课程、班级活动课程、科技文体活动课程等形式。

2. 民族团结教育课程的性质

1957 年版的初中《政治常识》教材中以单独的章节讲授民族问题,强调我国是一个多民族的大家庭,这是民族团结教育逐渐显现为课程内容的肇始[②]。其后,我国各种版本的思想品德教材都将民族团结内容作为重要组成部分。1991 年,国家教委颁布《关于在学校师生中进行反对达赖集团分裂活动、加强民族团结教育的通知》,提出在高校《社会主义建设》课和《形势与政策》课中增加反对分裂,加强民族团结的内容,中等学校、小学高年级的思想品德课也要增加相应内容[③]。1992 年,国家教委《关于加强民族教育工作若干问题的意见》,进一步对民族团结和民族政策教育的内容进行了具体要

[①] 课程教材研究所.活动课程论[R].人民教育出版社.2006.
[②] 邵晓霞.从民族团结教育课程看我国多元文化教育[J].云南民族大学学报(哲学社会科学版),2011,(4):19-24.
[③] 国家教育委员会关于在学校师生中进行反对达赖集团分裂活动、加强民族团结教育的通知[EB/OL].http://www.chinalawedu.com/falvfagui/fg22598/21563.shtml,1991-4-26.

求。1993年版《小学德育纲要》提出应该让小学生了解我国是一个统一的多民族国家，加强民族团结才能完成祖国统一大业。1999年教育部、国家民委颁布《关于在全国中小学开展民族团结教育活动的通知》，明确"要把增强民族团结，维护祖国统一，列为学校爱国主义教育的重要内容[①]"。

可见，民族团结在学校教育中出现时，被纳入爱国主义教育、德育教育的范畴。在学校课程中主要显现于《思想政治》课程内容之中。在我国课程传统中爱国主义教育、德育教育都属于公民教育的范畴，《思想政治》课程实质承担着公民教育的重要角色。因此，民族团结教育不论是从历史演进的理路，还是民族团结教育的目的来看，都应归属于公民教育，民族团结教育课程是公民教育课程的重要组成部分。

（三）课程实施

课程实施作为一个专门的研究课题出现于20世纪60年代末70年代初。20世纪50年代末至60年代末始于美国，波及全球的"学科结构运动"失败，使得人们在谴责"学科结构运动"失败的同时开始反思课程变革的实施过程，"课程实施"作为这一阶段的研究热点引起人们的普遍关注。概括起来，学者们对课程实施的理解主要集中在以下几个方面。

1. 课程实施是将课程方案付诸实践的过程

富兰（1991）认为"课程实施是将一个想法、方案或一组活动付诸实践的过程"，[②]他认为课程实施是一个指向改革理想实现的实践过程，而这类革新有些可能是外部施加的（管理层的愿望），也可能是自发自愿的；可能是具体而详尽的，也可能是需要具体的实施者在实践中进行必要的调适和发展的。古德莱德认识到课程理想到学生所得课程之间的差异，把课程实施从理想课程到学生实际所得课程分成了五个阶段，沿着课程实施的纵向路径截取了五

---

① 教育部办公厅、国家民委办公厅关于在全国中小学开展民族团结教育活动的通知[EB/OL]，http://www.chinalawedu.com/falvfagui/fg22598/30284.shtml，1999-2-13.

② Fullan,M.and pomfret ,A.Research on curriculum and instruction implementation[J].Review of Educational Research 1977,47(1):335-397.

个断面来说明课程实施从理想到最终实现的课程之间的变异。施良方(1996)认为"课程实施是把编制好的课程计划付诸实际的过程[①]",阐明课程实施是课程理想达成和目标实现的基本途径。对课程实施的研究所关注的焦点是课程计划在实际上所发生的情况以及影响课程实施的种种因素。汪霞认为,课程实施是把新的课程计划付诸实践的过程,或者是把书面的课程转化为具体的教学实践的过程[②]。

以上学者对课程实施的理解和表述不尽相同,但在对课程实施是一个课程实践的动态过程的认识是基本一致的。因此,我们对课程实施进行的研究,不能将视界局限在课程文本本身,再好的课程规划若只是停留在纸面上,在实践场域无法实施或者实践效果不佳也是枉然。因此,我们还需要对课程在实践场域中的具体表现和现象进行综合研究,透过课程现象关注影响课程实施的因素,进而从课程支持、课程保障等方面做出改变,以优化课程实施,促使课程理想得以实现。

2. 课程实施就是教学

有学者认为:"教学过程既是对课程计划的实施过程",认为凡是依照教育部颁布的课程标准进行的教学就是正常化的教学,否则就不是,是应该加以改变的[③]。这种观点是对目标与手段、内容与过程以及课程与教学二元分立思维的一种破立,有助于教育过程的展开,亦能聚焦问题,聚焦课程实施关注的重点,但若将课程实施局限在教师的行动中,仅仅关注教师对课程方案的落实,将课程实施的视域限定在课程教学,会导致课程实施研究视域的窄化。课程实施毕竟是一个牵涉范围广泛的动态过程,教学过程的确是课程实施的重要方面,但难以完全重合。影响课程实施的因素如课程计划、环境因素、社会支持、行政支持、实施策略等一系列问题都与课程实施有着密切的联系。

---

① 施良方著.课程理论—课程的基础、原理与问题[M].北京:教育科学出版社,1996.128.
② 汪霞.课程实施:一个值得关注的问题[J].教育科学研究,2003,(3):5-8.
③ 黄政杰著.多元社会课程取向[M].台北:师大书苑发行.1951.131.

3. 课程实施是缔造新的教育经验的过程

秉持课程创生观的学者认为，课程实施是一个互动的、创生的、缔造新经验的过程。处于具体教育情境中的师生通过交往互动，缔造新的教育经验的过程就是课程实施。提供给教师和学生的课程方案、课程文本、教学策略只是师生在缔造经验的过程中可选择的资源和工具[①]。

综上所述，学者们对课程实施的概念倾向于两个方面，从广义角度来看，课程实施涵盖了从理想课程目标确立、制定课程计划到将课程计划付诸实践的整个动态过程，这一过程包含了从制定课程标准到教材编写、从成型教材到课堂教学、从课堂教学到教学评价的全部过程；狭义的课程实施则仅局限在基于教材的课堂教学。本研究的课程实施取其广义，即民族团结教育课程从课程计划指向课程目标达成的完整动态过程。

三、研究目的与意义

我国是各族人民共同缔造的统一的多民族国家。青少年是祖国的未来，青少年时期是人的世界观、人生观、价值观形成的关键时期，青少年的民族观念和民族团结意识决定了未来中国民族关系的走向。因此，在我国将民族团结教育课程作为重要的专项教育，根据国家统一要求纳入学校教育并列入地方课程实施，符合我国国情，也符合我国民族教育发展的需要。课程的开设对于增强中华民族向心力、凝聚力，培养我国多民族国家背景下的未来合格公民具有十分重要的意义。

（一）研究的目的

1. 厘清民族团结教育课程的定位及其价值追求

从民族问题的发展轨迹中厘清民族团结教育课程的时代背景，借鉴国外

---

① 尹弘飚,李子健.再论课程实施取向[J].高等教育研究.2005,(1):20.

多元文化课程、公民课程的相关理论，结合我国社会历史的变迁、核心素养理论以及我国民族政策导向的分析，明晰民族团结教育课程的定位及其价值追求，旨在厘清民族团结教育课程"从何处来"，应向"何处去"，以进一步明晰民族团结教育课程的定位。

2. 从课程实施层面分析民族团结教育课程实施的现状、存在的问题及其成因

通过教材分析、实地观察、师生访谈、课堂观察，了解民族团结教育课程从课程设计、课程内容、课程实施到课程评价的动态过程中，应然的民族团结教育课程与实然的民族团结教育课程之间存在的差距，分析存在差距的原因，为提出有效课程实施路径提供依据。

3. 从实践层面总结民族团结教育课程实施的经验，探寻课程实施的有效实施模式、策略，提出民族团结教育课程监测、评价体系

课程变革一般由三个阶段组成：变革发起阶段、变革实施和初步使用阶段、常规化或制度化阶段。①民族团结教育课程自2008年11月作为国家统一要求列入地方课程实施的重要专项教育，发起了新的变革，《纲要（试行）》的颁布是民族团结教育课程变革的发起的标志，课程实施和初步实践应该属于课程改革的第二阶段，当前需要对变革发起和初步实施的经验进行总结，逐步推动课程变革进入常规化和制度化阶段。本研究从实践层面审视课程实施中存在的问题，拟在研究"应然"与"实然"差距的基础上，分析影响民族团结教育课程实施的因素，从而有针对性地提出民族团结教育课程实施的策略和目标实现的路径、模式。

（二）研究的意义

1. 理论意义

我国国民教育中的民族团结教育经历了从自在到自为的发展阶段。2008年11月《民族团结教育课程实施纲要（试行）》的颁布，标志着民族团结教育课程从隐性课程到显性课程，从非正式教育到正式教育的重大转变。民族团结教育课程纳入中小学教育课程近十年，对于提升公民民族团结意识，营造和谐民族关系,构建和谐社会发挥了重要的作用。然而,对照理想的民族关系发展需要,实然的民族团结教育课程与应然的民族团结教育课程尚存在较大的差距。本研究聚焦民族团结教育课程实施的动态过程,借助课程实施研究的相关理论,分析影响民族团结教育课程实施的因素,提出提高民族团结教育课程实施效果的对策和路径选择策略,对于丰富民族团结教育课程理论体系,提高民族团结教育效果,有效开展民族团结教育,具有较强的理论指导价值。

2. 实践意义

我国是由多民族共同缔造的统一的多民族国家,因此,民族团结是我国的立国之本。[①]青少年儿童处于世界观、人生观、价值观的形成阶段,在青少年儿童中大力开展民族团结教育,对于引导学生牢固树立正确的国家观、民族观、文化观,塑造开放、包容的世界观具有很强的现实意义,这也是我国将民族团结教育课程以国家指定的地方课程形式纳入中小学课程体系的重要原因。本研究聚焦民族团结教育课程实施过程,提出优化民族团结教育课程实施的路径选择,对于提高民族团结教育课程的教育效果,在青少年中从小理顺民族认同与国家认同、中华民族认同、中华文化认同的关系,塑造符合时代呼唤的开放、包容民族观,营造和谐民族关系具有极强的实践意义。

---

① S.F. Loucks. Curriculum Adaptation. In A. Lewy, (ed.). The International Encyclopedia of Curriculum[M]. New York:Pergamon Press, 1991
② 张海洋. 民族团结是中国立国之本[N]. 中国民族报,2011- 12-30005.

第二章 文献综述

民族团结教育在我国有着比较长的发展历程，但是民族团结教育进入课程化发展历程并不长。关于民族团结的文献整体上呈递增趋势，充分说明民族团结作为研究的热点备受关注。围绕研究的目的，本研究将文献梳理的重点设定在三个重点领域——关于课程实施的文献、关于民族团结教育课程的文献、关于民族团结教育的文献。

一、关于课程实施的相关研究

关于课程实施的相关研究，在我国新世纪第八次新课程改革开始后逐步受到国内学者关注，对课程实施的内涵、本质、实施倾向、影响因素等进行了比较广泛的研究。第八次新课程改革是一次广泛而深刻的教育改革，广大课程研究者基于第八次新课程改革而开展的系列研究广泛吸收国外的研究理论，亦总结了我国课改的成功经验，形成了系统的课程实施理论。借鉴和运用已有的课程实施理论对民族团结教育课程实施进行反思，对民族团结教育课程实施的优化发展具有很强的理论和实践指导意义，亦能从课程视域丰富民族团结教育课程理论。

（一）关于课程实施内涵的研究

对"课程实施"的研究是为了更深入推进课程变革，理解课程变革中出现的现象与问题,评定课程变革实现的水平,审思课程决策合理程度,优化课程实施过程而逐步受到关注,并伴随着近年来不断广泛推进的课程变革进入研究视野的一个研究领域。①

"课程实施是把某项课程变革方案付诸实践的具体过程","课程实施关注的焦点是课程实践中实际发生的变革的程度及影响变革的因素"②。有学者认为,课程实施涵盖了两个层面的意义,"从课程变革的视角来看,课程实施是将课程变革的方案付诸实践的动态过程;从课程开发的角度来看,课程实施是课程开发全过程中的其中一个环节,是推行课程方案的过程"。课程实施的本质,既涵盖了将新的课程方案付诸实践的过程,又涵盖了把新课程方案制度化,并不断推进课程方案的过程。③张增田、靳玉乐从哲学解释学的角度将课程实施界定为:1.课程实施是教师和学生与课程设计者视界融合的过程;2.课程实施是师生与课程文本的对话,以及课程意义的建构与生成过程;3.课程实施是师生在对话中精神相遇、经验共享的过程。④

学者们认识到"课程实施"是课程变革中的重要环节,决定着课程变革成功与否,但是不同学者或站在课程论角度,或站在教学论角度对"课程实施"的内涵形成不同见解,但是不论站在哪一角度来界定课程实施,他们所具有的共同点是:(1)课程实施是一个动态的进程,是一个将课程理想付诸实践的连续过程;(2)课程实施关注理想课程与实际运行课程之间的差距,并研究形成差距的原因及其影响因素;(3)课程实施研究的最终目的是期望通过对实施过程的研究,优化从理想课程到学生所得课程的实现过程,缩小课程理想与现实的差距,使课程理想得以最大程度的实现。

(二)关于课程实施取向的研究

课程实施的取向是指课程实施者基于对课程实施本质的不同认识,以及

---

① 孟凡丽,于海波.课程实施研究二十年[J].西北师大学报(社会科学版),2003,(2):1-5.
② 张华.论课程实施的涵义与基本取向[J].外国教育资料,1999,(2):28-33.
③ 杨明全.课程实施的学理分析:内涵、本质与取向[J].全球教育展望,2004,(1):35-38.
④ 张增田,靳玉乐.论解释学视域中的课程实施[J].比较教育研究,2004,(6):1-5.

支配这一认识而形成的相应课程价值观。①

1. 富兰、辛德等人对课程实施取向的研究

在 20 世纪中叶以前，很少有关于课程实施的专门研究，20 世纪中叶以后，因美国的学科结构运动没有达到预期的目的，当人们开始反思这场变革失败的原因时，开始认识到并非所有的课程方案都能够如理想预期一般得以实现。富兰和庞弗雷德在 20 世纪 70 年代开始比较系统地研究课程实施相关问题，并提出了两种主要的课程实施取向——忠实取向和相互调试取向。进入 90 年代后，由辛德等人在进一步研究的基础上提出了课程实施的第三种取向——课程缔造取向。这三种课程实施取向反映了课程实施者对于课程、知识、改革的过程、教师在改革中的角色以及课程研究方法论等问题所持的不同主张。②

（1）忠实取向（fidelity orientation）

忠实取向秉持静态的课程观，认为课程变革是一个线性的发展过程，课程设计者制定课程变革方案，教师按照课程方案机械地、忠实地实践课程变革计划，在课程评价中人们根据预先设定的预期结果实现程度来评价课程③。秉持忠实取向的课程实施者认为，"课程"是以课程方案、教科书、教师用书、学习进程等严格计划的内容；而"课程知识"是由课程设计者在课堂之外，用最恰当的方法为教师和学生设计和创造的，教师只需按部就班执行，对课程知识的选择和组织没有发言权。秉持这一课程观的课程实施者认为，课程实施就是严格、忠实地执行课程方案的过程，辨别和判断课程实施成败的标准就是课程实施对课程预期目标的实现程度。因此，忠实取向的课程实施，一般采取量化研究为基本方法论，用量化的问卷调查、课堂观察、结构式访谈以及文献分析来进行课程实施的相关研究。④

---

① 张华著.课程与教学论[M].上海:上海教育出版社,2001,336.
② 张庆霞.我国课程实施研究的文献分析-1990-2010[D].东北师范大学,2012.
③ 张华著.课程与教学论[M].上海:上海教育出版社,2001,337.
④ 尹弘飚,李子建.再论课程实施取向[J].高等教育研究,2005(1).

(2) 相互调适取向（mutual adaptation orientation）

相互调适取向是20世纪70年代，伯曼和麦克劳夫林（Berman & McLaughlin）基于组织社会学视角，在其主持的兰德变革动因研究中提出的结论。他们提出，一项变革方案付诸实践之后，可能会导致两方面的变化：一是既定的变革方案可能会发生一些变化，以适应各种具体的实践情境；二是既有的课程实践会发生变化，以回应和适应课程变革方案带来的新的要求。

相互调试取向的课程实施者认为，课程实施过程是课程改革方案与课程实施场域的实际情境在课程的目标、内容、方法以及课程组织模式等各方面相互调整、改变与适应的动态过程。

相比忠实取向的课程实施观关注预定的课程方案落实程度，相互调适的课程实施观更关注在课程实施的过程中所产生的教育问题，同时，相互调适取向的课程实施观更关注阻碍课程方案得以顺利实施的各种阻碍因素，特别是组织因素和组织变量，以减小课程实施过程中的阻力，从而努力提高课程方案与课程实施相互作用的效果。①

(3) 课程缔造取向（curriculum enactment orientation）

课程缔造取向的课程实施观认为，课程是教师与学生对教育经验的联合创造，课程实施的本质，是缔造新的与教育情境紧密联系教育经验的过程。课程方案则是供教育经验创生过程提供的可选择工具。

课程缔造取向关注的核心问题有：首先，缔造的教育经验是什么？教师与学生是怎样互动和创造这些经验的？如何为教师和学生创生教育经验赋予必要的权力？其次，课程资源、程式化的教学策略、教育政策、学生和教师的性格特征等外部因素对缔造的课程产生什么样的影响？第三，实际缔造的课程对学生有怎样的影响？"隐性课程"对学生有怎样的影响？从研究问题来看，课程缔造取向与忠实取向、相互调适取向的课程实施观完全不同，这表明课程缔造取向的课程实施观将研究重心完全转移到了教育经验的实际创

---

① 张新海.新课程实施中的教师阻抗研究[D].兰州：西北师范大学，2008.

造过程①。

2. 豪斯（house）的研究

同样在 20 世纪 70 年代，豪斯（house）从技术的、政治的和文化的三种观点出发来分析课程变革过程，提出了从另一角度理解课程实施的分类方式。

（1）技术观（technical perspective）

把课程实施作为一种技术来看待的观点在美国 20 世纪 60 年代的课程结构改革运动中被广泛接受。这种观点把课程实施看作执行课程方案的技术，以预期目标的达成程度来衡量技术的采纳程度、实施程度以及技术本身的合理性。

这种观点假定，人们在面对革新时能够达成共识，拥有着共同的价值追求和变革的目标，人们关注的问题只在于怎样更好地达成目标。这种观点主张系统地、理性地分析变革，并以客观的态度来处理变革中出现的实施问题。因此，秉持技术观的课程实施者关注课程实施技术，主要通过改革教材和教学方法，以及引进新的教学技术来提高教学质量，提升课程实施成效。在实施策略上，技术取向强调把变革方案转化为可运用的技术和知识，由教师忠实地贯彻执行，课程实施就好比是一个工厂生产流程的生产过程，产出的成果和生产效率是关注的核心，关键在于帮助实施者对变革必要性形成深刻认识，同时对他们进行系列培训，提升其技能，以增强课程实施的效能。

（2）政治观（political perspective）

政治的观点从社会的视角，将课程设计者与课程实施者作为不同的两个群体或派别，假定课程设计者与课程实施者所在的社会环境并不是一个和谐美满的社会，相反，因这个社会存在的许多问题与冲突而使得他们之间的利益不一致。对立的派别和群体之间为了自己的目的和既得利益必须相互协商、彼此妥协。课程实施过程就是课程实施各主体之间的一个协商妥协过程。

课程实施的政治观从社会组织的角度，关注权威、权力的运用，关注代表不同利益的群体和派别之间的竞争和妥协。假定不同团体和群体基于自身

---

① 尹弘飚,李子建. 再论课程实施取向[J]. 高等教育研究,2005（1）.

利益，会对课程改革产生不同的主观态度，有些态度之间甚至可能是对立的。因此，变革在代表某种利益的一些人看来可能并不得到支持，甚至是值得质疑的。在政治观中，一些人（如校长或教育行政管理者）在推进实施变革的过程中，往往会利用自己的制度优势和权利优势，通过制定法律或发布行政命令，迫使相对弱势的一方顺从改革。相应地，这种强制性的做法往往会受到或明或暗的抵制。然而，政治观也认为，尽管不同的群体和利益集团之间的利益可能存在某种冲突，但是学校成员能够通过协商和相互妥协最终能够达成共识。①

(3) 文化观 (cultural perspective)

文化观则假定，在社会中有许多不同的文化群体，群体内部虽然有很多的价值共识，但是在不同文化的群体之间却缺乏广泛的一致性，因此很难采取共同的社会行动。在课程变革中，由群体外部——课程专家，所设计的课程计划代表的研究文化，与课程实施者——教师群体所代表的专业文化之间存在着很多的文化冲突。研究文化和专业文化之间的遭遇是一个文化适应的过程，涉及沟通、诠释、融合等行动。因此，文化观将课程实施看作是一种文化重建的过程，其目的在于促使学校成员重新思考课程、教学以及学校教育的本质和目的等问题。在文化观看来，"演化"一词比"实施"更能反映变革的核心意义。

文化观把学校看成一个社会，社会中不同的利益群体拥有着各自不同的价值文化，课程实施的成功需要建立普遍的共识作为保障。文化观的课程实施变革关注教师的理解、情绪以及价值观等心理因素和主观因素，关注教师心理阻抗，期望通过为教师提供更多的专业发展机会，以及额外的培训时间，使他们逐步形成共同体的意识。在课程实施评价方面，文化观关注群体的内部信息，尊重学校的本土概念和价值观，试图解释人们如何主观认识课程实施，和阐释人们如何从事物内部看待自身。因此，秉持文化观的课程实施取向往往选择质性的研究方法和调查手段，通过参与式的观察、工具性个案研

---

① 尹弘飚,李子建.再论课程实施取向[J].高等教育研究,2005(1).

究等作为研究方法。①

3. 富兰和豪斯分类体系的比较

比较起来，富兰、辛德等人的分类方式立足于课程领域自身，从课程变革与实施的内部考察课程实施；而豪斯的分类体系从课程领域外部出发，借助于其他学科的视角理解课程实施。李子建、黄显华认为，尽管豪斯的分类方式表面上看起来似乎不同于富兰、辛德等人的观点，但是豪斯与富兰等人的主张事实上颇为一致。②下表总结了两种分类体系的共同特征。

表 2-1　两类课程实施取向的比较

实施取向	忠实取向	相互调试取向	课程缔造取向
	技术观	政治观	文化观
基本假设	系统而理性的过程；消极的使用者；共同的利益和价值观；实施一项技术性工作，关键在于寻找目标的最佳手段；课程知识是客观预定的；独立于认识者之外	双向的社会互动过程；调适的使用者；不同群体认同一套价值观，通过群体间的妥协达成共识，因此调适程度并不一致；课程实施产生于社会互动过程中	非线性的复杂演变过程；自主的使用者和创造者；实施有赖于不同文化的互动；团体内的小派别才分享相同的价值观，团体间的价值观可能相互矛盾；个人化的知识观
研究重点	变革方案的合理与完备；课程实施的程度；效率	学校情境与变革方案的互动；调适的内容与过程；互动	学校情境的文化涵义；缔造的内容及其影响；意义。
实施策略	专门知识的应用；中心——外围式变革；RD&D 模式	利用政治手段产生影响；有弹性的变革；RAND 模式	社群的自觉行为；草根式变革；TORI 模式

---

① 尹弘飚,李子建.再论课程实施取向[J].高等教育研究,2005(1).
② 李子建,黄显华著.课程——范式、取向与设计[M].香港:香港中文大学出版社,1996,314.

续表

实施取向	忠实取向	相互调试取向	课程缔造取向
	技术观	政治观	文化观
研究方法论	量化研究；如问卷调查、访谈、观察、文件分析	量化研究与质化研究；如半结构化问卷与访谈、实地观察、文件分析、个案研究	质化研究：如个案研究、叙事研究、参与式观察、行动研究

4. 其他关于课程实施取向的研究

国内外学者关于课程实施取向的研究包含以下一些观点：

关于课程的实施取向，在现实层面上来说，不存在纯粹的某一种取向的做法，往往是多种取向的复合体，只是在这个复合体中，各种取向倾向性成分程度不同而已。①

表2-2 国外学者课程实施取向的主要观点

研究者	主要观点
富兰（M.Fullan，1977） 庞弗雷德（A.P.comfret，1977） 利思伍德（K.A.Leithwood，1977）	①得过且过（mudding through）取向 ②适应或改编（adaption）取向 ③忠实或精确（fidelity）取向
豪斯（house）（1979，P.1-16）	①技术视角(technical perspective) ②政治视角（political perspective） ③文化视角（cultural perspective）
辛德（Snyder）、博林（Bolin）、朱姆沃尔特（Zumwalt）（1992，P.402—405）	①忠实取向（Fidelity orientation） ②相互调适取向（mutual adaptation orientation） ③课程缔造取向（curriculum enactment orientation）

---

① 黄小莲.课程实施研究谱系(1970-2010年)[J].教育发展研究,2011,(8):31-38.

续表

研究者	主要观点
哈格里夫斯（Hargreaves）、施密特（Schmidt）	①技术观（technical perspective） ②政治观（political perspective） ③文化观（cultural perspective） ④后现代观（postmodern perspective）
崔允漷	①基于教师经验的课程实施 ②基于教科书的课程实施 ③基于课程标准的课程实施（教学）

（三）关于课程实施影响因素的相关研究

课程实施是一项复杂的系统工程，因此课程实施过程必然受到方方面面因素的影响。对于课程实施的影响因素国内外学者做了大量富有建设性的研究和探讨。

（1）国外对课程实施影响因素的研究如下表：

表 2-3　影响课程实施的因素[1]

富兰，庞弗雷德[2]	霍尔[3]	辛德等[4]	富兰[5]
一、革新方案的特征 1.清晰度 2.复杂性	一、创新/变革的特征 1.需要 2.情绪度 3.复杂性 4.质量/实用性	一、变革的特征 1.需要与相关性 2.清晰度 3.复杂性 4.计划的质量与实用性	一、变革的特征 1.需要 2.明确性 3.复杂性

---

[1] 张新海.新课程实施中的教师阻抗研究[D].兰州:西北师范大学,2008.
[2] Fullan, M & Pomfret, A.(1977).Research on Curriculum and Instruction Implementation.Review of Education Research ,47(1) ,p335-397.
[3] Hall,G.E.The Local Educational Change Process and Policy Implementation [J].Journal of Research in Science Teaching ,1992 ,29(8):877-904.
[4] Snyder,J.,Bolin,F. & Zumwalt,K.(1992).Curriculum implementation[C].In P.W.Jackson, Handbook of research on curriculum.New Your:Macmillan Pub.Co,p402-435.
[5] [加]富兰著,赵中建,陈霞,李敏译.教育变革新意义[M].北京:教育科学出版社,2005 ,73.

续表

富兰,庞弗雷德	霍尔	辛德等	富兰
二、实施策略 ③在职培训 ④资源支持 ⑤反馈机制 ⑥参与机会	二、干涉及参与人员 ⑤教师(如观念、构念) ⑥校长（如领导风格、感观） ⑦本地及外地促进者的支持 ⑧支持（如教师教育、组织安排）	二、校区层面的因素 ⑤校区的革新史 ⑥采用过程 ⑦管理部门的支持 ⑧时间与信息系统（评价） ⑨社区及委员会的特征	二、地方特征 ④学区 ⑤社区 ⑥校长 ⑦教师
三、采用单位的特征 ⑧组织的氛围 ⑦采用的过程 ⑨环境支持条件 ⑩参与人员因素	三、脉络 ⑨实施层次(教室、学校、学区、国家等) ⑩群体文化（教师文化、学校文化） ⑪组织与机构的政治特征	三、学校层面的因素 ⑩校长 ⑪.教师之间的关系 13.教师的特点与取向	三、外部因素 ⑧政府和其他部门
四、宏观的社会政治特征 ⑪设计方案 ⑫激励系统的运行 ⑬评价机制 ⑭政治的复杂性			

1993年，美国全国教育管理发展委员会提出，以下七个因素是影响教育改革进行的主要因素。它们依次是：①目标的坚定性；②关注变革受益者；③筹谋；④文化；⑤共同领导；⑥去中心化；⑦改进的连续性。[①]

（2）国内研究者关于课程实施影响因素的研究

国内研究者在课程实施影响因素的研究上，主要分为两个阶段，即新课

---

① ［美］吉纳·E.霍尔,雪莱·M.霍德著;吴晓铃译.实施变革——模式、原则与困难[M].杭州:浙江教育出版社,2004,32.

程改革实施前和新课程改革实施后。新课程改革实施前，研究者比较宏观地探讨影响课程实施的因素。比较有代表性的有二因素说、三因素说、四因素说、五因素说等。如下表所示。

表 2-4　新课程改革前课程实施影响因素的研究[①]

因素说	研究者	主要观点
二因素说	陈侠（1989）[②]	人的因素：学生因素；教师因素物的因素：教科书；教学设备保障
三因素说	李子建、黄显华（1996）[③]	创新的特征：需要；清晰度；创新的规模和复杂性；学程的质量和实用性干涉和个人：教师；校长；本地及外地促进者；持续的支持和训练；脉络：层次；文化；组织与机构的政治脉络
四因素说	江山野（1991）[④]	与尝试课程改革有关的特性：地方条件；地方策略；外界因素
五因素说	黄政杰（1991）[⑤]	实施者的因素；计划本身的特点；交流与合作；课程实施的组织与领导；获取的外部因素支持
	施良方（1996）[⑥]	课程计划本身的特点；交流与合作；课程实施的组织与领导；教师培训；各种外部因素的支持

新课程实施之后，面对新课程实施出现的诸多困境，国内学者更多地结合国内外的课程改革实践，借鉴国外关于课程实施的理论，对课程实施的本质、课程实施的取向、课程实施的影响因素等进行了诸多讨论，掀起了国内研究课程实施的热潮，充实了国内课程实施的理论。新课程实施以后，国内关于课程实施的影响因素更多是从整体或部分来研究和探讨影响新课程实施的各方面因素。如下表：

---

① 黄小莲.课程实施研究谱系(1970-2010 年)[J].教育发展研究，2011,(8)：31-38.
② 陈侠著.课程论[M].北京：人民教育出版社,1989.12.
③ 李子建、黄显华.课程：范式、取向与设计[M].香港：香港中文大学出版社,1996.27.
④ 江山野.简明国际教育百科全书·课程[M].北京：教育科学出版社,1991.126-129.
⑤ 黄政杰著.课程设计[M].台北：太旺东华书局,1991.425.
⑥ 施良方著.课程理论：课程的基础、原理与问题[M].北京：教育科学出版社,1996.145-147.

表 2-5 新课程改革后课程实施影响因素的研究

研究者	主要观点
靳玉乐[1]	①课程方案的特征：设计课程改革的需要、明确性、复杂性和实用性； ②人的因素：社区人员的支持、教师、校长和学生 ③物的因素：课程变革的物质条件 ④背景因素：社区、学校、课堂三个层面的社会—政治与文化过程对课程实施的影响
马云鹏[2]	①与课程改革本身的性质有关的因素，主要包括改革的必要性及其相关性，改革方案的清晰程度，改革方案的复杂性，改革方案的质量与实践性； ②在校区水平上影响实施的因素，主要包括地区在改革需求方面的历史，地方的适应过程，地方管理部门的支持，教职员队伍的培养与参与，时间安排与信息系统，部门与交流系统； ③在学校水平上影响实施的因素，主要包括校长的作用，教师之间的关系，教师的特点与取向； ④环境对实施的影响，主要包括政府部门的重视和外部的协助。
汪霞[3]	①课程方案的特征：课程方案设计的合理性；课程方案的明确性；课程方案的复杂性；课程方案的实用性 ②教师的特征：教师参与程度；教师的课程决策；教师的态度；教师的能力；教师间的合作。 ③学校的特征：校长的工作；学校行政工作；学校的支持系统；学校的环境；学生的学习。 ④校外环境的特征：学区或地区；社会。
黄甫全[4]	文化背景；主体；对象；管理；环境；理论基础

整体来看，学者们尽管采取了不同侧面的分类方法，但基本可以将影响课程实施的主要因素归纳为课程方案层面、学校层面、教师层面、背景层面，国内外学者对课程实施提出的各种分析框架对民族团结教育课程实施的影响

---

[1] 靳玉乐.课程实施:现状、问题与展望[J].山东教育科研,2001,(11): 3-7.
[2] 马云鹏.课程实施及其在课程改革中的作用[J].课程·教材·教法,2001(9).18-23.
[3] 汪霞.课程实施：一个值得关注的问题[J].教育科学研究,2003,(3): 5-8.
[4] 黄甫全.现代课程与教学论学程[M].北京:人民教育出版社,2006.532—535.

因素研究提供了很好的参考。民族团结教育课程作为国家规定开设的地方课程，与新课程改革课程实施既有相通之处，也有很大区别。相通之处在于，同样作为国家统一开设的课程，出台了统一的课程标准，在课程实施过程中同样经历了课程设计、课程开发、课程采用、课程运行、课程评价等一系列过程，在课程实施中均存在从理想课程到经验课程的动态过程，因此民族团结教育课程实施研究必然需要借鉴课程实施理论进行理论建构。区别之处在于，民族团结教育课程作为地方课程，具有极强的地域特点，同时作为社会课程的分支学科，民族团结教育课程与学科课程实施相比，更容易受到学校以外如社会历史、经济、政治、文化、宗教等因素影响，研究的重心不仅仅指向教师和课堂，更需要关注民族团结教育课程实施的环境因素和背景因素。

二、民族团结教育课程的研究现状

民族团结教育课程在我国是在马克思主义民族理论的基础上，结合我国社会改革和发展的实践，逐步从自在教育向自为教育发展的一门社会课程。有学者认为，我国民族团结教育课程的发展经历了自在阶段——多元文化萌芽阶段（1949—1977年）——自为阶段（1978—1999年）——多元文化发展阶段（2000年至今）[①]。在知网收录的期刊上公开发表的民族团结教育课程论文始于1999年，1999年至2008年平均每年1篇，2009年开始平均每年发表10篇以上，且逐年递增，表明民族团结教育课程的研究自2008年颁布《学校民族团结教育纲要（试行）》之后逐步受到学界的关注。

（一）民族团结教育课程体系研究

部分学者从课程的狭义概念出发，将民族团结教育课程界定为以地方课程形式出现的学科课程，但认识到民族团结教育的复杂性和教育内容的丰富

---

① 邵晓霞.从民族团结教育课程看我国多元文化教育[J].云南民族大学学报(哲学社会科学版)，2011,(4):19-24.

性，认为民族团结教育不应是一门单独的学科课程，而应该在学校学科体系中贯穿民族团结教育，从而将民族团结教育课程以显性课程为核心，辅以隐性课程、活动课程、融合课程等课程体系形式进行了研究。马瑞从民族地区民族团结教育社会背景复杂、民族团结教育课程定位模糊、课程体系构建面临诸多困难三个视角分析了民族地区高校构建民族团结教育课程体系面临的困境，并提出从认知性民族团结教育课程、活动性民族团结教育课程和隐性民族团结教育课程等三个方面构建民族团结教育课程体系的建议。[①]马瑞从认知性课程、活动性课程、隐性课程三个角度对高校民族团结教育课程体系的建议对中小学校民族团结教育课程实施途径有一定的启示意义，同时他提出的民族团结教育课程体系面临的诸多困难其实也是从中小学到高校一贯存在的问题，尤其是民族团结教育课程受功利主义价值观影响，在中小学中以"中考科目""统考科目"为重心，民族团结教育课程纳入课程体系后，没有得到足够的重视，课时得不到保障，学校教育的目的简单指向应试评价等问题。

有学者围绕"民族团结教育课程体系是什么，存在问题为什么、有效构建怎么办"讨论了高校民族团结教育课程体系的落脚点，提出了制约高校民族团结教育课程体系生成的制约因素。他依据STP原理，以社会主义核心价值理念为民族团结教育课程之"根基"构建生成树，对于构建民族团结教育课程体系有一定的启示意义。民族团结教育课程不应以民族团结知识传递为主要目的，其逻辑起点必然是融国家认同、民族认同、文化认同为一体的社会主义核心价值理念。

有学者提出构建民族团结教育隐性课程体系。西南民族大学吉克跃林、张立辉、刘毅、王艳等学者自2012年以来撰文4篇对民族高校民族团结隐性教育课程进行了系列论述，他们认为民族团结教育应从显性教育和隐性教育两个方面进行，而作为"理念教育、意识教育"的民族团结教育，"润物细

---

① 马瑞.民族地区高校构建民族团结教育课程体系探析[J].现代教育科学,2013,(1):103-107.

无声"的隐性教育是最好的方式。①民族团结教育隐性课程从内容上具有丰富多样性、从教育主体上具有广泛性、教育方式上看具有有意与无意相统一性、效能上具有渗透性、效果上具有长期持久性。②民族团结隐性课程建设体系应该包括教师、学生、管理三个层面。③在进行了系列研究之后，他们于2014年撰文提出了民族高校民族团结进步隐性教育"4S"课程体系构建，认为民族团结进步隐性教育可以分成四个层面：

精神层面（Spirit）、环境层面（Surrounding）、第二课堂层面（Second Classroom）以及制度层面（System），四个方面共同构成了"4S"隐性课程体系。④隐性课程与显性课程相对，近年来在意识形态教育方面的重要作用越来越受到广泛重视，在民族团结教育存在的问题中，几乎所有学者都指出当前的民族团结教育"多教少育"，没有能够"入脑入心"。而隐性课程以其对"情感、态度、价值观"的重要塑造作用将在民族团结教育课程中备受重视，并发挥越来越重要的育人作用。吉林跃克等学者做出的研究对民族团结教育课程体系的构建具有创新性，也必将发挥重要的启示作用。

学者们对民族团结教育课程体系的研究建立在狭义课程概念的基础上，对民族团结教育课程以宽泛的体系进行研究，充分说明我国对民族团结教育课程的研究不再局限于以民族知识认知为主要目的的学科课程，而将民族团结教育以课程体系的大视野进行课程化的研究，为民族团结教育课程的实施研究拓宽了视野，拓展了思路。

（二）关于民族团结教育课程目标的研究

1997年国家教委办公厅、国家民委办公厅联合发布《关于在部分省、市

---

① 吉克跃林.民族高校民族团结隐性课程建设刍议[J].西南民族大学学报(人文社会科学版)，2012，(5)：218-221.
② 张立辉,王艳.论民族团结教育隐性课程的概念与特点[J].学校党建与思想教育，2012，(13)：57-58.
③ 刘毅,王艳.民族高校民族团结隐性课程内涵论析[J].民族教育研究，2013，(1)：49-53.
④ 吉克跃林,张立辉,刘毅.民族高校民族团结进步隐性教育"4S"课程体系构建[J].西南民族大学学报(人文社会科学版)，2014，(11)：196-200.

中小学开展民族常识教育活动试点的实施意见》，1999年两部委又再次发布《关于在全国中小学开展民族团结教育活动的通知》，《通知》提出，开展民族团结教育活动的基本目的是："使中小学各民族学生对我国56个民族的历史、文化、宗教、风俗习惯等有初步的了解；对马克思主义关于民族、宗教问题的基本理论和党的民族、宗教政策有一定的认识和理解。为在社会交往中，正确对待和处理涉及民族、宗教问题的基本素质，提高增强民族团结、维护祖国统一的自觉性，增进我国各民族平等、团结、互助、和谐的社会主义民族观的形成。"[1]严庆、青觉在此基础上于2007年撰文，从课程角度将民族团结教育课程定位为"德育课程的重要组成部分"，同时将1999年《关于在全国中小学开展民族团结教育活动的通知》文件中民族团结活动的基本目的定义为课程目标。[2]严庆、青觉教授提出的课程目标与2008年两部委发布的《学校民族团结教育指导纲要（试行）》中提出的课程目标非常接近，都从认知、行为、情感等宏观角度对课程目标进行了阐述。

托娅依据豪恩斯坦的情感目标分类理论，认为情感的心理过程层层递进，是一个情感心理内化、升华和外显的过程。在对《纲要》的情感目标按照接受、反应、形成价值、信仰、外显行为五个层次进行解读后认为"《纲要》情感目标设计完全顺应并符合情感认知的心理过程和规律，充分体现出以学生为中心，尊重学生的天性和人格，倾听学生的心声，启发学生心智，启迪学生思考，指导学生朝着自我发展的情感目标努力的教育理念"[3]将教育目标分类理论运用于《纲要》目标解读具有创新性和科学性，在教育学理论体系非常成熟的今天，将教育学、心理学、社会学理论运用于民族团结教育课程，从不同学科角度透过不同理论透视课程是对民族团结教育课程进行理论研究的重要方式。

关冰在其硕士论文中从知识与技能、过程与方法、情感态度与价值观的

---

[1] 教育部办公厅、国家民委办公厅.关于在全国中小学开展民族团结教育活动的通知[Z].1999-02-03.
[2] 严庆,青觉.我国中小学民族团结教育工作回顾及展望[J].民族教育研究,2007,(1):50-56.
[3] 托娅.《学校民族团结教育指导纲要》情感目标解读[J].教学与管理,2013,(4):43-45.

三个维度对《纲要》的课程目标进行了解读①,将《纲要》课程目标更多地解读为知识与技能维度和情感态度与价值观维度,从其解读的文本中未出现"过程与方法"维度。

(三) 关于民族团结教育课程内容的研究

2008年教育部、国家民委颁布的《学校民族团结教育指导纲要(试行)》中发布了从小学到高级中学的民族团结教育内容标准,具体如下:

表2-6 《学校民族团结教育指导纲要(试行)》 内容标准

学段	学习内容
小学中年级阶段(三、四年级)	民族知识启蒙教育
小学高年级阶段(五、六年级)	民族常识教育
初中阶段(七、八年级)	民族政策常识教育
高中阶段	民族理论常识教育

注:依据《学校民族团结教育指导纲要(试行)》

依据上表,我国的民族团结教育课程内容从小学到高中阶段,根据学生认知和心理发展水平,依次以民族常识、民族政策和民族理论为主要内容。

关于民族团结教育课程内容,一部分学者对作为地方课程的乡土教材开发进行了研究。张爱琴提出,民族团结教育课程内容应"从少数民族学生最熟悉的民族文化、乡土文化入手","国家统编教材通过概述形式从'面'上强调民族团结重要性,乡土教材以'一体多元'之元'点'的形式深入挖掘乡土资源进行民族团结教育"②。顾玉军认为,全国各地现代化过程中,各地仍然保留和传承着具有区域特色和民族特色的文化内容,如:"各地的地理风貌、风土人情、文化历史以及社会主义新农村建设等,特别是民族地区的

---

① 关冰. 广西中小学民族团结教育课程体系探索[D]. 桂林:广西民族大学,2015.10—11.
② 张爱琴. 民族团结教育与乡土教材开发[J]. 广西师范大学学报(哲学社会科学版),2010, (4):22-26.

资源"都是开展民族团结教育的好素材，因此乡土教材具备因地制宜的优势，应将"民族团结教育渗透到乡土教材建设中，使乡土教材为民族团结教育不断提供新的素材和营养。"①第八次课程改革实行国家、地方和学校三级课程管理模式，民族团结教育本身具有很强的地域性特点，因此民族团结教育课程作为国家规定开设的地方课程应充分考虑地域性因素。顾玉军提出的乡土教材以学生近距离接触的历史、文化等内容作为民族团结教育课程的素材有一定启示性。但是地方课程在增加乡土内容体现地域特点时，一定要考虑区域性素材的添加是作为民族团结教育课程的补充，是为了更好的体现民族团结"多元一体"的"一体化"追求，绝不能为求异突出区域性，而忽略了民族团结教育课程求同存异的价值导向。新疆学者戢广南等在《教育部民族团结教育教材倾向性问题和不妥之处应予纠正》中提出的民族团结教育课程教材问题发人深思②。

还有部分学者对现行地方教材进行了研究。孙廷宾从实践角度提出了新疆民族团结教育课程教材存在的问题：内容单薄，难以满足需要；说教意味强烈，语言和内容不符合学生认知特点；回避了热点难点问题，对社会问题探讨不深入；教材中列举的案例不够典型，缺乏负面案例的警示。教材体例没有与国际接轨，对国外民族团结教育的经验吸纳不足。③民族团结教育政策性强，敏感问题较多，孙廷宾提出的对热点、难点问题关注不够确有一定道理，但对是非分辨能力不强的中学生来说，非常突出的热点、难点问题不宜以民族为界进行解析，更应以隐性教育方式引导，以课程文化去熔融坚冰比直截了当的说教效果更佳。

阿依努尔·海热拉提出《新疆历史与民族宗教理论政策教程》专题化教学的内容应是马克思主义"五观"，《经济文化观》教学中应加入各民族的风俗

---

① 顾玉军. 在乡土教材建设中凸显民族团结教育的思考[J].现代教育科学, 2013,(10): 51-53.
② 天山网.《中华民族大团结》教材出版的前前后后[EB/OL].http://culture.ts.cn/content/2014-08/22/content_10444917.htm. 责任者：朱熹
③ 孙廷宾. 民族团结教育教材编写不应回避热点、难点[J]. 中国民族教育, 2015,(5): 49-51.

习惯和禁忌教育，并罗列了诸如"清真食品、丧葬习俗"等事例[①]，文章认为，作为高校民族团结教程更应突出民族政策的理论性，在高校中强调扫盲性质的民族常识性问题很有必要，这恰恰说明在中小学阶段的常识教育中缺乏针对性的教育。

关于民族团结教育内容的研究内容比较丰富，涉及学科广泛，但现有研究中大部分都是基于某一个学科领域探讨在学科中扩充民族团结教育内容，缺乏广视野、系统性的研究。另一方面，在很多研究中，一味强调扩充"多元"的民族知识，忽视民族团结教育对"一体"的同一性要求，仅就某一学科知识赋予民族属性来体现民族团结的做法失之偏颇。民族团结教育课程属于公民课程的一部分，过度强调"民族性"知识，而忽略或弱化中华民族"一体性"的前提，是对民族团结教育课程理想的偏离。

（四）关于民族团结教育融入相关学科教育的研究

很多学者认为，民族团结教育必须要培养学生马克思主义历史观，让学生学会历史地看待问题，要让学生在中华民族文明发展史，尤其是近现代史上多民族的交流交融历史中受到民族团结教育。赵海霞认为"'中国近现代史纲要'作为全国高等学校本科生必修的思想政治理论课之一，其教材蕴含有十分丰富的民族团结教育资源"应使学生在学习中形成正确的民族观，真正认识到民族团结的重要性。[②] 洪认清认为，"史纲"课程应避免与中学阶段的民族团结教育内容简单重复，应注重把"我国民族团结的深厚历史渊源和宽广现实基础讲明白，把党的民族理论和民族政策讲透彻"[③]

杜威认为"历史作为一门学科，只是有关和我们的生活密切相连的社会群体的种种活动和疾苦的一批已知的事实，参考这些事实，我们自己的风俗

---

① 阿依努尔·海热拉.《新疆历史与民族宗教理论政策教程》专题化教学在民族团结教育中的意义[J].高教学刊,2016,(16):96-97.
② 赵海霞.民族团结教育在"中国近现代史纲要"教学中的运用[J].黑龙江教育(高教研究与评估),2014,(8):32-34.
③ 洪认清.民族团结教育融入"中国近现代史纲要"课程教学的思考[J].淮北煤炭师范学院学报(哲学社会科学版),2010,(3):182-184.

和制度可以得到说明"①，杜威的论述强调了历史学科作为主动作业在时间上的延展，只有历史知识与学生的"主动作业"发生联系才具有意义，学生的民族团结意识不仅形成于当前的生活经验，更要在时间上延伸到历史中，近当代历史提供了这方面的丰富素材。

当前，各地开发的地方教材中，"地方史"作为地方教材广为运用，地方史中对当地历史沿革和民族交往、交流、交融，以及各民族的交流互动都有较多篇幅涉及，学者们对历史学科融入民族团结教育的研究很有意义，历史学科也应是民族团结教育课程实施的重要阵地之一。

还有一些学者探讨了将民族团结融入语文、体育、艺术等学科进行教育的实现方式。学者们对于民族团结教育在各学科融入的研究，为民族团结教育拓宽了实践路径，扩展了民族团结教育的研究视野。民族团结教育作为外延宽泛的课程，专门开设的专项认知性课程只是其课程内容的一部分，还有更多课程内容如同冰山之水下部分，融入在其他课程中，融入教育实践中，需要不限于显性的课程和专项课程，而应以广视角、宽视野关注学校教育的全过程，进行更深入的研究，使民族团结教育贯穿学校教育的全过程。

三、民族团结教育的相关研究

把民族团结作为一门课程研究，是在 2008 年我国颁布《纲要（试行）》之后，而民族团结教育的相关研究则要早得多。根据知网以"民族团结教育"为主题进行模糊检索结果，自 1985 年至今，可检索期刊论文 1793 篇，在 2009 年以前平均以每年 30 篇左右的速度递增，近年来，基于对民族问题的高度关注，各界对民族团结教育的重视程度迅速提高，2009 年之后每年以 150—200 篇左右的速度递增。

---

① [美]约翰·杜威著,王承绪译.民主主义与教育[M].北京:人民教育出版社.2001.281-288.

(一) 理论层面多学科综合视域的民族团结教育研究

马进教授从社会心理学视角阐述了社会心态与民族团结教育之间的关系。提出社会心态通过调节"自我的心理状态"与"其他人的心理状态"的关系，调节"主我"与"客我"的关系，调节心态各个成分的关系，生成自我与他人结合的心态，"主我"与"客我"结合的心态，仪式与非仪式结合的心态，知情意相统一的心态，发挥了四大重要作用，形成了自我对民族团结教育的正确反映与正确态度，最大化地增强了民族团结教育的效果。[①]马进教授运用法国年鉴学派的"社会心态"概念和柯林斯的"仪式理论"，从社会心理学视角将民族团结教育与"社会心态"理论相结合，为民族团结教育做出了社会学视域的探索。

严庆、刘雪杉运用接触与交往理论对内地西藏班民族团结教育进行了研究，并对内地西藏班学生民族团结教育进行了学生互动的社会心理学实证分析，发现西藏班学生民族交往的程度、频度、范围还相当有限，当前的办学模式并未促进西藏籍学生与内地学生之间更多的接触与交往，在实证研究的基础上，提出了更新观念，开放办学，"提倡民族学生与当地学生合校、合班的模式"[②]文章对西藏班促进西藏学生接触内地文化、了解内地社会、形成整体国家认同持肯定态度，对西藏班未来编班办学方式方面的建议具有实践意义。张大卫分析了群际接触理论对西藏民族团结教育的启示，指出群际之间的频繁接触将有利于增进彼此了解、缓解焦虑、产生共情，从而有利于群际关系的改善。他提出要从优化制度提高各族群众接触机会，利用现代传媒做好文化传播，创造群际接触的最优条件，营造民族团结的良好氛围。尹可丽、张敏、张积家对云南8个少数民族自治州的中小学生开展了实证研究，提出民族团结教育活动对于民族学生的民族团结知识记忆具有重要的影响，

---

① 马进.民族团结教育中社会心态的调节与生成[J].北方民族大学学报（哲学社会科学版），2010，（2）：65-69.
② 严庆,刘雪杉.民族交往：提升民族团结教育实效性的关键——以内地西藏班(校)为例[J].西藏民族学院学报(哲学社会科学版),2011,04:91-95.

第二章 文献综述

民族团结教育活动通过民族学生对民族团结知识的掌握，间接地影响中华文化认同和不同民族学生之间的交往。[①]在促进民族团结教育的手段和方法上将社会交往理论运用于民族团结教育，丰富了民族团结教育的理论基础。

西林教授从政治社会化视角指出"政治社会化是统一不同民族的思想、缓和社会矛盾、维护国家安定团结及个体与社会生活的政治需要"，"为防止政治观念上的矛盾只有通过政治社会化，才有利于达成政治观念、价值和行为上的基本一致，保证一个社会基本的政治方向"。[②]文章探讨了家庭教育、大众传播媒介及学校教育与政治社会化的关系，提出了从上述三方面来实现民族团结教育的路径机制，其中对家庭教育作为个体接受社会化的第一个社会环境，以及大众传播媒介对民族团结教育的影响的论述为民族团结教育的开展拓展了新的视域。

常永才教授和贝里（John W.Berry）教授以文化人类学中的"涵化"概念为切入点，基于文化互动心理角度的分析，从文化认同与涵化视角对民族团结教育进行了阐释。他们提出，"涵化"区别于西方主流社会对少数族裔采取过的熔炉"同化"。基于涵化概念在民族团结策略上的分析，提出"整合""同化""分离""边缘化"四种涵化策略中，对民族团结最有利的就是"整合"。得出"民族团结的实质应是健全涵化，而非同化，健全的涵化即民汉文化的整合，其坚实的基础是健全的双文化认同"[③]。文章从文化人类学视角对民族团结教育的阐释具有创新性，同时对民族团结的实质是文化认同的结论将民族团结从表层的政治话语体系引向文化视域，对民族团结教育沿文化融合路径不断深化指出了可能方向。

邵晓霞博士基于多元文化视域，从文化视角审视民族团结，将民族团结视为人类生存方式的一种文化映射。她认为，民族团结教育的实现是"以文化为基础、以文化为手段、以文化为目的的民族教育旨归"，提出"民族团结

---

① 尹可丽,张敏,张积家. 民族团结教育活动对少数民族学生中华民族认同及族际交往的影响[J]. 民族教育研究,2016,03:57-63.
② 西林. 论政治社会化过程中的民族团结教育[J]. 新疆社会科学,2009,（2）：49-51.
③ 常永才,John w.berry. 从文化认同与涵化视角看民族团结教育研究的深化——基于文化互动心理研究的初步分析[J]. 民族教育研究,2010,（6）：18-22.

教育需要培养具有现代民族文化素养的人","能够理解、尊重、接纳、欣赏异族文化;同时也能够与来自全国乃至全球、持有不同价值观的人打交道"①。从文化角度审视民族团结,并提出培养具备"现代民族文化素养的人"是对民族团结教育目标的创新,规避了以政治口号式话语生硬阐释民族团结教育目的的弊端,转而从"文化生态"角度研究民族团结问题,也是民族团结教育目标从"怎样培养人"转向"培养什么人",指向核心素养培育的全新阐释。

哈经雄教授、滕星教授主编的《民族教育学通论》②介绍了文化人类学中的若干理论模式,探讨学校教育中学生的情感、态度、价值观以及社会交往规范等教育。在研究范式上,将研究视角拓展到文化人类学视域,用复杂视野理解民族团结教育,将学校教育场域视为社会的子系统,在宏观视域关注民族团结教育的政治和经济功能,在微观视域关注学习者个体的公民意识和社会责任感培育。这一研究范式拓宽了民族团结教育研究的视野。

从多元文化教育研究的视角来看,多元文化主义是20世纪兴起又备受争议的一种范式。加拿大学者威尔·金丽卡(Will Kymlicka)指出多元文化主义(multiculturalism)的两种主张和立场,即"多元文化主义的反对者经常说,多元文化主义把少数群体凝聚起来了,这有碍他们整合到主流社会(mainstream society)中去,而多元文化主义的赞成者则反驳说,这样关注整合是文化帝国主义的反映"。对多元文化主义的支持和反对者各持己见,难以以一种绝对的标准来评判两种观点的是非对错,不过回到问题争论的核心,就是如何应对文化的多样性和统一性问题。出于对弱势群体的关照,需要倡导对多元文化的尊重,但换个角度来看,过度的强化多元文化既有可能影响弱势群体融入主流社会,同时使得社会的同一性受到影响而被割裂。关于应对文化多样性问题的教育研究,国外存在几种思维模式:多元主义、隔离但平等主义、同化主义等,这些范式虽然没有被当作明确的教育政策在国家实施,但

---

① 邵晓霞. 文化视角下的民族团结教育实现问题[J]. 甘肃社会科学,2012,(2):15-18.
② 哈经雄,滕星.民族教育学通论[M].北京:教育科学出版社,2001:34-37.

这些理念基本已经融入到世界主要国家的教育策略之中。

我国学者在将多元文化主义引入国内进行讨论时，基本持批判地接受的态度。大多是基于对西方同化主义教育策略进行批判的同时，对多元文化主义的利弊进行综合分析，进而转向向基于多元文化理论的文化整合理论。费孝通老先生提出的"中华民族多元一体格局"理论①，从历史发展的视角，阐明了中华民族"多元"与"一体"的辩证统一关系，从学理上阐明了中华文化"统一性"与"多样性"的统一，受到国内外学者的高度认可。

滕星教授基于"中华民族多元一体格局"理论，借鉴国外多元文化教育理论，提出了在多民族国家中实施"多元文化整合教育"的观点。该理论认为，在统一的多民族国家，各民族文化平等、交融、共生，最终将形成"共同文化群体"。因此在统一的多民族国家，当通过教育传递文化成果时，不仅仅需要传递主流优秀传统文化，亦需传递各少数民族优秀传统文化。多元文化整合教育倡导文化共同繁荣，政治上平等、友好、尊重，使得社会成员和睦相处，最终实现多元一体格局下的民族大团结局面。这一理论是基于对"中华各民族文化是中华文化的重要组成部分"的认识。教育的功能之一既是实现人类文化的代际传递，民族团结教育课程需要传承多元民族文化，多元文化整合教育是对民族团结教育课程应传承哪些文化的回答，也为民族团结教育内容的选择提供了理论指导。

王鉴教授、万明钢教授在《多元文化教育比较研究》一书中，提出了批判地接受多元文化主义的"中国特色多元文化教育"，结合费孝通提出的"中华民族多元一体格局"概念，认为"中国特色的多元文化教育就是中华民族多元一体教育"。将"中国特色的多元文化教育"的内涵划分为三个层面：一是中华各民族的优秀传统教育；二是中华民族实体作为整体自觉而形成的国家一体教育；三是在全球多元文化发展背景下形成的中华民族多元一体教育。②

---

① 费孝通著.中华民族多元一体格局(修订本)[M].北京:中央民族大学出版社,1999,3-39.
② 王鉴,万明钢著.多元文化教育比较研究[M].北京:民族出版社,2006,21.

多元一体教育模式是基于费孝通先生提出的"中华民族多元一体格局"理论范式。"中华民族多元一体"既是我国的基本国情，也是对我国新型社会民族关系的科学表述。将"多元一体格局"的文化内涵引申到教育领域，对于民族团结教育具有重要的方法论意义。民族团结教育课程作为一门新生的社会性课程，在理论建构方面还有许多方面需要不断完善，借鉴国际经验和理论，综合各学科视域，对于丰富民族团结教育课程理论研究具有重要的意义。

（二）基于实践分析层面的民族团结教育研究

1. 关于民族团结教育现状的调查研究

严庆、王峰、姜术容于2015年撰文对15所高校本科一年级学生民族团结教育状况进行了实证研究，认为当前学校的民族团结教育已整体铺开，取得了一定成效，但也存在施教不均衡、课程教材建设落后的问题。文章通过调研发现在中小学未接受过完整民族团结教育的比例低于50%，喜欢体验性、实践性强的教育方式；在民族团结知识认知方面，体现出对汉族学生的民族团结教育还有待加强。

黄慧英于2016年撰文对云南省某县民族团结教育情况进行了调查，得出学生对国家民族政策认可程度较高，少数民族学生族际交往意愿强于汉族学生的结论，提出学校教育中，学校领导和教师对民族团结教育的重要性和必要性思想不统一，认识不到位；民族团结教育的对象不能只把少数民族学生作为重点对象，对汉族学生的民族团结教育工作也应重视的问题。

实证研究是对当前民族团结教育现状进行准确把握的有效手段，从当前这方面研究情况来看，研究的地域普遍集中于边疆地区，以新疆、云南、西藏地区居多，研究的结论虽有差异，但比较集中地体现了民族团结教育普遍开展但实效性尚有待提高；民族团结教育体现出了族际差异，对民族地区民族青少年的教育比较重视，对汉族青少年的重视程度不够；民族团结教育手段和方法比较单一等问题。

2. 民族团结教育存在的问题及对策研究

张珍剖析了新形势下加强边疆民族地区大学生民族团结教育的重要意义，提出了当前边疆民族地区大学生民族团结教育存在培养"中华民族共同体意识"、增强边疆民族地区发展信心、增强使命感和责任感教育方面，以及有重点、分层次、有针对性地进行民族团结教育，民族团结教育师资等方面存在不足。建议强化"中华民族共同体"意识，有重点、分层级开展民族团结教育，提高民族团结教育师资培养等策略。①董丽娟提出民族团结教育是培养社会成员团结意识的重要途径，不论民族地区还是汉族地区都应该普遍开设民族团结教育课程，汉族地区的民族团结教育课程重在教育学生避免形成"大汉族主义"心态。②周耀治、冯振华等对高校民族团结教育的非智力因素理念与实践进行了审视，提出民族团结教育不同于学校教育中的智育、德育，不能简单地采用或挪用一般理论，而应遵循其自身的特定规律。当前我们还欠缺对民族团结教育的认识，理论研究不够深入，缺乏民族团结教育规律的理论指导，在学校教育中生搬硬套一般概念和理论进行灌输，教育的针对性、实效性不强，入脑入心的教育效果不理想。提出要树立民族团结教育智力与非智力因素有机统一的教育观，重视和强化民族团结非智力因素教育观念，积极推进民族团结非智力因素教育理论研究和实践探索的路径。③

对民族团结教育存在的问题的研究较多，研究者普遍为基层教育工作者，实践意义较强，研究视角一般集中在高校和中小学校，提出的问题比较具体地指向民族团结实效性不足，背后揭示的本质问题都是民族团结的理想水平和实际教育工作的实效之间存在的巨大差距。提出的对策普遍指向要统一思想，提高认识；加强民族团结教育的针对性、实效性；避免将民族团结停留在表层说教层面，而要将教育活动融于各类教育实践活动中，以期达到入脑入心的效果。

---

① 张珍.边疆民族地区大学生民族团结教育存在问题及对策[J].高教论坛, 2015,(5): 32-35.
② 董丽娟. 汉族地区中小学校民族团结教育课程开展的问题探析[J]. 基础教育研究, 2014, (10): 6-8.
③ 周耀治,冯振华,祖力亚提·司马义,等. 民族团结教育的非智力因素问题初探——以高等学校为例[J]. 新疆大学学报(哲学·人文社会科学版), 2011, (4): 55-57.

3. 关于民族团结教育实现路径的研究

奔厦·泽米、吴宇对民族团结教育问题的研究进行了回顾，指出应从制度、物质、思想三个方面对加强民族团结教育进行保障。提出在课堂教育方面以政治理论课为基础系统推进教育，以民族认同和爱国主义为核心构建民族团结教育理论体系，创新课堂教育方式有效实现民族团结教育目标；在活动教育方面，将民族团结教育融入文艺类活动、交际类活动、节庆类活动、体育类活动、知识类活动中；通过实践教育拉近各族学生之间的心理距离；通过媒体宣传形成舆论导向，通过骨干培训树立榜样。[①]；李斌对新疆8所高校民族团结教育现状进行了实证研究，从师、生两个层面对新疆高校民族团结教育存在的问题进行了剖析，提出了要健全领导机制、发挥主渠道作用、突出团结主旋律、融入社会实践、搭建互助平台等民族团结实现路径。[②] 王丽宏以宁夏大学民族预科教育学院为例，阐述了民族预科院校开展民族团结教育的价值及意义，提出要在课堂教学中普及民族团结知识、在社会实践中通过共庆节日、参观学习回族文化、借助社区舞台展现民族风采，在学生管理工作中维护民族团结保障等实现路径。[③]詹先友、杨继军考察了涉藏地区9所普通高校，从提高认识、深化课程与教学改革、加强校园民族文化交流丰富教育载体、开展对少数民族贫困学生的资助帮扶、强化社会实践等方面提出了实现民族团结教育的路径。[④]徐娇剖析了全球化背景下在高校开展民族团结教育的必要性，提出了高校开展民族团结教育的教育内容，指出应通过课堂教学、社会实践活动、校园文化活动以及提供民族团结教育保障机制来实现民族团结教育常态化。[⑤]

---

① 奔厦·泽米，吴宇. 新时期的高校民族团结教育及其路径选择［J］. 西北民族研究，2011，(3)：231-237.
② 李斌. 新疆高校民族团结教育有效途径研究［J］. 新疆社会科学，2013，(3)：69-75.
③ 王丽宏. 民族院校民族团结教育途径及成效探析——以宁夏大学民族预科教育学院为例［J］. 宁夏社会科学，2016，(4)：249-253.
④ 詹先友，杨继军. 藏区高等学校开展民族团结教育的途径与方法［J］. 民族教育研究，2014，(1)：45-49.
⑤ 徐娇. 全球化背景下高校民族团结教育的探讨［J］. 教育探索，2011，(4)：18-20.

对民族团结教育实现路径的研究集中在民族地区高校，研究者以高校思想政治教育工作者为主，提出的实现路径集中在提高思想认识水平、改革课堂教学模式，加大师资队伍建设提高教师素质，提高课堂主渠道民族团结的融入，通过校园文化营造民族团结教育氛围，通过社会实践活动拉近各族学生心理距离等方面。在民族团结教育实践路径方面提出的诸多方案，体现了民族团结的重要性已经被广大教育工作者和学生所广泛认知，民族团结的诸多实现路径可分为显性和隐性教育两个层面，从学者们剖析的问题可以看出，当前的民族团结显性教育手段过于单一苍白，简单的政治倾向说教多，实效性不足。隐性教育手段更多以校园文化、社会实践活动等具体方式体现，学者们对隐性教育手段抱有较大的期望，但尚缺乏有理论支撑的系统研究。

4. 关于民族团结教育资源建设的研究

李永宁认为文化的了解和认同是各民族群众团结、和谐共荣的基本前提，他在对青海省部分大学生、中学生的多元文化素养进行调查的基础上，得出民族地区群众的多元文化素养欠缺的结论，从国家政策鼓励、软硬件设施基本完善和已有一批可资借鉴的范例三个角度论证了多元文化信息资源建设的可行性，进而提出了建立"三级三库"多元文化信息资源库的构想。[①]李永宁对民众多元文化素养欠缺的调查对民族团结教育研究具有一定的启示作用，没有坚实的多元文化素养作为基础，民众必然缺乏对多元文化的包容，多元文化信息资源库的建立是一条很好的发展方向，但对"三级三库"的建立中以民族作为资源库的区分标准，过于关注民族文化上的平等性，往往陷入仅强调"多元"的丰富性，而难以体现中华民族文化整体"一体"化互动发展的文化融合事实。

罗丹、肖祥认为加强高校民族团结案例资源库建设，不仅是开展民族团结教育的有效依托，而且是改进和创新传统民族团结教育方式的有效手段，具有重要的现实意义，在论证了建立民族团结案例资源库建设重要性的基础上，他们提出了建设民族团结案例资源库的适切性原则、技术更新性原则、

---

① 李永宁. 民族地区多元文化信息资源库研究与设计[J]. 中国电化教育, 2011, (5): 79-83.

时代性原则和反馈性原则。①罗丹、肖祥提出的时代性原则重视新的时代元素,重视新媒体传播和宣传作用,对民族团结宣传工作具有一定的启示作用。郭丽华、何继春提出要挖掘身边的历史文化资源开展民族团结教育②,也有一定的启示意义。在各地民间,或者各地、各民族历史文化中都有一些典型的民族团结资源可资利用,如周竞红提出的民族团结誓词碑③、新疆的西域都护府遗迹、香妃墓、格登碑等,作为历史传承下来的重要文化遗产,能够发挥其不可替代的教育作用。

关于民族团结教育资源的研究,学者们提出的见解大致可以罗列为,依托网络建立的教育资源库,依托历史文化遗迹挖掘教育资源,将实践活动作为一种资源发挥其教育作用。在《民族团结教育指导纲要(试行)》中,较全面地罗列了学校教育可资利用的教育资源:学校资源、家庭社会资源、地域资源、文本和音像资源。有学者对民族团结教育资源按其表现形式分为显性教育资源和隐性教育资源,分类方法不一而同,充分说明民族团结教育资源的丰富性,民族团结教育更是一项复杂的系统工程,不能仅从单一角度开展教育活动。民族团结教育资源能够丰富民族团结教育课程的信息来源,是影响民族团结教育课程实施的重要因素之一,学者们对民族团结教育资源的研究为进一步拓宽民族团结教育的信息提供了支持,为本研究考察民族团结教育课程实施提供了参考。

---

① 罗丹,肖祥.加强高校民族团结案例资源库建设[J].中共山西省委党校学报,2015,(2):120-122.
② 郭丽华,何继春.深入挖掘教育资源 做好民族团结教育工作[J].中国民族教育,2004,(3):26-27.
③ 周竞红.传统社会资源的挖掘和创新利用——"民族团结誓词碑"的启示[J].中央民族大学学报(哲学社会科学版),2016,(3):5-10.

第三章 研究的设计、方法与过程

文献梳理使得研究的问题与目的逐步聚焦，思路渐渐清晰。本研究聚焦民族团结教育课程实施过程，探究课程实施过程中到底发生了什么，透过课程实施过程中呈现的现象，探析影响课程实施的影响因素及其形成原因，并尝试进行理论阐释，最后提出课程实施改进的策略和建议。

一、理论基础

（一）多元文化教育理论

多元文化主义是上世纪五六十年代兴起于在美国等西方社会，是在对"同化论"进行反思与批判的基础上形成的一种社会思想，在西方肇始于美国的"民权运动"中得到进一步发展，最终成为蔓延西方的社会思潮。20世纪末，联合国教科文组织将"多元文化"的内涵概括为：多元文化包含各族群平等享有"文化认同权、社会公平权以及经济受益需求"。[1]多元文化不限于文化，而是囊括了给予各民族政治、经济、社会和文化的平等权等多重内涵。多元文化主义的理想在于，使各民族群体在保持其自身文化认同和民族身份

---

[1] 李明欢."多元文化"论争世纪回眸[J].社会科学研究,2001,03:99-105.

认同的同时，还能够充分享有平等权利，最终追求的理念是平等和正义。①多元文化教育（multicultural education）是在多元文化价值观、文化观、世界观的基础上形成的一种教育观，其在北美洲、欧洲等国家初步显现，在经历近半个世纪的发展之后，逐渐成为西方社会普遍认同的政治和教育理念，因其有益于提升社会公平程度，保障少数群体的合法权益，因而得到持续不断的发展。

詹姆斯·班克斯从少数族群及其文化视角来界定多元文化教育，他指出多元文化教育是一种思想或概念，它期望不论什么群体的学生都能够体验到教育平等；是一场教育改革，试图以保证少数族群的学生获得成功和获得平等机会为目标；是一个连续不断的教育过程——如同废除歧视和推进平等在人类社会推进需要一个过程，短期内还不能完全获得成功②。詹姆斯·班克斯的这一观点受到多元文化教育研究者较为普遍的认同。涅托则从文化相对论的角度界定多元文化教育，他提出"应该首先考虑文化之间的差异，在制定政策、规划教育内容、对教师进行培训以及构建教育体系的时候，进而保证所有的学生，不管他们的形体、外观、种族、性别以及性取向、宗教信仰、年龄、政治信仰、阶层、语言等其他方面有哪些差别，都能够拥有获得心理发展，获得智力发展和社会地位的一切必需的机会"。③

班克斯提出的多元文化教育理论注重心理学基础，他的文化认同阶段理论对于关涉文化心理和民族心理的多元文化课程设计具有较高的参考价值。他基于自己的文化行为研究，在马克思·韦伯的"理想类型"基础上归纳了文化认同的阶段和文化身份认同阶段模型。班克斯假设种族认同、民族（国家）认同和世界认同本质上是发展的过程，学习者只有在获得了健康的反思性文化认同时才有可能获得健康的反思性的国家（民族）认同；进而发展为积极

---

① 王晏著.文化马赛克：加拿大移民史[M].北京：民族出版社，2003.343
② James A.Banks,&Banks,C.A.M.Multicultural education:issues and perspectives,2nd ed.,Bostion:Allyn and Bacon, 1993,p.3-5.
③ Nieto, S.Affirmmif diversity:The sociopolicontext of Multicultural education,N.Y.1996,p.3.

的、反思的全球化认同。[①]

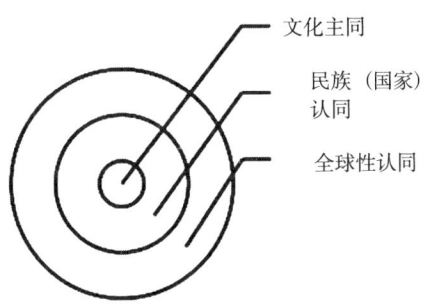

图 3-1 文化、民族和全球认同关系

在此基础之上,班克斯提出了文化认同的六个阶段:1.文化、心理的束缚;2.文化包装;3.文化认同分类;4.两种文化(二元文化);5.多元文化主义和反思性的民族主义;6.全球主义和全球能力。处于阶段 1 的个体内化它的文化族群积极的社会信条;阶段 2 个体处于种族中心和对文化隔离主义的实践;阶段 3 个体接受自我和具有其族群的明确态度;阶段 4 的个体具有参与其文化族群和另一文化族群所需的态度、技能和承诺;阶段 5 的个体具有对自身族群反思性的文化和民族认同,以及对其国家的种族与文化族群发挥作用所需的态度、技能承诺;阶段 6 的个体具有积极的反思性文化、民族与全球认同,以及在其国家和全球文化中发挥作用所学的态度、技能和承诺。

图 3-2 文化认同的阶段

[①] James A. Banks.文化多样性与教育:基本原理、课程与教学[M].荀渊等译.上海:华东师范大学出版社,2010.33-34.

对应文化认同的六个阶段,班克斯提出了文化身份认同的六个阶段,并针对每一个阶段的文化身份认同特点分析了其课程意义。班克斯阐明,其文化身份类型学模型是一种"理想的结构",应将其视为动态、多维的过程,在每一个阶段其发展是一个连续体,是一个循序渐进的过程。班克斯认为,一个个体可能不会经历某一个特定的阶段,但一旦个体经历了某一特定阶段,就会顺序地、逐步地向上或向下,也可能呈现Z字形地经历之后的阶段。

多元文化教育理论滋生于西方自由主义的社会土壤之中,在20世纪末亦曾遭遇亨廷顿等现实保守主义的激烈批判。但不可否认,多元文化教育倡导关注偏见、歧视少数族群的社会现象,提倡教育应为缓解各种冲突,增强跨文化能力而努力的教育理念在现当代仍然具有很强的借鉴意义。民族团结教育课程实施是一个复杂的教育实践活动,关涉个体和族群的民族心理,认同心理等。多元文化教育理论给我们提供了一个参考,在民族团结教育课程实施中,关注个体的文化身份,从文化认同——国家认同——全球化认同的认同发展顺序去选择和设计课程内容。另外,由于处于每一阶段的个体都表现出不同的文化身份特征,而且这些阶段并非线性发展的,而是螺旋式的,有时候也出现反复,甚至会出现倒退至上一阶段的情形,在民族团结教育课程实施进程中,需要考虑这种渐进性,使学习者的文化身份认同整体呈现螺旋式上升的趋势,这对我国民族团结教育课程的设计与实施具有启示意义。

(二) 交往互动理论

民族团结是一种社会理性行为,也是一种特殊的交往互动行为。学校民族团结教育课程实施需要关注个体与个体、个体与群体,以及群体之间的交往互动行为。

当前的社会互动理论有众多流派,观点也不尽相同。最具有代表性的有符号互动理论、社会交往理论、戏剧理论等。

1. 符号互动理论。 符号互动理论创立于20世纪30年代,是从微观角度审视社会环境中人和人之间互动实践的社会心理学学说①。1937年美国社会学家H·布鲁默于最早提出了符号互动的概念，但学界普遍认为米德是最早奠定符号互动理论基础的鼻祖。米德在《心灵、自我与社会》一书中提出，自我、心灵、社会都是产生于社会互动过程中的，社会互动是以人们彼此能够理解的具有象征意义的符号为基础进行的社会行动过程。②在此之后，戈夫曼、H·布鲁默等人继承并发扬了符号互动学说。符号互动理论的核心观点是，人类通过创造并运用彼此都能理解的符号进行着交往互动③；人类通过识别他人的所使用的符号，运用符号进行自我认识，并对交往的情境进行理解和作出相应的反应，对社会现象的解释只能在互动中阐释其意义。互动的本质在于人们通过常规姿态，运用某种角色领会适应特定的情境；人类通过符号中介性的互动，创造、维持与改变社会结构④。

2. 哈贝马斯的交往理论。哈贝马斯将社会交往及其理论作为奠定自己理论体系的基石，他把马克思的历史观与现代西方的语言哲学、心理学、社会学相结合，突破西方以个人或主体为中心的局限，把研究的焦点转移到了交互主体上。他提倡公平民主的对话与交流，主张在理解的基础上达成共识，从而形成了他非常独特的交往理论体系。民族团结教育课程实施需要在师生互动的情境下，完成师生、生生之间的平等沟通、共同参与，通过各种途径取得双方的了解、理解和尊重，这在一定程度上与哈贝马斯交往理论的内容不谋而合，因此民族团结教育课程实施需要借鉴哈贝马斯交往理论中积极的合理的成分。

（1）哈贝马斯的交往行动强调，交往行动的主体是两个以上具有语言和行动能力的个体，交往的主体之间是主体间性的关系；哈贝马斯认为，语言是人类交往行动的沟通媒介，以语言为媒介的谈话沟通方式在所有的交往互

---

① 李如密,刘伦. 课堂教学互动及其优化策略—符号互动理论的视角[J].教育教学研究,2012,(10):51.
② 周晓虹. 现代社会心理学多维视野中的社会行为研究[M]. 上海：上海人民出版社,1997:306-307.
③ [美]约翰逊.社会学理论[M].南开大学社会学系译.北京：国际文化出版公司,1988:409.
④ 张晓晓.师生互动视域下社会主义核心价值观培育研究[D].湖南大学.2016.

动中居于中心地位；求得理解是人们交往的目的。"参与行动者的行动计划不是按照自中心的成就计算，而是按照理解的活动而合作化的，那么，我们就把这样的行动称为是交往行动。①"哈贝马斯的"理解"是指交往主体之间的合作与默契、商谈与对话。民族团结教育课程实施是在教育实践活动中进行的互动实践，承认教师与学生的主体地位，实现师生之间平等和民主的交流互动，才能达到对民族团结的认知、认同和内化。

（2）生活世界是哈贝马斯交往理论的重要概念。哈贝马斯在《交往行动理论》中指出，人类的一切交往行动都是以生活世界作为背景的，生活世界是交流与沟通的交往主体所在的现实场所，"在一定方式下，生活世界，即交往参与者所属的生活世界，始终是现实的；但是这是这种生活世界构成了一种现实的活动的背景。"②哈贝马斯对生活世界的组成要素的理解是，文化是一种知识储存，当交往参与者想要对某种事物进行理解时，就会依照知识储存来加以解释。社会是合法的秩序，交往参与者通过合法的程序把成员调节为社会集团，从而巩固联合。个性是主体在语言能力和行动能力方面所具有的权限。③可见，哈贝马斯对于生活世界的理解，是由文化、社会和个性三个部分组成的，他认为，交往行动者总是在他们的生活世界的视野内运动，他们不可能脱离这种视野。民族团结教育课程实施是一个系统工程，涉及和涵盖的领域非常广阔，师生、生生之间的互动交往过程就是民族团结教育课程实施的基本方式，因此民族团结教育不能脱离生活世界，否则就失去了存在的意义。民族团结教育课程实施就要在生活世界中通过交往互动发生，既要满足社会现实需要，将参与者——师生通过合法的程序调节为社会集团，实现巩固联合，还需要满足师生个性化发展需要，做到理论与实践相结合。

3. 马克思的交往理论。 马克思没有专门研究互动的著作，但是他对人的交往的研究散在于他的各种著作中，其基础是马克思对人的定义，以及关于

---

① 哈贝马斯,郭官义.评嘎达摩尔的《真理与方法》一书[J].哲学译从,1986,(3):73.
② [德]哈贝马斯.交往行动理论(第二卷)——论功能主义理性批判[M].洪佩郁,蔺青译.重庆：重庆出版社,1994:171.
③ 张晓晓.师生互动视域下社会主义核心价值观培育研究[D].长沙:湖南大学,2016.

人的全面发展的学说。马克思对人的定义出自《关于费尔巴哈的提纲》，"人的本质不是单个人的固有的抽象物，在其现实意义上，它是一切社会关系的总和"，在马克思看来，人的生存离不开以生产资料为基础的劳动实践，只有在社会关系中才能实现人的本质，体现了对人的社会性的认识。马克思把交往理论与人的全面发展联系在一起，强调了交往对于人的全面发展的重要性，个人的全面发展在很大程度上取决于和他交往的所有人的全面发展。在这里马克思强调了交往环境的重要性。"每个人的自由发展是一切人的自由发展的条件"[1]阐释了，所有个人的自由发展就是社会的发展，而每个人的自由发展也是社会发展的基础。马克思把交往视为人的全面发展的根基，发展的程度由交往的深度和广度所决定。民族团结教育课程实施是教育实践活动，不仅仅局限于课堂上的知识传授，还要在很大程度上取决于主体之间的交往，马克思的交往理论阐释指出，民族团结教育课程实施的实效性取决于师生、生生之间交往与互动的广度和深度。

(三) 课程理论

泰勒于1949年出版了《课程与教学的基本原理》（Basic Principles of Curriculum and Instruction）一书，提出了学校课程编制或教学设计的基本原理。这一曾经风靡美国乃至整个西方教育界的课程指导理论，一般被称为"泰勒原理"（Tyler Rationale），被公认是现代课程理论的奠基石，是现代课程研究领域最有影响的理论构成，它由四个基本问题组成：[2]

第一、学校应该力求达到哪些教育目标？

第二、为了实现这些目标应该提供哪些教育经验？

第三、应该怎样有效地组织这些教育经验？

第四、怎样才能确定这些目标正在得以实现？

这四个问题即是课程编制中前后相继的四个阶段：（1）确定目标；

---

[1] 马克思恩格斯全集(第1卷)[C].北京:人民出版社,1995:294.
[2] [美]拉尔夫·泰勒.课程与教学的基本原理[M].施良方译.北京:人民教育出版社,1994:2.

(2)选择经验;(3)组织经验;(4)评价结果。如下图所示:

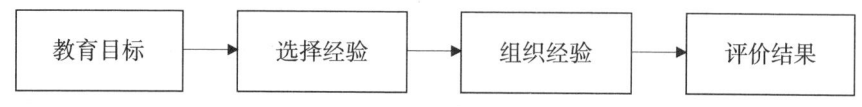

图 3-2 泰勒原理

在泰勒原理的四个阶段中,确定目标最为关键,其他环节都是围绕目标进行的,因此它又被称为"目标模式"。而要对教育目标作出选择,必须要有来自三个方面的信息:(1)对学生的研究;(2)对当代生活的研究;(3)学科专家的建议。任何单一的信息来源都不足以为明智地选择目标提供基础。而且,考虑到非常有限的时间与精力,泰勒建议用教育哲学(学校办学宗旨)和学习理论(学习心理学)作为两个筛子,对提议的教育目标进行筛选。泰勒确定教育目标的过程如下图所示:

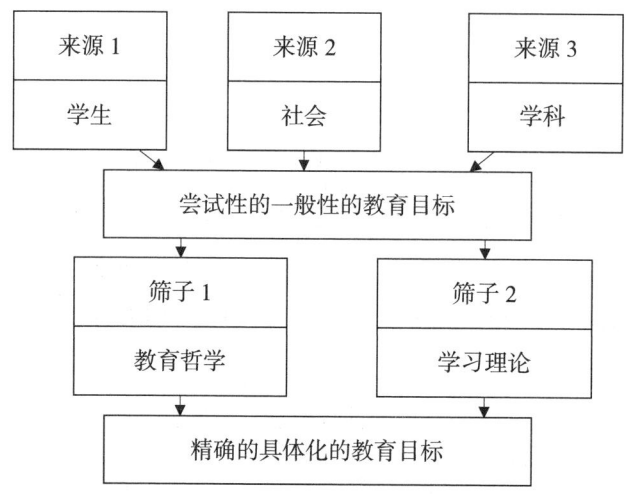

图 3-3 教育目标确定的流程图

泰勒原理诞生于美国 20 世纪上半期的经济大萧条年代,通过美国进步教育协会在反思社会教育问题后开展的"八年研究"而产生,虽然有着浓重的时代印记,在后期受到各种学派的广泛批评,但是泰勒原理作为课程研究的一种"范式"仍然具有永恒的指导价值。"只要有课程存在,就必然要进行课程编制和课程评价,泰勒原理不可替代"[①],"不管人们是否赞同'泰勒原理',不管人们持什么样的观点,如果不探讨泰勒提出的四个基本问题,就不可能全面地探讨课程问题,"[②]泰勒原理是"课程研究的范式","大多数课程专家所作的工作——不论他们自己意识到与否——或者是致力于使其精致化、机械化;或者是对它进行补充修正,以求使它更趋完善,这在许多课程论专注的体系上得到了清楚的反应。"[③]

后期不论以任何理由出于何种立场,在对泰勒原理否定的基础上提出的各种课程编制模式,最终还是无法走出泰勒提出的四个问题的范围。民族团结教育课程实施十余年,不论是对课程的认可度,还是课程实施的效果都没有得到满意的社会反映,本研究对民族团结教育课程实施进行研究,反思民族团结教育课程实施的问题,需要拨开纷繁的课程理论迷雾。因此,本研究选择最简单最实用的泰勒原理作为课程理论架构,从课程实施中的课程目标、课程内容、课程实施及课程评价方面进行综合的研究,分析和讨论从目标到结果的这一历程中产生了怎样的问题,进而探寻改善民族团结教育课程实施效果的策略与方法。

二、研究的思路与框架

(一) 研究思路

课程源于社会和受教育者双方的需求,它不应该只停留在教学计划和课程表上,以及仅仅以静态的教材形式呈现。开设课程的终极目的必然是为学生成长铺设一条"跑道",让学生在"跑道"上有所收获,在"跑道"上有所

[①] 喻春兰. 从泰勒原理到概念重构:课程范式已经转换[J]. 教育学报,2007(3):34—40.
[②] 张人杰. 国外教育社会学基本文选[M]. 上海:华东师范大学出版社,1989:225.
[③] 施良方. 课程理论——课程的基础、原理与问题[M].北京:教育科学出版社,1996:168.

成长，在跑道上成长出来的学生还应该具有未来社会合格公民的品格，这才是开设社会课程的价值和意义所在。

研究思路上的模糊，必然导致行动中的迷惘。本研究基于对民族团结教育课程实施过程中到底发生了什么，这样一个基本问题切入研究过程，主要围绕"是什么""怎么样""为什么""怎么办"四个基本问题展开，研究民族团结教育课程是什么，在实施过程中做了什么，发生了什么，结果怎么样，为什么这样，怎样改良的逻辑展开。

1. 是什么？不论是课程实施中出现了怎样的问题，归根结底都是对课程本质和本源的理解缺失和曲解，使课程本体偏离了原初的方向。所以，本研究选择从课程本体论角度探寻民族团结教育课程的历史发展轨迹，借以厘清民族团结教育课程的生成逻辑与价值追求，为课程发展明确方向。

2. 怎么样？进行实然的民族团结教育课程实施现状研究，在初步访谈的基础上，编制调查问卷，对民族团结教育课程的实施现状进行量化研究，从广度上对实施现状有一个基本把握。在量化研究的基础上，采用质性研究方法，深入研究场域开展田野研究，通过正式课程文本分析，针对课程实施主体——校长、课程管理者、教师、学生等开展访谈，探析民族团结教育课程实施中存在的问题。

3. 为什么？在上述实然民族团结教育课程实施现状研究的基础上探寻影响民族团结教育课程实施的因素，并对问题产生的原因进行归因分析。

4. 怎么办？在现状研究，影响因素分析的基础上，对照民族团结教育课程的价值追求，提出民族团结教育课程实施的应然取向、课程实施的应然追求、理念、原则，以此指导课程实施策略研究。对标民族团结课程实施中存在的问题、影响因素、归因分析以及课程实施的应然取向，探寻提升民族团结教育课程实施的路径、策略与方法。

（二）研究问题

研究思路的逐步明晰，也使研究问题逐步聚焦，本研究的全部研究内容基于对下列问题的回答。

1.民族团结教育课程从哪里来,将往何处去?民族团结教育课程的价值追求是什么?

2.民族团结教育课程在学校实施的现状是怎样的?存在哪些问题?

3.影响民族团结教育课程实施的因素有哪些?原因是什么?

4.民族团结教育课程实施的应然取向是怎样的?课程实施中应秉持怎样的原则,应采取哪些实践性更强的路径和基本模式?有哪些可资借鉴的案例?

5.如何进一步优化民族团结教育课程实施?

(三)研究框架

基于研究目的,根据对研究问题的分析,统筹研究方法的运用,研究者确定了以下研究框架:

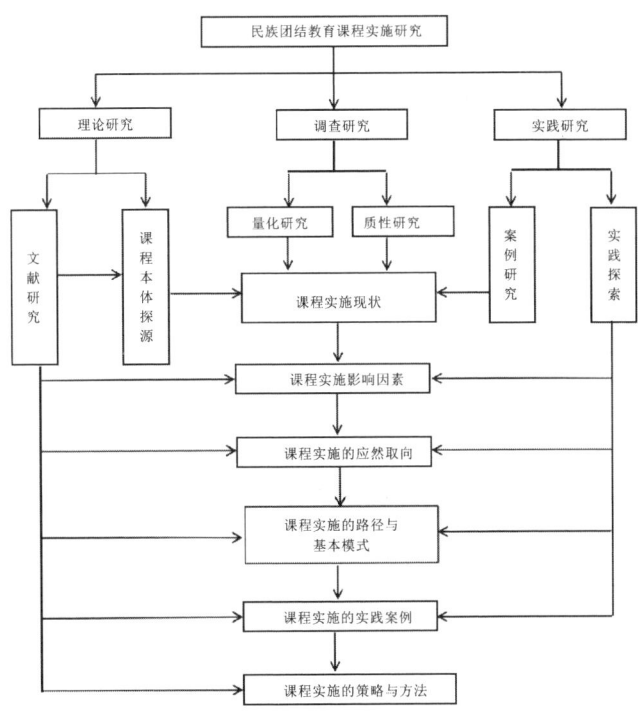

图 3-4 研究框架

三、研究方法的确定

本研究以质性研究为主要研究取向，采用质性研究与量化研究相结合的方法进行研究。"量"的研究是通过在特定假设前提下将社会现象数量化，从而研究结果能表现出"客观性""科学的"结果。"质的研究"强调研究者能够深入社会现象中，了解研究对象的思维方式必须通过其亲身体验，在收集的大量原始资料的基础上建立"情境化的"意义解释。①根据本研究的研究问题和研究内容需要，主要采用文献研究法、调查研究法等质性研究方法，同时，为了提高研究的客观性、科学性，采用将质性研究与量化研究相结合的多视角研究方法明确研究问题和研究内容，实现研究目的。

（一）调查研究法

本研究采用了问卷调查法和访谈调查法相结合的方式对民族团结教育课程实施现状进行了实证研究。

1. 问卷调查法

"问卷调查是以书面提出问题的方式搜集资料的一种研究方法。"②在查阅相关文献资料的基础上，结合前期访谈发现的问题，就本研究设计的民族团结教育课程理念、课程目标、课程实施、课程评价等方面的问题，编制了教师问卷和学生问卷。

（1）调查目的

①了解教师对民族团结教育课程的看法、课程文件的知晓程度、对学校民族团结教育现状的评价、对民族团结教育责任感状况、对学生民族团结现状的评价。

②了解学生对民族团结教育的评价、对课程的评价、对老师的评价、对

---

① 陈向明著.质的研究方法与社会科学研究[M].北京:教育科学出版社,2000.1.
② 裴娣娜. 教育研究方法导论[M]. 合肥:安徽教育出版社,2000:167.

民族知识、民族政策的掌握情况以及民族团结意识建构状况。

(2) 样本选择

民族团结教育课程实施的主要对象是中小学校，本研究聚焦的研究对象为 A 市各级各类中小学校。为了确保研究的信度与效度，在样本学校的选择上，我们秉持两个原则：一是所处社区环境具有多民族、多文化特征，生源民族成分相对丰富的学校；二是在民族团结教育工作中具有较长历史，产生过民族交融的，具有民汉合校背景的学校；三是样本学校在所在学段、所在区域规模和办学模式具有典型性、代表性。

基于上述思路，本研究选择了 3 所小学、5 所初级中学、4 所高级中学作为样本学校，并以 8—18 岁的中小学生及各学校教师、管理者为主要调查对象。选择的样本学校有 A 小学（普通小学）、B 小学（优质小学）、C 小学（民汉合校）、D 中学（区内初中班学校）、E 中学（普通中学）、F 中学（优质初中）、G 中学（民汉合校）、H 中学（普通中学）、I 中学（普通高中）、J 中学(示范性高中)、K 中学（民汉合校）、L 中学（示范性高中）共 12 所学校。

(3) 调查问卷的设计

综合运用观察法、访谈法、问卷调查法和文献法。在查阅大量文献的基础上，通过访谈确定调查重点，根据相关理论和研究成果，编制了《教师民族团结课程实施现状调查问卷》《学生民族团结教育课程实施现状调查问卷》，学生问卷根据学生年龄认知特点分别编制了小学版、中学版。

①学生问卷。学生问卷充分考虑了小学和中学学生对问卷题干的理解能力，分别编制了小学版和中学版问卷。问卷主体分三部分，第一部分为人类学变量，提取年级、民族、性别、家庭背景等变量。第二部分为非标准化问卷，提取学生对学校民族团结教育的认同、态度、看法及民族团结现状的评价。第三部分设计为结构化量表，采用李克特五点式量表正向计分，考查学生对"五个认同"、马克思主义"五观"的认同和认知水平。问卷编制经历了访谈调研、初稿、咨询、试测、修订等环节，结构化量表部分的信度系数（Alhpa 系数）达到 0.756，问卷达到可测量标准。

②教师问卷。教师问卷主体分为三部分，第一部分是导语，介绍调查的

目的与问卷的填答说明；第二部分是人类学变量，提取教师所授学科、年级、民族、性别、学历等变量，第三部分为问卷内容，采用半开放式问卷，从教师对民族团结的看法、知识程度、对课程的认识、获取的课程支持、课程教授的实际状况、评价几个维度设计问卷内容，经过信效度检验，其中标准化问卷部分的信度系数（Alhpa 系数）达到 0.761，达到可测量标准。

（4）问卷发放与回收

本研究确定 12 所学校作为样本学校，其中小学 3 所，初中学校 5 所，高中学校 4 所。教师问卷 200 份；学生问卷 5250 份，其中小学发放调查问卷 1250 份，初中学校发放调查问卷 2800 份，高中学校发放调查问卷 1200 份。回收扫描后获得有效问卷 4970 份，回收有效率为 94.7%。因调查问卷数量多、数据量大，故采取标准化机读卡方式制作，扫描机读进行数据录入，录

表 3-1 问卷发放数量清单

学段	学校	学校性质	学生		教师
			问卷发放（份）	问卷有效回收（份）	问卷数量（份）
小学	A 小	普通小学	450	440	15
	B 小	重点小学	400	336	15
	C 小	合校	400	379	15
初中	D 中	内初班	1000	981	35
	E 中	普通中学	900	805	15
	F 中	重点初中	300	290	15
	G 中	合校	300	289	15
	H 中	普通中学	300	296	15
高中	I 中	普通高中	300	290	15
	J 中	示范高中	300	294	15
	K 中	合校	300	288	15
	L 中	示范高中	300	282	15
合计	12 所学校		5250	4970	200

入后的数据导入 spss19.0 数据分析软件进行数据编码和分析。

①样本的年级分布。考虑到民族团结教育课程专项课程的实施年级自小学中段开始，一直覆盖到高三，在问卷发放选择的学生样本也是从小学中段至高中，从学校各年级中以班级为单位随机发放。经与样本学校充分沟通，为确保学生答卷信度，在学生填写问卷过程中，由研究者本人安排非该校教师在场指导学生填写问卷，并回收。

表3-2　样本的年级分布

学段	年级	学生数	学生百分比		教师人数	教师百分比
小学	三年级	263	5.29%	23.24	0	0
	四年级	296	5.96%		8	5%
	五年级	278	5.59%		9	5%
	六年级	318	6.40%		10	5%
初中	七年级	817	16.44%	53.58%	28	15%
	八年级	982	19.76%		29	15%
	九年级	864	17.38%		28	15%
高中	高一	881	17.73%	23.18%	30	15%
	高二	170	3.42%		28	15%
	高三	101	2.03%		17	10%
合计		4970	100.00%		187	100%

②样本的民族分布。为了解不同民族师生对有关民族团结教育课程实施看法的民族差异，本研究提取了样本的民族变量，在发放时尽可能覆盖较多民族师生。

表 3-3 样本的民族分布

族别	学生样本		教师样本	
	学生数	百分比	教师人数	教师百分比
汉族	2129	42.84%	102	54.5%
维吾尔族	2172	43.70%	73	39%
哈萨克族	55	1.11%		
回族	529	10.64%	12	6%
其他	85	1.71%		
合计	4970	100.00%	187	100%

③教师的学科分布。考虑到不同学科教师在民族团结教育课程实施中产生的学科差异，在问卷发放过程中尽可能覆盖较多学科，以便在分析中对教师课程实施中的学科差异进行全面分析。

表 3-4 教师样本的学科分布

科别	数量	兼班主任	兼行政职务
理科	38	5	3
文科	102	27	2
思政科	39	3	3
其他学科	8	0	2
总计	187	35	10

2. 访谈调查法

访谈是一种研究性交谈，是以口头形式，根据被询问者的回答收集客观的、不带偏见的事实材料的一种研究方法。[①]访谈调查的过程，实际也是访问者与被访问者面对面的社会互动过程，考虑到访谈调查法的互动性特点，研

---

① 陈向明.质的研究方法与社会科学研究[M].北京:教育科学出版社,2000:165.

究者在进行访谈过程中力求采用先进入研究场域，确定访谈的对象，在建立可信任的人际关系的前提下开展访谈，以确保访谈的信度和效度。在访谈研究的过程中，根据现场情境和研究需要，本研究采用了结构式访谈、无结构式访谈，个体访谈与集体访谈，直接访谈与间接访谈相结合的方式。在进入访谈场域前，研究者做了充分的准备，根据研究的问题确定合理的访谈对象，确定了访谈提纲和访谈重点。

访谈的同时，研究者注重在访问中的非语音信息，从行为姿态、面部表情以及周围环境捕捉信息。访谈采用录音的记录方式，录音之前均征得受访者的同意。访谈后进行了资料的整理、归类，先采用逐字逐句的整理方式转录成文本资料，进行了编码，编码的规则为"身份 + 学校代码 + 个体编号"的方式，如"XZ-A-1"即为 A 校校长。在对访谈资料进行整理汇总后，结合相关理论找出所得资料中的关键词语进行分析。此外，研究过程中还进行了多次长短不一的随意访谈。

（二）文本分析法

采用文本分析法，对课程文件《学校民族团结教育指导纲要（试行）》进行分析，根据课程方案探索当前民族团结教育课程的整体设计思想，分析其合理性。对新疆版民族团结教育教材《新疆教育篇》《中国新疆》系列教材进行文本分析，根据课程方案的内容标准与民族团结教育专项课程教材进行目标一致性分析；对部编版小学至初中语文教材进行内容分析，了解民族团结教育元素在语文课程中的呈现情况。

（三）观察法

实地观察法是研究者在自然环境下对当时正在发生的某项事件过程进行观看、倾听和感受的一种观察研究活动。本研究实地观察的内容主要包括对校园文化的实地观察和感受，对学科课程的课堂教学进行的观察和对活动课程的组织过程进行的观察和感受。实地观察法包括参与式观察和非参与式观察两种形式。"参与式观察"是指观察者参与到观察对象的活动之中，通过与观察对象共同进行的活动从内部进行观察。"非参与式观察"是指观察者作为旁观者观察、了解活动的情况。本研究采用"参与式观察"与"非参与式观察"相结合的方式进行研究。

  研究者于2016年9月至2018年6月深入研究场域进行了田野研究,共观察各学科课程82节,观察各类活动62场,并对观察内容进行了详细的记录,其间对课程实施者进行了深入的交流和互动,以了解其课堂设计初衷,对照观察到的现象进行综合分析。

第四章 民族团结教育课程实施现状

民族团结教育课程实施的现状是怎样的？在实施过程中发生了什么？效果怎样？这是本研究的实践支撑。在 A 市开展这样的研究既具有代表性，又具有现实意义，通过"以小见大"的方式，可以透视我国民族团结教育课程实施的现状，这对研究民族团结教育课程实施，发现实施中存在的问题，进而提出对课程实施的改进建议具有非常重要的意义。民族团结教育课程在实施形态上呈现出专项课程、学科课程、活动课程三种样态，在本章的研究中，将从专项课程、学科课程、活动课程三个维度对民族团结教育课程的实施现状进行实证考察。

一、民族团结教育课程实施的背景

（一）民族团结教育课程文件分析

《纲要（试行）》是民族团结教育课程化之后第一个以纲要形式规范民族团结教育课程的课程文件文本，全文分六大部分，明确了课程性质、基本原则，明确了民族团结教育的目标与任务，结合不同层次学生的认知规律，给定了不同阶段学校开展民族团结教育的主要内容，并规范了民族团结教育实施的途径和方法，以及师资培养与培训，组织实施要点等。《纲要（试行）》首次以内容标准的形式明确了民族团结教育的主要内容。课程文件的指导思想指出，开展学校民族团结教育工作应"坚持育人为本，把民族团结教育贯穿于学校教育工作的各个环节，牢固树立'增强民族团结、维护祖国统一、反对民族分裂'的意识"。这一表述清晰地表明，要将民族团结工作贯穿学校教育工作始终，融于学校教育工作各方面，充分体现了将民族团结教育与学校教育有机融合的思想。教育部办公厅、国家民委办公厅印发的《学校民族团结教育指导纲要（试行)》明确了民族团结教育课程性质、课程目标、课程任务、内容标准以及实施建议等。

1. 课程目标分析

民族团结教育课程的目标以分号区隔五个陈述句组成。第一句指向增进中华民族认同，增进对中华民族历史、文化的了解，目的是促进民族优秀文化传统相互交流、继承和发扬。第一个"增进"为动词指向"认同"，属于情感态度价值观目标维度；第二个"增进"的对象是对"历史和文化"的了解，这是知识与技能目标。

第二句目标陈述，"增进……祖国历史的认识，增强维护民族团结、维护祖国统一、反对分裂的责任感和自觉性"。前半句"增进"是知识与技能目标，后半句"增强……责任感和自觉性"是情感态度价值观目标。

第三句目标陈述，"认识和理解马克思主义关于民族问题的基本理论及党和国家的民族政策"这一句陈述"认识和理解"指向"基本理论"和"民族政策"属于知识与技能目标。

第四句目标陈述，"在社会交往中，具备正确对待和处理民族问题的基本素质"指向"社会交往中"的"素质"也指正确对待和处理民族问题的能力，应属于过程与方法目标。

第五句目标陈述，"自觉维护……社会主义民族关系，促进……"属于情感态度价值观目标。

总体来看，课程目标覆盖了知识与技能、过程与方法、情感态度价值观三维目标，如下表。

表 4-1 民族团结教育课程三维目标解析

三维目标维度	目标内容	目标层次
知识与技能	1. 增进对中华民族历史、文化的了解 2. 增进对各民族缔造伟大祖国历史的认识 3. 认识和理解马克思主义关于民族问题的基本理论及党和国家的民族政策	了解 认识 理解
过程与方法	在社会交往中,具备正确对待和处理民族问题的基本素质	掌握
情感、态度与价值观	1. 增进对中华民族的认同 2. 增强维护民族团结、维护国家统一、反对分裂的责任感和自觉性 3. 自觉维护社会主义民族关系	反应 领悟 领悟

在课程目标的表述上,《纲要》尽管覆盖了三维目标,但是表述使用的动词"增进"极为模糊,难以把握目标期望达到的程度。如,"增进对中华民族的认同和历史、文化的了解,促进56个民族优秀文化传统的相互交流、继承和发扬"前半句"增进"描述了希望学生了解的知识目标,后半句却转向"促进……文化传统的相互交流、继承和发扬"——是宏观的期望,既普遍性目标表述方式,并没有具体说明对学生个体了解知识目标后,希望学生如何处理这些要素,达到怎样的标准。

2. 课程任务分析

课程任务由以句号和分号区隔的五个陈述句组成,第一句陈述了原则,强调了重视中华历史文化和爱国主义教育,落脚在"加深师生对民族团结必要性和重要性的认识"。第二句话"不断丰富……内容和形式"落脚在树立祖国观、民族观、文化观。第三句"加强三个离不开教育"。第四句是"了解"和把握"四个维护"原则。第五句强调通过路径"开展具有民族特色的教育活动","促进团结",树立"自尊"和"自豪",落脚在"增强向心力、凝聚力"。

通过对课程任务的文本分析,课程任务呈现出以下几个问题:(1)课程文件中对课程任务的定位更多体现国家意志,欠缺了对青少年成长需要的关注。(2) 过强地体现了课程任务的政治性意蕴。(3) 陈述的规范性不强。如，"开展具有民族特色的教育活动"纳入课程任务的陈述中，易使课程执行者因追求"具有民族特色"，而过度强化民族差异之"特色"，从而与"团结"背道而驰。

3. 内容标准：

《纲要》对中小学民族团结教育课程的内容标准做出了详细说明，按照学生的认知规律，小学低年级段不安排民族团结教育课程，小学中年级段（三至四年级）民族团结教育课程的内容为民族知识启蒙。小学高年级段（五至六年级）民族团结教育课程内容为民族常识教育。内容标准如下表：

（1）小学内容标准分析

从内容标准可见，民族知识启蒙教育对内容标准倾向于行为目标陈述模式。

表 4-2　小学民族团结教育课程内容标准

学段	课程内容	内容标准
小学中年级阶段（三、四年级）	民族知识启蒙教育	①了解我国是一个由 56 个民族组成的统一的多民族社会主义国家； ②知道中华民族是由 56 个民族共同组成的大家庭，中华民族是我国 56 个民族的总称； ③初步了解 56 个民族的基本特征； ④了解自己所属民族的分布区域、人口数量，以及语言、文字及主要的文化特点和风俗习惯等；
小学高年级阶段（五、六年级）	民族常识教育	①了解 56 个民族的地域分布及居住特点； ②了解各民族的主要风俗习惯； ③了解各民族语言文字特点； ④知道各民族著名人物； ⑤了解民族在文化艺术、科技等方面的特色与成就； ⑥知道中华各族人民凭借勤劳、勇敢和智慧，共同开拓了祖国的疆土，发展了祖国的经济和文化； ⑦了解各民族之间应当平等相待以及各民族人民需要和谐相处，共同进步 ⑧形成"促进民族团结、维护国家统一、反对民族分裂"必要性的基本认识。

对照靳玉乐《课程论》中对课程标准行为动词的说明[①]，小学民族团结教育课程内容标准使用了"知道""了解""初步了解"三个行为动词，对应的水平层次为知道、了解。使用了"形成"这个体验性目标行为动词，对应的水平层次为"领悟"层次。

纵观小学中、高年级段民族团结内容目标，11项为认知性目标，1项为体验性目标。全部12项内容目标中针对"中华民族"这个"一体"概念的只有小学中年级段②这个目标，除去1个体验性目标外，其余10个认知性目标均指向"各民族"。这样凸显"各族"之异，而不彰显"中华民族"之同的导向性可资商榷。

(2) 初中内容标准分析

表 4-3　初中阶段民族团结教育课程内容标准

学段	课程内容	内容标准
初中阶段（七、八年级）	民族政策常识教育	①了解党和国家制定的坚持民族平等、维护民族团结、实行民族区域自治、培养少数民族干部和各类人才、发展民族地区经济和科教文卫事业、各民族有使用和发展本民族语言文字的权利、各民族有保持和改革本民族风俗习惯的权利、依法保障少数民族宗教信仰自由等民族政策的基本内容； ②知道党和国家制定上述政策的历史背景和取得的巨大成就； ③正确认识与对待党和国家的民族政策，在日常生活中，能遵循并运用民族政策分析和解决实际问题，进一步树立和巩固促进民族团结、维护国家统一、反对民族分裂的意识。

初中内容标准共3项，第1项和第2项为认知性目标，使用了"知道""了解"两个行为动词，对应的水平层次是"知道"——"了解"。第三项为技

---

① 靳玉乐. 国家精品课程系列教材·课程论[M].北京:人民教育出版社,2012:238.

能性目标和体验性目标的综合,技能性目标使用了行为动词"运用"对应"应用"水平层次,体验性目标使用了行为动词"认识"对应水平层次为"反应"。

在三个内容目标中,第①项内容目标看似了解政策,但在第①条中出现了3次"权利",分别指向语言文字权,风俗习惯权,信仰自由权。第②条内容标准为知道"历史背景"和取得的巨大成就。揣测该条内容标准"历史背景"的本意,应该是政策出台前期压在各民族身上的三座大山历史背景,衬托取得的巨大成就,以使学习者产生国家认同和感恩意识。但表述的不准确易使课程方案使用者产生不同的理解,从而产生谬误。

第三条内容标准存在逻辑混乱。"正确认识民族政策"表述是正确的,但内容标准中又使用了"对待",试问初中生如何"正确对待党的民族政策"?其后又言,"在日常生活中,能遵循并运用民族政策分析和解决实际问题",在初中生的日常生活中,其渐次扩大的生活圈从家庭到学校,逐步拓展到对

表4-4 高中阶段民族团结教育课程内容标准

学段	课程内容	内容标准
高中阶段(普通高级中学十、十一年级)	民族理论常识教育	①学习和掌握我们党关于民族问题的基本理论,具备一定的理论素养; ②从中华民族的历史演变、现状和特点,了解我国现阶段民族问题的特点及其原因,牢固树立马克思主义民族观; ③初步了解世界各国多民族国家进退兴衰的历史和现状,在比较中进一步认识我们党和国家民族政策的优越性,坚定中华民族伟大复兴的信心。
高中阶段(中等职业技术学校一、二年级)	民族理论常识教育	①学习马克思主义和党的民族理论,提高理论素养; ②从中华民族的历史演变、现状和特点,了解我国现阶段民族问题的基本国情及其原因,牢固树立马克思主义民族观;

续表

学段	课程内容	内容标准
高中阶段（中等职业技术学校一、二年级）	民族理论常识教育	③初步了解世界各国多民族国家进退兴衰的历史和现状，在比较中进一步认识我们党和国家民族政策的优越性，坚定中华民族伟大复兴的信心；（以上标准在整体篇幅中可适当压缩） ④对在职业生涯中注意贯彻党的民族政策的重要意义有较全面的认识； ⑤在职业生涯和交往中具备较强正确处理民族关系的能力。

社区的初步了解，在这样的有限范围内，初中生能用民族政策分析和解决的问题十分有限。

（3）高中内容标准分析

高中阶段分为普通高中和职业高中两部分，课程内容为民族理论常识教育。普通高中阶段内容标准共3条，使用了"学习""掌握""了解""初步了解"四个行为动词，隐含了中华民族认同的体验性目标。中等职业技术学校在普通高中基础上增加了④⑤两个内容目标，针对职业生涯中贯彻党的民族政策和正确处理民族关系能力。

4. 实施途径和方法

（1）课时安排

小学和初中学段10—12学时/学年；高中阶段普通高中8—12学时/学年；中等职业学校12—14学时/学年。

（2）课程形式

《纲要》要求，"要通过课堂教学、专题教育活动和实践活动等多种方式把民族团结教育贯穿到小学至高中教育阶段的教学、育人全过程中……将课堂教学和实践活动有效结合起来"。这一要求体现了对民族团结教育采用多种课程类型实施的要求。

（3）民族团结教育课程设置架构

课程设置架构是课程目标通过课程实施转化为教育成果的过程，是课程理想结合学校教育实际进行合理规划、架构，使课程各部分相互配合、组织，以使课程得以具体实施的过程。民族团结教育的目的是实现社会成员对民族、国家的认同，提高民族凝聚力，增强社会和谐性，促进民族和谐、社会稳定，因此民族团结教育从课程性质上来说，属于社会学科。这一课程性质决定了民族团结教育课程既重视民族知识教育，也重视异质文化群体之间包容相处的能力教育，同时注重情感态度价值观教育。因此在课程实施过程中，民族团结教育难以以一个学科或一种模式完美地达到课程目标，这一课程必须是系统的，与全阶段、各学科课程、各类型课程有机结合，统筹安排的课程形式。

①课程内容架构

《学校民族团结教育指导纲要（试行）》中明确，民族团结教育必须从不同地区的实际和各族学生不同年龄阶段身心发展的特点出发，分阶段、分层次、有重点、有针对地设置具体教育内容。这一要求充分表明我国对民族团结教育的认识上升到了新的高度，民族团结教育具有地区特点，不同地区民族结构不同，历史文化、经济社会现状不同，民族团结教育的素材、重点必然与当地具体情况相适应。因此《纲要》将民族团结教育课程定义为"民族团结教育课程是根据国家统一要求，列入地方课程实施的重要专项教育"。各族学生不同年龄阶段身心发展特点不同，因此在实施民族团结教育的过程中，需要按学段，系统化实施民族团结教育。《纲要》将民族团结教育的课程内容按照学段分为小学中年级阶段（三、四年级）、小学高年级阶段（五、六年级）；初中阶段（七、八年级）；高中阶段（普通高级中学十、十一年级）；高中阶段（中等职业技术学校一、二年级）。

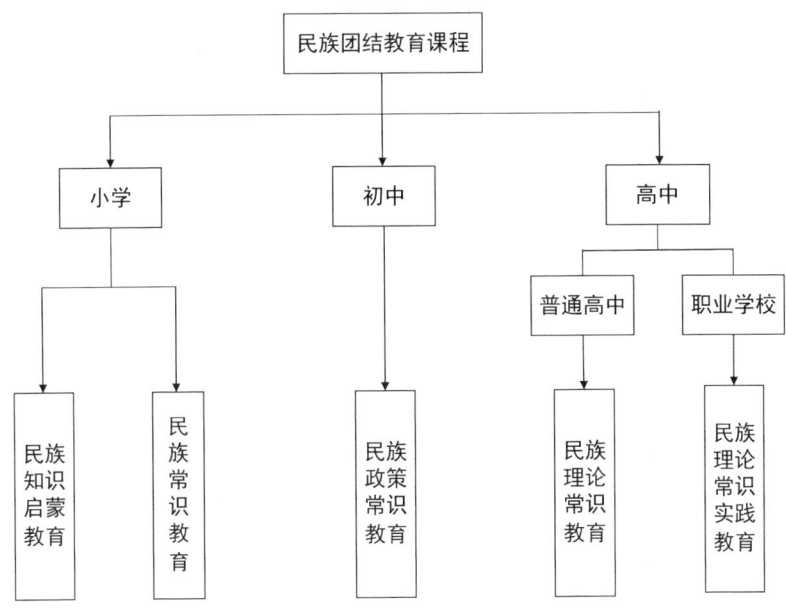

图 4-1　民族团结教育课程内容架构

从上图的民族团结内容架构可以清晰地看出，课程文件确定了民族团结教育课程的内容架构，从小学中年级开展民族知识启蒙教育，初步了解我国多民族统一国家的现状，形成对多民族国家的感性认识，初步形成民族团结的基本意识；小学高年级阶段进行民族常识教育，具体了解 56 个民族大杂居小聚居的分布居住特点，了解各民族风俗习惯、各民族的文化特色和成就，形成"促进民族团结、维护国家统一、反对民族分裂"必要性的基本认识；初中阶段进行政策常识教育，了解党和国家为少数民族发展制定的民族政策基本内容，知道党和国家实施民族政策取得的伟大成就，培养运用民族政策分析、解决问题的初步能力，进一步树立和巩固促进民族团结、维护国家统一、反对民族分裂的意识；高中阶段进行民族理论常识教育，以马克思主义民族理论为基点，学习党和国家的民族理论，具备初步理论素养，牢固建立马克思主义民族观，培养较强的处理民族关系的能力。

这一课程内容架构体现了从民族团结感性认识上升到理性认识，从知识、常识了解上升到政策、理论运用,从民族团结基本意识培育上升到马克思主义民族观形成的阶梯递进结构。这一内容架构贯彻了育人为本的元选择,充分考虑了不同年龄阶段、不同学段学生身心发展特点,具有较强的科学性、系统性。

②课程实施路径架构

民族团结教育课程是一个系统工程,从课程目标、内容来看,既需要通过课程让学生掌握一定的知识内容,还需要提高处理民族关系的能力,从情感、态度和价值观维度提升民族团结意识,铸牢中华民族共同体意识。从《纲要》来看,民族团结教育课程具有必修性、跨学科性、实践性、动态开放性的特点,因此在课程实施过程中,需要通过多种课程实施类型进行落实。

课程类型一般分为分科课程、综合课程、活动课程、必修课程、选修课程、国家课程、地方课程、校本课程、显性课程、隐性课程等类型。《学校民族团结教育指导纲要(试行)》指出,"要通过课堂教学、专题教育活动和实践活动等多种方式,把民族团结教育贯穿到小学至高中教育阶段的教学、育人全过程中"。这一要求指出民族团结教育课程实施的类型分为课堂教学、专题教育活动、实践活动等。

根据上述要求,民族团结在学校主要分为课堂教学部分和课外部分,课堂教学部分主要有两部分组成:学科课程,通过相关课程的内容渗透;专题教育课程,指编有专门教材,在课堂上进行专题实施的课程;活动课程,内容包含非常广泛,主要包括实践活动、班级活动、文体活动、专题活动等等。

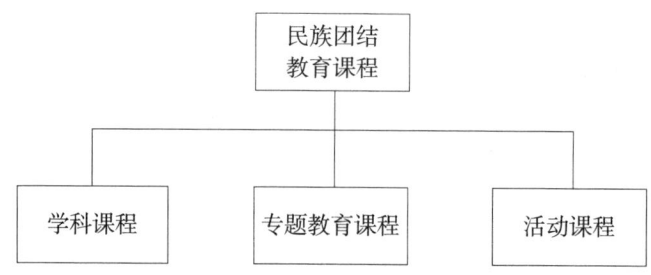

图4-2 民族团结教育课程路径架构

（二）正式的民族团结教育课程资源分析

教材是课程文件的具体化，按照《中国大百科全书·教育卷》的解释，教材亦称课本，根据教学大纲（或课程标准）便携地协同地反映学科内容的教学用书。教科书是教师实施教学的主要依据，是实现一定教育目的重要工具。一方面承担着依据课程标准组织素材，按照一定逻辑顺序编制，形成具体教学内容的功能；另一方面，从实践层面上来讲，教材是教师教、学生学的主要素材。

1. 2010 年版新疆民族团结教育专项课程教材

2008 年《学校民族团结教育课程指导纲要（试行）》颁布之后，依据《纲要》中"民族团结教育课程是国家规定列入地方课程实施的重要专项教育"的课程性质，由各地组织专业力量，依据《纲要》内容标准编订教材。

根据中华人民共和国教育部、国家民委下发的《学校民族团结教育指导纲要》精神，新疆维吾尔自治区教育厅聘请专家组成《民族团结》教材编委会，在广泛征求意见的基础上，编写出适用自治区的《新疆民族团结教育篇》教材，用维吾尔、汉、哈萨克、柯尔克孜文同时出版。新疆地区适用的《新疆民族团结篇》（九年级）教材，由新疆人民出版社正式出版。2010 年秋季学期起，《民族团结》成为新疆维吾尔自治区中小学生的必修课，并纳入考试范畴。

图 4-3　新疆民族团结篇教材封面、封底

该教材主编为马燕、赵敏，经新疆维吾尔自治区中小学教材审定委员会2010年审查通过，由新疆教育出版社于2010年出版。

（1）教材使用的范围

该教材为九年级全一册，教材的编辑初衷、使用范围、使用学段在教材前言中有明确体现。

教材前言

新疆自古以来就是祖国不可分割的一部分，自古就是多民族聚居的地区，各族人民为新疆的繁荣发展做出了卓越的贡献。新世界新阶段，在科学发展观的指导下，新疆要实现各项事业的跨越式发展和长治久安，构建团结、繁荣、和谐的新疆，就必须在全社会大力加强民族团结教育工作。

根据2009年4月，中共中央宣传部、国家教育部、国家民委联合发布的《关于在学校开展民族团结教育活动的通知》，新疆维吾尔自治区教育厅组织编写了这本民族团结教育教材，供九年级学生使用。本教材每课由民族花园、阅读与思考、探究与体验、讨论与分享、实践园地五个板块构成。教材遵循中学生的认知特点和身心发展规律，注重理论与实践详解、与新疆的区域特点相结合；贴近生活，贴近实际，贴近学生情感，力求有较强的针对性、实效性。

民族团结教育课程是根据国家统一要求列入地方课程实施的重要专项教育，是学校教育的组成部分，同时，也是新疆初中学业水平考试的必考内容。根据教育部规定，初中阶段每学年要保证10—12学时的教学活动时间（本课程集中在九年级第二学期开设）。

希望同学们认真学习，做维护祖国统一、维护民族团结、遵纪守法的合格公民、合格学生。

在教材前言中，编者说明了初中学段要保证10—12学时的教学活动时间，同时又交代了本教材使用的学段为九年级第二学期集中开设，另外，也强调了民族团结教育课程是"新疆初中学业水平考试"的必考内容。

（2）教材内容

该教材的内容共分为八课。

表 4-5 《新疆民族团结篇》教材内容

课次	课题
第一课	统一祖国多民族 新疆自古属中国
第二课	中华文化博精神 民族文化异纷呈
第三课	新疆自古多民族 血脉相连一家亲
第四课	新疆旧貌换新颜 翻天覆地谱新篇
第五课	同心感恩爱祖国 协力建设好家园
第六课	"四个认同"奠基础 团结稳定共繁荣
第七课	自觉坚持无神论 树立科学世界观
第八课	遵纪守法好公民 民族团结当模范

每一课内容前都有导语，每课由民族花园、阅读与思考、探究与体验、讨论与分享、实践园地五个板块构成。板块化的组织模式提高了教材的可读性，探究与体验模块、讨论与分享、实践园地旨在增强课程的实践性，期望通过实践体验来突破技能性目标和体验性目标。相比其他版本的教材，该版教材这一板块化的设计颇有新意，虽然驾驭困难，但不仅限于知识传递的实践性导向应予提倡。

（3）教材与《纲要》目标的对应性分析

在《学校民族团结教育指导纲要（试行）》中，明确了民族团结教育的课程目标，可将其分解为三个部分：

①使各族学生思想认识和行动自觉地统一到党和国家的要求上来，增进对中华民族的认同和历史、文化的了解，促进56个民族优秀文化传统的相互交流、继承和发扬

②增进各族学生对我国各民族共同缔造伟大祖国历史的认识，增强各族学生维护民族团结、维护国家统一、反对分裂的责任感和自觉性；

③增进各族学生对我国各民族共同缔造伟大祖国历史的认识，增强各族学生维护民族团结、维护国家统一、反对分裂的责任感和自觉性；

对初中学段民族团结教育的内容标准为民族政策常识教育，分为三个

部分：

①了解党和国家制定的坚持民族平等、维护民族团结、实行民族区域自治、培养少数民族干部和各类人才、发展民族地区经济和科教文卫事业、各民族有使用和发展本民族语言文字的权利、各民族有保持和改革本民族风俗习惯的权利、依法保障少数民族宗教信仰自由等民族政策的基本内容；

②知道党和国家制定上述政策的历史背景和取得的巨大成就；

③正确认识与对待党和国家的民族政策，在日常生活中，能遵循并运用民族政策分析和解决实际问题，进一步树立和巩固促进民族团结、维护国家统一、反对民族分裂的意识。

《新疆民族团结篇》教材内容虽然仅有八课，但细读之下内容丰富，并不仅限于初中学段内容标准，而是有所拓展，但均未超出课程目标范畴，因此在做对应性分析时将课程目标与学段内容目标并列，以全面分析教材内容与课程文件的一致性对应关系。

第一课的知识点：民族的概念；中华民族的内涵与形成；我国的民族概况；我国各民族共同缔造了统一的多民族国家；新疆是伟大祖国不可分割的一部分；

第二课知识点：中华文化源远流长、博大精深；新疆各民族文化是中华文化的一部分；新疆各民族文化在交流和学习中发展；

第三课知识点：新疆的民族概况；新疆不分民族的渊源；血脉相连的多民族大家庭；新疆的自治州和自治县；

第四课知识点：各族人民当家作主的制度保障；经济建设蒸蒸日上；科教文卫事业蓬勃发展；新疆的建设成就；培养少数民族人才的举措；

第五课知识点：党和政府的殷切关怀与支持；国家对新疆的政策支持；国家对新疆的人才培养与输送；兄弟省市的鼎力相助措施；各族人民以实际行动感恩祖国共建美好家园；

第六课知识点："四个认同"是新疆团结稳定的思想基础；团结稳定是新疆社会繁荣发展的重要保障；正确处理好团结、发展和稳定的关系；维护国家统一反对民族分裂是国家最高利益；

第七课知识点：宗教不得妨碍教育的法律条款；世界和我国的宗教概况；新疆自古是多种宗教并存的地区；宗教信仰自由的保障；青少年必须遵守国家法律和政策，树立科学世界观；

第八课知识点：马克思主义国家观；强化公民意识，自觉遵纪守法；以实际行动维护民族团结；民族团结教育条例；

将课程目标、学段内容目标与教材内容做对应分析如下图：

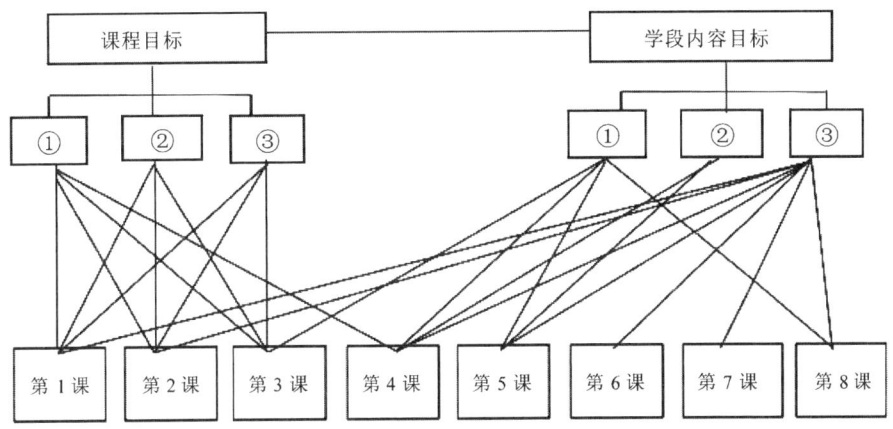

图4-4 课程目标、学段内容目标与教材内容对应分析

从上图可以看出，《新疆民族团结教育篇》完全覆盖了学段内容目标，其中第四、五课重点阐述了民族政策常识，是学段内容目标的重点章节，第一、二、三课重点介绍了我国的民族概况、中华民族融凝一体的历史进程、中华文化的博大精深以及新疆民族常识。第七、八课介绍了新疆宗教史，介绍公民遵守国家法律维护祖国统一的神圣职责。

（4）新疆版民族团结教育专项课程教材评析

新疆版的民族团结教材《新疆民族教育篇》在学校使用的时间是2011年至2016年。该教材的指导思想非常明确地强调"一体"，体现了在"一体"这个前提之下尊重"多元"，这是对课程文件中课程目标的充分贯彻。

根据对《新疆民族团结篇》教材内容与课程目标一致性的分析，可以看到改版教材能够较好地覆盖学段内容目标，较好地完成民族政策常识教育目标，帮助学生正确认识与对待党和国家的民族政策，通过民族花园、阅读与思考、探究与体验、讨论与分享、实践园地五个板块既完成认知目标，也能帮助学生形成较好的能力，帮助学生遵循并运用民族政策分析和解决实际问题，进一步树立和巩固促进民族团结、维护国家统一、反对民族分裂的意识。

同时，该教材相对于对应学段的内容标准，增加了民族常识，对于小学接受过中高年级民族知识启蒙和民族知识教育的学生能够适当重复，提升认识，对于因课程新实施，未在小学接受系统民族知识启蒙和民族知识教育的学生补上知识缺陷。第七、八课充分考虑到新疆区情，增加了新疆宗教发展史、远离宗教极端知识、公民意识教育，帮助学生建立科学人生观，遵纪守法，做合法公民。这是教材在课程目标指导下，对学段内容目标的扩充，这一扩充符合新疆宗教氛围相对浓厚这一区情的教育需要。

教材逻辑编排合理，充分体现了课程文件要求的民主开放性原则、启发性原则、以人为本原则、探究性原则，符合中学生认知规律，内容丰富，可读性强，能充分体现中华各民族休戚与共、融凝一体的多元一体的国情，充分运用马克思主义民族观、国家观、历史观、宗教观、文化观。史料选择精要，案例感人肺腑，指导思想明确，简明扼要，通俗易懂，有利于学生强化中华民族意识、淡化狭隘的民族意识，有利于加强中华民族凝聚力，有利于强化"四个认同"，是一本难得的民族团结好教材。

但课程教材存在的问题如下：

（1）教材适用学段与课程文件不符。课程文件明确规定的民族团结教育课程开设年级为七、八年级，按照每学年10—12学时的课时量计，七八年级两年应该开设20—24学时的课时量；而该教材明确为九年级全一册，使用学段与课程文件不符。另外，该教材安排在九年级第二学期集中教授，难以避免地受到中考临近的冲击，课时难以得到保障，在教授过程中存在严重的应试倾向。

（2）教材驾驭困难。教材共分八课，内容涵盖广泛，结合民族团结教育的需要，既有民族知识，也有地方文化元素。从课程内容的复杂程度来讲，要完成这样的一节课程备课，需要查阅大量资料，历史的、政治的、经济的等等，作为学科教师很难有如此广博的知识面，同时这本教材也无配套的教师用书，要驾驭这样的教材非常困难。该教材指定的执教教师是政治学科教师，在未受专业培训的条件下，教师很难驾驭课程内容，难以充分体现教材编排者的思想。

（3）容量过大。这本教材为九年级全一册，但明确要求在九年级第二学期使用，每课由民族花园、阅读与思考、探究与体验、讨论与分享、实践园地五个板块组成，从单纯的一节课时角度来看，每一课的容量偏大，一节课的时间难以完成教学任务。

（4）教材的隐含误导。教材第一课题目是"统一祖国多民族，新疆自古属中国"，第一课的内容中有一个板块标题"新疆是伟大祖国不可分割的一部分"，新疆自古属于中国这是毫无争议，无可辩驳的事实，何以反复强调"自古属中国"，还被放在课文标题当中。"新疆是伟大祖国不可分割的一部分"这是毫无质疑的问题，伟大祖国不仅新疆不可分割，任何一部分都神圣不可分割，作为教材反复强调"自古属于""不可分割"容易误导学生思辨，难道不属于？是否可分割？教材中强调民族概念，"民族"的概念问题至今在学术界争论不休，在教材中强调什么是民族，甚至为了应试考点，机械地要求学生记忆民族的"四个要素"，难免在学生心目中形成以"民族"的要素划界的意识。

2. 2014 年版新疆民族团结教育课程教材

2014 年 8 月起，新疆维吾尔自治区组织专业力量，在前期使用《新疆民族团结教育篇》的基础上，将民族团结教育与地方课程有机融合，编订了《中国新疆》地方思想政治教育教材，该教材由《历史篇》《文化篇》《发展篇》等五本教材组成，由新疆教育出版社出版。

2014 年 8 月《中国新疆·历史篇》在七年级开始下发，2015 年 9 月全部五册教材出版发行，并于 2015 年秋季学期下发到了学校。

（1）教材的使用学段。该套教材一套 5 册，融新疆地方史、民族发展史、宗教史等为一体，将民族团结教育有机融入全过程。其中《中国新疆·历史篇》为七年级上学期使用；《中国新疆·民族篇》为七年级下学期使用；《中

图 4-5 《中国新疆》系列教材封面

国新疆·宗教篇》供八年级上学期使用；《中国新疆·文化篇》供八年级下学期使用；《中国新疆·发展篇》全一册供九年级使用。

教材前言

《中国新疆》初中系列教材是根据新疆区情和实际需要编写的地方思想政治教育教材，由《历史篇》《文化篇》《发展篇》等五本教材组成。

新时期新形势给学校思想政治教育工作提出了新任务、新要求。当前，各种敌对势力特别是"三股势力"，宣扬民族分裂和极端宗教思想，不断制造暴力恐怖活动，并把青少年学生作为渗透的主要对象。面对反分裂反渗透的严峻形势，迫切需要加强各族青少年学生的马克思主义"五观"、"四个认同"和"三个离不开"、新疆"三史"等教育，把他们培养成德智体美全面发展的社会主义事业合格建设者和可靠接班人。这对维护祖国统一和社会稳定、增强民族团结，实现新疆长治久安的目标，具有重大的现实意义。

从教材前言不难看出，教材设计立足新疆区情，以历史、文化和发展成就来增强青少年学生对中华民族的归属感、对中华文化的认同感和对伟大祖国的自豪感，从而牢固树立国家意识、公民意识和中华民族共同体意识，自觉维护国家统一和民族团结的设计思想。教材设计思想很好地体现了我国教育目标和思政课程的课程目标。

（2）教材的内容

该系列教材共五本，每本教材分四个单元，每单元3课，每册书12课，共计20单元，60课时。

每课时内容由阅读与理解、思考园地、相关链接、讨论园地四个板块组成。

表4-6 《中国新疆》系列教材主要内容

书名	单元	课题名称
《中国新疆·历史篇》（七年级上册）	第一单元 我国是统一的多民族国家	第1课 我们伟大的祖国 第2课 统一多民族国家的形成与发展 第3课 国家主权神圣不可侵犯
	第二单元 新疆是中国不可分割的一部分	第4课 新疆自古属中国 第5课 驱逐外敌护统一 第6课 谱写历史新篇章
	第三单元 爱国是新疆各族人民的优良传统	第7课 新疆人民自古认同中国 第8课 反对外来侵略 构筑中华认同 第9课 热爱祖国见行动
	第四单元 维护祖国统一反对"三股势力"	第10课 国家利益高于一切 第11课 "三股势力"是各族人民的共同敌人 第12课 维护祖国统一是每个公民的义务
《中国新疆·民族篇》（七年级下册）	第一单元 多元一体的中华民族	第1课 源远流长的中华民族 第2课 中华民族大家庭 第3课 中华民族共同体
	第二单元 新疆是各民族共同的家园	第4课 新疆的古代居民 第5课 新疆主要民族的由来 第6课 手足相亲的新疆各族
	第三单元 民族平等是和谐民族关系的基石	第7课 民族平等辩证看 第8课 民族平等得保障 第9课 手足相亲的新疆各民族
	第四单元 民族团结是各族人民的生命线	第10课 民族团结高于天 第11课 兄弟姐妹一家亲 第12课 民族团结从我做起
《中国新疆·宗教篇》八年级上册）	第一单元 正确认识宗教	第1课 宗教不是从来就有的教篇》 第2课 宗教是颠倒的世界观 第3课 宗教与民族是不能等同的

续表

书名	单元	课题名称
	第二单元　新疆是多种宗教并存的地方	第4课　世界及中国的宗教 第5课　新疆的原始宗教 第6课　新疆宗教的演变
	第三单元　党和国家的宗教政策	第7课　尊重和保护宗教信仰自由 第8课　依法加强对宗教事务的管理 第9课　积极引导宗教与社会主义事业相适应
	第四单元　树立马克思主义宗教观	第10课　坚持教育与宗教相分离原则 第11课　坚决反对宗教极端主义 第12课　树立科学世界观
《中国新疆·文化篇》（八年级下册）	第一单元　我们共有的精神家园	第1课　源远流长的中华文化 第2课　博大精深的中华文化 第3课　中华文化是中华民族共有的精神家园
	第二单元　繁荣发展的新疆文化	第4课　开放包容的新疆文化 第5课　传承与保护的新疆文化 第6课　创新与发展的新疆文化
	第三单元　传承弘扬中华优秀传统文化	第7课　正确认识和对待传统文化 第8课　科学传承传统文化 第9课　创新与发展传统文化
	第四单元　坚持社会主义先进文化	第10课　践行社会主义核心价值观 第11课　弘扬和践行新疆精神 第12课　追求现代文明生活方式
《中国新疆·发展篇》（九年级全一册）	第一单元　沧桑巨变的新疆	第1课　贫穷落后的旧新疆 第2课　各族人民迎解放 第3课　天山南北换新颜
	第二单元　齐心协力建新疆	第4课　党的光辉耀天山 第5课　兄弟省市助发展 第6课　艰苦奋斗建家园

续表

书名	单元	课题名称
	第三单元 腾飞的大美新疆	第7课 经济建设大发展 第8课 社会事业惠民生 第9课 文教事业新成就
	第四单元 美好蓝图圆梦想	第10课 未来发展新机遇 第11课 维护稳定保发展 第12课 实现梦想见行动

(3) 教材评析

该版教材与前版《新疆教育篇》相比，有了很大的改观。首先是将民族团结教育主题与当地社会内容有机融合，使民族团结教育与地方历史、民族、宗教、文化、发展五个系列的内容有机融合，形成了从多个知识维度、多层面来开展民族团结教育的整体设计思想，这与全国多地民族团结教育专题课程与地方课程单列相比有了很大的进步。其次，充分体现了青少年儿童的认知发展规律，从新疆地方史入手，阐明新疆自古以来就是中国不可分割的一部分，以及新疆各族人民自秦汉以来就与祖国各民族休戚与共，共御外侮的历史史实。第三，从教材的内容上来看，教材每课由阅读与理解、思考园地、相关链接、讨论园地四个板块组成，增加了教材的延伸性，从课堂延伸到社会，阅读材料丰富，案例经典，可读性、趣味性大大增强。第四，在民族团结教育的主旨思想上凸显了中华民族一体多元，凸显祖国和中华民族，而不时时强化民族差异。

二、民族团结教育专项课程实施现状考察

民族团结教育专项课程是《学校民族团结教育指导纲要（试行）》明确规定列入地方课程实施的专项课程。在调研中显示，民族团结教育专项课程并未得以有效实施。

(一) 民族团结教育专项课程被纳入政治课程中实施

《纲要》规定"各级各类学校的校长、政教主任、团队工作者和思想品德课教师及相关学科教师,都可以承担民族团结教育的教学工作"。但在具体的学校执行层面,民族团结教育专项课程的实施者是思政课教师。

书记 B-SJ-1:民族团结教育我们是全员在做,但是这个专项课程专业性强吧,其他学科老师肯定教不了,我们是思品老师在教。

校长 J-XZ-1:民族团结教育专项课程是政治教师教授的,这个教材的培训是针对政治教师的,最后考试的内容也是体现在政治科目中,那肯定是政治教师承担这个课程教授。

校长 E-XZ-1:肯定是政治教师教授,民族团结教育本身就是政治课程的一部分。

从小学、初中、高中的校长调研来看,学校认为一方面民族团结教育本身属于思政课程的一部分,另一方面民族团结教育课程的评价是在思政课的试卷中体现的,所以民族团结教育专项课程自然而然地应该是思政教师来承担的。

(二) 民族团结教育专项课程教材变动频繁

《纲要》颁布后,2009 年 9 月新疆全区开始开设民族团结教育专项课程,在 2009 年曾使用部编教材;2010 年 9 月使用新疆自编教材《新疆民族团结教育篇》;2014 年开始使用《中国·新疆》系列教材。[①]教材的频繁变动,使得教师对不同版本教材尚未熟悉就被更换,不利于教师深度研究教材开展教育教学工作。

政治教师 A-ZX-1:《民族团结教育》教材每年都有变化,我记不清楚了,好多版本。

政治教师 B-ZZ-1:对我们来说,毕竟要出成绩的,所以教材变动大,我

---

① 根据 A 市学校教材发放记录整理

们就根据每年考试的要求来教学。

政治教师 E-ZZ-2：那个教材（民族团结教育课程教材）变动比较大，毕竟我们是要参加中考的（政治学科），我们很难抽出专门的精力去研究那个教材，只能等中考前根据考纲给学生进行针对性的辅导，这都是应试性的。

政治教师 F-ZZ-2：我们主要是根据考试需要来开展教学，因为教材变动太快了，我们跟不上变化。

政治教师 I-ZZ-1：教材每年发下来都有变动，因为比较敏感一些吧，所以我们很慎重。

从对教师的调研来看，教材变动频繁，一方面教师难以深入研究教材，有针对性地研究教法，另一方面教师很敏感的认为教材变动频繁，意味着教材的编订思路变化，"教材中对'民族'的定义有变化，我记得以前的教材强调'四个共同'，现在的教材就提'在一定的历史发展阶段形成的稳定的人类共同体'"，所以我们在讲授中也非常谨慎。

（三）民族团结教育专项课程未得到应有重视

1. 民族团结教育专项课程未能有效开设

民族团结教育专项课程进入中小学校课程序列，是在2009年《纲要》颁布之后，《纲要》明确规定"小学和初中阶段每学年要保证10—12个学时的教学活动实践，高中阶段的普通高中每学年保证8—10个学时的教学活动时间，高中阶段的中等职业技术学校每学年保证12—14个学时的教学活动时间[①]"。

调查显示，在 A 市中小学中 70.4%的小学教师、63.5%的初中教师、77.3%的高中教师认为学校没有开设民族团结教育专项课程，分别有小学 29.6%、初中 34.1%、高中 18.8%的教师"不清楚"是否开设民族团结教育专项课程。

---

① 教育部办公厅 国家民委办公厅关于印发《学校民族团结教育指导纲要（试行）》的通知[J]. 小学德育, 2009,（1）: 4-7.

表 4-7 对教师进行是否开设民族团结教育专项课程的调查

当前您学校开设民族团结教育专项课程吗？（有专门教师和专门教材纳入课堂教学的课程）

学段	开设		不清楚		不开设	
	人数	百分比	人数	百分比	人数	百分比
小学	0	0%	8	29.6%	19	70.4%
初中	2	2.3%	29	34.1%	54	63.5%
高中	1	1.3%	16	18.8%	58	77.3%

在对学生了解民族团结知识渠道的调查中，小学段了解和学习民族知识主要是主题班会（84.3%）、校园文化活动（82.07%），而专门的民族团结教育课程最低，只有52.3%，在样本学校调研过程中学校普遍反映民族团结教材下发了，但是并没有实际使用。初高中学生中获取民族团结知识的渠道依次是校园文化活动（77.5%）、主题班会（76.7%）、政治历史课程（75.8%），专门的民族团结教育课程只有49.2%，略高于电视、网络、微信等媒体。这说明专门的民族团结教育课程开设效果并不乐观。

表 4-8 学生了解民族团结知识渠道的调查

学段	你主要通过哪些渠道了解和学习民族团结知识的？									
	专门民族团结教育课程		政治、历史课程		主题班会		校园文化活动		电视、网络、微信 等媒体	
	人数	百分比	人数	百分比	人数	百分比	人数	百分比	人数	百分比
小学	0	0	288	24.9%	974	84.3%	948	82.1%	673	58.26%
初高中	0	0	2893	75.8%	2927	76.7%	2958	77.5%	1725	45.2%

2. 对专项课程的管理不到位

（1）校长的课程领导作用未能有效发挥

关于是否落实民族团结教育专项课程开设情况，校长们的回答：

校长 A-XZ-1：我们过去有教材的时候是落实的，由思品老师在授课过程中穿插进行，教务处进行检查。

校长 B-XZ-1：有教材的时候我们肯定是要落实的，教务处在安排，由思品老师落实课时。

校长 E-XZ-1：这个课时我们过去是落实的，包含在政治课时当中，中考还要考。

校长 F-XZ-1：我们在政治课上落实这个课程，课时过去是有要求的，现在没有教材就没有明确要求了

校长 G-XZ-1：我们学考要考，所以由教务处统筹安排，政治教师具体落实，过去有教材的时候肯定要落实课时，只是现在没有教材了，也就不再做具体要求了。

可见，在校长们的心目中，这门课作为学科课程的附属课程，纳入了政治学科的范围之内，由具体的业务科室——教务处去负责落实；校长们认为开设这门课程的必要条件是教材，有教材就开，没有教材这门课就不用开设了。当做政治学科附属课程的民族团结教育课程并未得到校长特别的重视，校长们没有发挥出对课程的领导作用。

(2) 学校课程管理部门未发挥管理作用

学校学科课程实施的行政管理部门是教务处，承担着落实课程设置，师资资源调配等管理职责。关于是否落实民族团结教育专项课程课时，教务主任们的回答：

教务主任 A-Jwzr-1：民族团结教育要求进课堂，每学年 10—12 课时，我们的课表是按周编订的，这个课就没法在课程表中体现出来，我们对政治老师有要求，让他们根据课程进度去把握，要保证课时。

教务主任 E-jwzr-1：我们没有在课程表上体现出这个，因为民族团结教育课程的课时要求是弹性的，10—12 课时并没有指定必须是课堂上的，我们各种民族团结主题的活动之类的加起来，每学年远远超过这个规定。

教务主任 F—JWZR-1：这个课时不好刚性要求，排课表都是按周排，最多单双周排，每学年 10—12 节，也就是每学期 5—6 节，我要在课程表上规定出来那就得重新编排课表，所以这个交给政治老师灵活安排，毕竟最后要考试，老师们会落实的。

教务主任 G-JWZR-1：这个课时应该是落实了的，因为政治课最后要考民族团结内容，老师们会用一定课时去完成这个教学任务，要不然考试中就会吃亏。

可见，被作为政治学科附属课程的民族团结教育课程的课程决策权完全交给了政治教师，由政治教师自主决定何时开设、如何开设，作为学校课程管理部门的教务处没有对民族团结教育专项课程做出具体的管理措施。

(3) 民族团结教育专项课程的课时未得到落实

政治教师 A—ZZ-1：我们还是比较灵活地安排这个时间吧，主要是要完成我们本学科的教学任务。

政治教师 B-ZZ-1：我们尽可能地在上完本学科内容的基础上，如果还有时间就多安排几课时，毕竟思品课时是有限的。

政治教师 E—ZZ-2：那个课时不太好落实，因为你要专门去讲几节课的民族团结，内容比较枯燥，学生也不爱听。再说，我们政治课一周才三节，在这些有限的课时中完成本来的任务都比较紧张。

政治教师 F-ZZ-2：这个课时有点难落实，作为地方课程来说，七八年级期末考试是不考的，只有在中考中才会考，我们课时又比较紧，一般我们会选择在九年级下学期的时候集中辅导几节课，让学生掌握考点。

政治教师 I-ZZ-1：在不增加额外课时的情况下，让我们从自己的课时中挤出时间来上这个课程，很难落实，我们本身课时就很紧张。

政治教师 J-ZZ-2：我们会在学考前用几节课集中辅导，平时的课时很紧张，我们没有统一要求过这个课时。

(4) 民族团结教育专项课程未能获取相应的课程支持

①课程资源匮乏

问：关于民族团结教育专项课程，你都有哪些资料？有没有获得专业的指导和支持？

政治教师 A-ZZ-1：我们除了手里的那本教材，没有别的资料，像别的课程都会有教师用书，但是民族团结没有，网上的资料鱼龙混杂，我们一方面没有精力去搜集，另一方面毕竟非官方的，也怕用出问题。

B-ZZ-3：没有得到什么支持，就是一本教材而已

E-ZZ-3：除了教材，好像也没有什么，进行中考总复习的时候，教研员会给我们大致讲一下考点，也就是重点内容，我们按照重点组织学生复习。

F-ZZ-2：支持真的不多，都靠我们自己。

G-ZZ-1：民族团结方面的教学资源不多，我们很想在上课的时候讲一些民族团结的例子，但是好像特别好的、权威的案例特别少，一些民族团结模范之类的学生了解不多，讲起来好像也没有什么说服力。

H-ZZ-2：我们学校购买了"学科网"的网络资源，但是绝大部分都是考试科目，民族团结的很少很少，而且不适用。

可见，教师在教育教学过程中，民族团结教育专项课程只有教材而没有教师用书，教师在备课过程中出现困难，难以获取教学资源，这也给专项课程的实施带来了极大困难。

②针对性的教科研活动开展不足

教研主任 A-JYZR-1：我们的教研活动开设一般是教研组根据进度确定主题的，我们一般不会去指定教研组的教研主题。

教研主任 B-JYZR-1：教研活动的主题是教研组自己确定的，一般都是根据课程进度进行的，民族团结教育专项的教研我们还没有专门组织过。

政治教师 D-ZZ-1：我们教研活动一般还是以本学科为主，民族团结的内容因为大家进度不一样，也不好统一组织。

政治教师 E-ZZ-1：我们每周一次教研活动，活动的主题在开学的时候都是根据课程进度基本确定的，因为进度当中一般都是政治学科的内容，民族团结的内容很少会涉及。

可见，作为教师教育教学中专业上的交流很少，学校开展的教研活动更多是以政治学科的教研活动为主，从教师的表述中不难看出，政治学科知识才是"我们本学科知识"，对民族团结教育专项课程作为附加的内容对待，在教研活动中得不到重视。

3. 民族团结教育课程师资培训不足

教师从师资培训渠道获取民族团结知识非常有限，低于10%的教师选择

从师资培训获取民族团结知识。

表 4-9　教师获取民族团结教育资源的渠道调查

您获得民族知识的最主要渠道有哪些？（选 2 项）						
分组	学生时代的知识	师资培训	学校政治学习	电视、网络等媒体	自学	生活感悟
小学	48.15%	7.41%	37.04%	25.93%	51.85%	29.63%
初中	44.71%	8.24%	38.82%	27.06%	52.94%	28.24%
高中	44.00%	9.33%	36.00%	32.00%	57.33%	21.33%

在"您获得民族知识的主要渠道有哪些"的调查中可以看出教师获取民族知识的渠道较多，很大一部分依赖于学生时代的知识、自学、电视、网络等媒体以及生活感悟，对师资培训选择较少，低于10%，这源于师资培训一般以专业走向，分学科进行继续教育，安排民族知识培训较少。

在对研究场域的教师调研中，教师普遍反映，师资培训中对民族团结教育的关注不够。

教研主任 E-JYZR-1：对中小学来说，不管进行哪种培训一般都是学科为单位的，比如语文、数学、政治，民族团结严格意义上来说，还没有被当作一门学科，所以这方面的针对性培训是没有的，在师资培训中附带性的有一些，都不系统。

政治教师 A-ZZ-1：我们的成规模的培训主要有市上组织的集体教研活动，以及继续教育，集体教研活动一般还都是政治学科内容，没有民族团结教育的；继续教育培训中倒是会请专家来给我们做讲座，但是专家讲的一般都是比较枯燥，对我们教学指导意义不大，大家也都不是很愿意听。

政治教师 C-ZZ-4：师资培训里面提到过一些，但是没有具体到教学上来，指导意义不大。

政治教师 E-ZZ-6：有过一些培训，但都是讲座，请的专家都是大学教授之类的，讲的更多是原理性的，和教学实际关系不大。

政治教师 G-ZZ-2：培训以学科知识为主吧，专门讲民族团结的很少。

政治教师 H-ZZ-5：培训很少，即使有培训，念文件的多，要么就是请专家讲一些高大上的东西，对于我该如何教学，很少有针对性的。

综上所述，在学校运作课程的过程中，民族团结教育专项课程被作为政治课程的一部分，校长们并未将民族团结教育专项课程作为特殊的课程来对待，在校长们的眼里民族团结教育专项课程与其他学科课程没有区别，是一门以知识传递为主要目的的学科课程，认为教务处会安排落实。教务处却因民族团结教育专项课程并非周课时课程，在编排课表时难以在课表中将民族团结教育课程的课时体现在以周为周期的课程表中，于是将何时上专项课程，如何上专项课程的决定权交予了政治教师自主决定，教研部门未能有效组织民族团结教育科研交流，给予民族团结教育专项课程的行政支持不足。而政治教师一方面因本身政治学科的课时紧张，另一方面民族团结教育专项课程只是作为中考、学考的终结性评价内容，只在应考前集中以应试为目的集中教授，专项课程的课时得不到落实也就难以避免了。

（四）民族团结教育专项课程开设效果不佳

1. 民族团结教育专项课程断续开设

在中小学课程管理者眼中，"课程"即教材，民族团结教育专项课程是否开设取决于正式教材是否发放。

校长 A-XZ-1：这个课程我们开过，后来没有教材也就没有开了。

校长 B-XZ-1：教材是上课的依据，教材停用就是课程暂停的意思，我们不能违背行政部门的意愿。

校长 E-XZ-1：现在没有教材，所有学校都没开这门课。

校长 I-XZ-1：现在地方课程都停开了，民族团结课程属于地方课程，肯定是不能开的。

根据调查，A 市于 2009 年秋季至 2014 年夏季下发过《新疆民族团结教育篇》教材，2014 年秋季至 2016 年下发了《中国新疆》系列教材，在此期间民族团结教育专项课程均由政治教师承担教学任务，在政治课程中实施民族团结教育专项课程。2016 年因加强教材审查，自治区范围内所有地方教材暂时停用，民族团结教育专项课程亦因此而停止开设。

2. 民族团结教育专项课程开设期间应试教育倾向严重

民族团结教育专项课程开设期间的授课情况不容乐观，作为学校教育教学主要领导的校长对此门课程的开设并未投入足够的关注"这门课是在政治课上教授的，具体教务处会落实"；作为学校课程管理部门的教务处"这门课的课时不是按周课时编排，难以体现在课表中，主要是政治老师根据需要决定授课时间"。

政治教师 E-ZZ-1：我们政治课有自己的教学任务，课时比较紧，平时没有时间上，在中考前我们会用大约 3 课时的时间，重点辅导考点。

政治教师 F-ZZ-3：这个课说实话不好上，需要很多专业知识，我们也担心讲的不合适，就在考前讲考点。

政治教师 I-ZZ-1：我们会在学考前重点辅导，也会发一些针对性的试卷帮助学生巩固。

可见，在民族团结教育专项课程开设期间，普遍的做法是"划重点""重点辅导考点"，并没有系统开设课程并实现课程的情感态度价值观目标。

3. 学生对专项课程评价很低

在对学生了解民族团结知识渠道的调查中，没有学生选择通过专门民族团结教育课程获取民族团结知识，说明民族团结教育专项课程实际并没有在学生中开设。

表 4-10 学生了解民族团结知识渠道的调查

学段	你主要通过哪些渠道了解和学习民族团结知识的？									
	专门民族团结教育课程		政治、历史课程		主题班会		校园文化活动		电视、网络、微信 等媒体	
	人数	百分比	人数	百分比	人数	百分比	人数	百分比	人数	百分比
小学	0	0	288	24.9%	974	84.3%	948	82.1%	673	58.26%
初高中	0	0	2893	75.8%	2927	76.7%	2958	77.5%	1725	45.2%

4. 师生对民族团结教育专项课程不认同

为了了解教师对是否有必要开设民族团结专项课程的看法，进行了"您认为有必要开设专项课程并纳入学校课表执行吗？"调查研究，如下表：

表 4—11　教师对开设民族团结教育专项课程的看法

学段	您认为有必要开设民族团结专项课程并纳入您学校的课表执行吗？									
	非常有必要		有必要		不确定		没必要		完全没必要	
	人数	百分比	人数	百分比	人数	百分比	人数	百分比	人数	百分比
小学	1	3.7%	6	22.2%	1	3.7%	12	44.4%	7	25.9%
初中	0	0%	5	5.9%	0	0%	48	56.5%	32	37.6%
高中	0	0%	2	2.6%	3	4%	28	37.3%	42	56%

从该问题的回答来看，小学有 22.2%选择了"有必要"，44.4%选择了"没必要"，25.9%选择了"完全没必要"；初中有 5.9%的老师选择了"有必要"，56.5%的老师选择了"没必要"，37.6%的老师选择了"完全没必要"；高中有 2.6%的教师选择了"有必要"，37.3%的教师选择了"没必要"，56%的教师选择了"完全没必要"。可见，教师对"专项课程"认可度不高，在访谈中教师谈到，大部分老师认为"专项课程"对学生的教育意义不大，不会受重视，部分教师甚至认为开设专项课程反而会强化学生的民族意识。总体来看，不论小学、初中、高中教师绝大部分认为没有必要开设专项课程，随着小学到初中再到高中学业压力的增大，教师认为"没必要"的强度越来越强。

关于对民族团结教育专项课程的看法

政治教师 A-ZZ-1：我觉得民族团结还是要多搞一些活动，让各民族的孩子们互相交往了解，加深感情，这样的理论课真要上，孩子们也不会喜欢。

政治教师 C-ZZ-3：我不是很赞成开这样的课，这个和我们的课程有点不太相容……

政治教师 E-ZZ-1：我觉得这门课不是很有意义，就那么 8 课内容，能对学生起到的作用太有限……

政治教师 G-ZZ-1：我们的时间是很紧的，课时紧，学生自己的学习任务也重，你说我们用上课的时间去上这个，一方面学生不喜欢干巴巴的理论，另一方面我们自己的任务也完不成。

在访谈中，教师们不认同民族团结教育专项课程的原因主要可以归纳为：

(1) 对《纲要》认知不够，思想上未能统一。不论是校长、管理者还是教师对课程文件《学校民族团结教育指导纲要（试行）》的知晓度非常低。

校长 J-XZ-1：《纲要》我是知道的，也曾经组织学校教师学习过，我们普通高中是……好像（犹豫）要求 8—10 课时每学期（每学年）。

校长 E-XZ-1：这个我有印象，但是具体的记不清楚了……毕竟，我们接到文件太多了……

校长 B-XZ-1：这个我记不清了，……民族团结的文件太多，我们都按教育局的要求去做，具体让做什么我们就做什么，你要说文件内容，不太能记住了……

在田野调查中，8 位校长中 4 位表示知道，但仅限于知道，对《纲要》的具体内容不甚清楚，表现出学校领导对《学校民族团结教育指导纲要（试行)》的了解程度不高的问题，访谈 8 名德育主任，均表示不了解《纲要》内容。

作为学校课程管理的主要领导校长，对《纲要》不了解或一知半解，作为学校德育课程的主要负责人，基本都不了解《纲要》的内容，老师们对《纲要》的了解情况亦应如此。

表 4-12 教师对《学校民族团结教育指导纲要（试行)》内容的了解程度

民族	您了解《学校民族团结教育指导纲要（试行）》的内容吗？									
	非常了解		了解		不确定		不了解		一点都不了解	
	人数	百分比	人数	百分比	人数	百分比	人数	百分比	人数	百分比
小学	1	8%	8	29.63%	5	18.52%	11	40.747%	2	7.41%
初中	4	4.71%	19	22.35%	12	14.12%	28	32.94%	22	25.88%
高中	2	2.67%	16	21.33%	11	14.67%	31	41.33%	15	20.00%

关于"您了解《学校民族团结教育指导纲要（试行)》吗？"，小学教师只有8%和29.63%的教师选择"非常了解"和"了解"；初中教师只有4.71%和22.35%的教师选择了"非常了解"和"了解"；高中教师只有2.67%和21.33%的教师选择了"非常了解"和"了解"可见，《学校民族团结教育指导纲要（试行)》在教师中知晓率非常低。

在访谈中，民族团结教育专项课程的主要实施者——政治教师均表示，不了解《纲要》的内容，"那个是文件吗？我们不关心那个，更关心教材"。

《纲要》是民族团结教育课程化的标志性、纲领性文件，对《纲要》知晓程度低，也就在课程的性质、目标、内容等方面的认识不可能达到统一。

（2）对民族团结教育专项课程教材不认同。教师们认为新疆版民族团结教育专项课程教材驾驭困难。

E-ZZ-1：以前（2009—2014版《新疆民族团结篇》)教材看起来编的的确不错，活动丰富，可读性也强，可是一课的内容包含那么多，有历史、有文化、有民族的内容，说实话你让我们政治老师要驾驭这样一堂课，太困难，而且手头没有资料。后面那个《中国新疆》系列教材，要系统地看，的确是不错的教材，可是还是分历史、文化、宗教、民族、发展篇，涵盖很广泛的知识，我们自身的知识储备是不够的，又没有教师用书呀之类的资料，这课怎么上？

F-ZZ-1：编教材的人可能不了解中小学的情况，教材理念的确很好，看起来也不错，就是你让我上那个教材，我觉得太困难。

G-ZZ-2：教材发下来我认真的看了，确实很有意思，但是要上课备课量太大，需要很多民族知识，可我们毕竟不是民族学专业的……

可见，教师对民族团结教育专项课程的教材不是很认可，普遍认为教材内容涵盖广泛，缺乏配套的教师用书、教学资料，驾驭困难。

（3）对专项课程的功能不理解。教师们对"专项课程"的课程价值和功能持质疑态度，在"您认为有必要开设民族团结教育专项课程并纳入您学校的课表执行吗？"的调查中，小学教师44.4%选择了"没必要"，25.9%选择了"完全没必要"；初中56.5%的老师选择了"没必要"，37.6%的老师选择了

"完全没必要";高中 37.3%的教师选择了"没必要",56%的教师选择了"完全没必要"。

表 4-13 教师对开设民族团结教育专项课程的看法

学段	您认为有必要开设民族团结专项课程并纳入您学校的课表执行吗?									
	非常有必要		有必要		不确定		没必要		完全没必要	
	人数	百分比	人数	百分比	人数	百分比	人数	百分比	人数	百分比
小学	1	3.7%	6	22.2%	1	3.7%	12	44.4%	7	25.9%
初中	0	0%	5	5.9%	0	0%	48	56.5%	32	37.6%
高中	0	0%	2	2.6%	3	4%	28	37.3%	42	56%

教师对课程的认知不够,认可度不高,对课程的价值和功能持怀疑态度,必然导致在教育教学行为之中处于消极的应对状态。

三、融于学科教学的民族团结教育课程实施现状

赫尔巴特指出,"教学如果没有进行道德教育,只是一种没有目的的手段,道德教育如果没有教学,就是一种失去了手段的目的。"[1]对于学科课程,一种观点认为,学科是对教育功能的分化,即教师只对学科教学负责;另一种观点认为,学科是对教育功能的延伸,即教师不但要教育好学生,还要对学科教学负责。[2]民族团结教育是一项复杂的系统工程,不可能仅仅依靠单一的路径和手段达成教育目的。毋庸置疑,各学科内容中蕴含着丰富的民族团结教育资源,学科课程中的民族团结教育内容是学校民族团结教育课程不可或缺的重要组成部分。

---

[1] 宋思洁. 为学科德育正名[J]. 中国德育, 2013, (19): 18-20.
[2] 周彬. 学科教学具有教育性再析[J]. 中国教育学刊, 2009, (6): 54-55, 61.

（一）学科课程民族团结教育资源考察

学科课程是课程中最主要、最基本的组织形态，伴随着知识的激增和人类对世界和教育认识的深化，不断地发展变化、调整和完善①。我国向来注重学科教育的育人属性，1991 年我国出台了《中学思想政治学科加强国情教育纲要（试用）》《中小学语文学科思想政治教育纲要（试用）》《中小学历史学科思想政治教育纲要（试用）》《中小学地理学科国情教育纲要（试用）》，对思想政治、语文、历史、地理学科教学中的思想政治教育进行了总体设计②。2014 年《教育部关于全面深化课程改革落实立德树人根本任务的意见》强调"统筹各学科，特别是德育、语文、历史、体育、艺术等学科，充分发挥人文学科的独特育人优势"③。民族团结教育始终是德育教育的重要内容之一，在各学科课程中蕴含着丰富的民族团结教育资源。

1. 中华优秀传统文化资源

民族团结主题中，认同或者认同的对象指向许多事物或内容，但最主要的应该是聚焦于对文化这一集体记忆认同的关键点上④。中华优秀传统文化是中华民族在自在、自觉、自为的历史进程中沉淀而成的民族灵魂，对中华文化的认同是对中华民族认同的基础，也是民族团结教育的核心内容。

我国教育历来重视中华传统文化教育，近年来对中华优秀传统文化教育更加重视。2014 年教育部颁布了《教育部关于印发〈完善中华优秀传统文化教育指导纲要〉的通知》⑤，指出"中华优秀传统文化是中华民族语言习惯、文化传统、思想观念、情感认同的集中体现，凝聚着中华民族普遍认同和广

---

① 靳玉乐.国家精品课程系列教材·课程论[M].北京：人民教育出版社，2012：253.
② 国家教委颁发中小学政治、语文、历史、地理学科教育纲要实施意见[J].人民教育，1992，(5)：31.
③ 教育部网站.教育部关于全面深化课程改革落实立德树人根本任务的意见[EB/OL]，2014.03.30：http://old.moe.gov.cn//publicfiles/business/htmlfiles/moe/s7054/201404/167226.html
④ 韦兰明.民族团结教育逻辑论纲[J].民族教育研究，2019，30(03)：37-45.
⑤ 教育部网站.教育部关于印发《完善中华优秀传统文化教育指导纲要》的通知[EB/OL]，2014.3.28： http://old.moe.gov.cn/publicfiles/business/htmlfiles/moe/s7061/201404/xxgk_166543.html

泛接受的道德规范、思想品格和价值取向,具有极为丰富的思想内涵","当前中华优秀传统文化教育还存在不少突出问题,系统性、整体性明显不足,重知识讲授、轻精神内涵阐释的现象还比较普遍",要求推进"大中小学中华优秀传统文化教育一体化",要"整体规划,分层设计、有机衔接、系统推进"。在"中小学德育课程、语文、历史、艺术、体育等课程标准修订中,增加中华优秀传统文化比重。地理、数学、物理、化学、生物等课程,应结合教学环节渗透中华优秀传统文化相关内容"。在《教育部关于印发〈完善中华优秀传统文化教育指导纲要〉的通知》颁布之后,教育部启动对中小学语文、历史、政治课程教材的"部编本"编订工作。新编定的教材在中华优秀传统文化中体现出了较大的变化。

以语文学科为例,当前我国中小学语文课程使用的"部编本"在2016年编订完成。"部编本"教材体现社会主义核心价值观,做到"整体规划,有机渗透",尤其注意将中华优秀传统文化和革命传统教育融入教材的文章选篇、内容安排、导语和习题的设计等诸多方面,起到润物无声的学科育人效果[1]。新版的"部编版"教材在修订中大大强化了中华优秀传统文化元素,传统文化的篇目在语文教材中大幅增加。"小学一年级开始就有古诗文,整个小学6个年级12册共选优古诗文124篇,占所有选篇的30%,比原有人教版增加55篇,增幅达80%。平均每个年级20篇左右。初中古诗文也是124篇,占所有选篇的51.7%,比原来的人教版也有提高,平均每个年级40篇左右"[2]。中华优秀传统文化篇目,如《少年中国说》《与妻书》《木兰诗》、《满江红》等经典篇目饱含爱国主义精神;《醉翁亭记》《岳阳楼记》抒发忧国忧民的家国情怀;《论语》等古典篇目体现立己达人、仁爱共济的儒家仁爱思想理念;《爱莲说》《陋室铭》《期行》等篇目着力于人格修养教育;《将相和》《精卫填海》等篇目讲述历史上的著名人物和文化成就;《哪吒闹

---

① 温儒敏."部编本"语文教材的编写理念、特色与使用建议[J].课程.教材.教法,2016,36(11):3-11.
② 温儒敏."部编本"语文教材的编写理念、特色与使用建议[J].课程.教材.教法,2016,36(11):3-11.

海》《牛郎织女》等篇目讲述了脍炙人口的神话故事;《三国演义》《水浒传》《西游记》《红楼梦》等节选名著篇目反映了我国古代灿烂的文学艺术。

学生从历史学科中了解中华民族形成的重要史实和中华民族发展的基本线索,认识中华文明形成的悠久的历史进程,理解国家统一和民族团结的重要性,认识中华文明的历史价值和现代意义。音乐、美术课程中的中华传统文化是中华民族丰富的文化遗产。数学、物理、化学等科目中透出的中国科技发展史反映了中华民族的智慧和卓越的古代科技成就。

中华优秀传统文化体现着中华文化的灿烂多姿和博大精深,凝聚着中华民族普遍的价值认同和最广泛的社会道德规范,是中华民族语言习惯、文化传统、思想观念、情感认同的集中体现,具有极为丰富的精神文化内涵[①]。合理、恰切地运用体系化的中华优秀传统文化教育资源,是增强中华文化认同、中华民族认同、国家认同的重要手段。

2. 民族文化资源

民族文化是中华文化的重要组成部分。我国开放包容的教育传统,历来重视文化多样性发展,民族文化元素被广泛采纳,成为国民教育不可或缺的内容。

以语文课程为例,对"部编版"小学语文教材进行文本分析,对以显著民族文化为主要内容的课文篇目进行统计和分析,共有11篇与民族文化相关的教材内容。

中小学艺术课程中也有着丰富的民族文化教育资源,如音乐课程中的民歌蕴含着丰富的民族文化和历史故事,广西民歌《山歌好比春江水》讲述壮族以山歌为武器与地主斗争的故事;内蒙古民歌《牧歌》歌颂优美的草原和牧民生活;新疆民歌《阿拉木汗》赞美维吾尔族女性的优美动人,《阳光照耀塔什库尔干》描写美丽的草原风光和塔吉克人民载歌载舞的热闹场

---

① 唐京伟. 在教材中融入中华优秀传统文化教育——以语文版修订教材为例[J]. 语文建设, 2017, (16): 15-17.

表 4-14 "部编版"语文教材民族文化元素分析

序号	篇目	主要内容	年级
1	难忘的泼水节	民族节日	二年级
2	葡萄沟	民族工艺	二年级
3	大青树下的小学	多民族融合	三年级
4	七月的天山	边疆风貌	四年级
5	文成公主进藏	民族历史	四年级
6	草原	草原景色与民俗	五年级
7	把铁路修到拉萨去	民族地区发展	五年级
8	拉萨古城	民族建筑与民俗	五年级
9	藏戏	民族艺术	六年级
10	各具特色的民居	民族建筑	六年级
11	和田的维吾尔人	民族精神与民俗	六年级

景[①],《牡丹汗》以维吾尔族音乐风格赞美爱情和向往美好生活[②]。美术课程中的少数民族美术图案等艺术展现民族艺术魅力。以中华传统文化为主旋律，融入各民族文化的课程资源，既能从认识角度培育学生"中华文化多元灿烂"的认识，也能培育青少年儿童对各族文化的欣赏能力，还能增强各少数民族学生的文化自信。

3. 爱国主义教育资源

在我国语境中的"民族团结"始终与爱国主义相关联，爱国主义也是中华民族精神的核心内容。近代以来，中华民族多元一体的融凝过程，就是中华民族从自在走向自觉的过程，也是中华民族精神升华的历史进程。在课程中融入爱国主义教育元素是世界各国加强公民教育、国民教育的通行做法。

---

① 王睿. 让民族音乐在中学音乐课堂上绽放光彩[J]. 黄河之声, 2010, (3): 64-65.
② 周澳. 中学音乐鉴赏课《多彩的民族风》教学方法分析[J]. 北方音乐, 2019, 39(14): 138-139.

语文课程中包含着丰富的爱国主义教育资源，这对于增强学生的国家认同、民族认同具有非常重要的教育意义。在新版的"部编版"语文教材中，革命传统教育的篇目占有较大比重，小学选了40篇，初中29篇[①]。

历史课程中也有丰富的爱国主义教育内容，例如从封建王朝统治者身上体现出的爱国主义，秦始皇统一六国，统一度量衡，促进了各族人民经济文化交流；汉武帝派张骞两通西域，促进了中原与西域地区各族人民的经济文化交流；北魏孝文帝迁都改革，顺应潮流，促进了各民族融合；唐太宗李世民广开言路，开放包容，造就"贞观之治"；清朝康熙坚决反击沙俄侵略军，迫使沙俄签订《尼布楚条约》；在中国多民族交往互动的历史长河中，蕴藏着丰富的爱国主义教育和民族团结教育元素，需要教师在教授过程中做有心人，有意识地去挖掘和运用好这些宝贵的资源，结合历史学科知识教育进行有效的教学。

各课程中除了课文中蕴含的爱国主义教育资源外，各类教材的插图也蕴含着丰富的爱国主义教育资源。如图4-6，人教版一年级语文教材的开学第一课，"我是中国人"所配图片。类似的教材插图在各学科内容中都有出现，

图4-6 教材插图

[①] 温儒敏."部编本"语文教材的编写理念、特色与使用建议[J]. 课程.教材.教法，2016, 36 (11): 3-11.

出现最多的是国旗、天安门等；物理、化学教材中出现的长征系列火箭发射、卫星升空等我国科技成就；国旗、天安门、中国地图等通过国家形象的符号传递着爱国主义教育的信息，不断强化着国家意识。

（二）学科课程实施主体考察

学科课程内容中蕴含着大量的民族团结教育元素，但是教师是课程实施中最关键的人物，不论怎样设计的课程，最终都需要教师去付诸实践。

1. 学科教师实施民族团结教育的责任感较强

责任感是做好教育工作的基础，学科教师对民族团结教育有责任感才会有努力做好工作的动力。基于对民族团结重要性的认识，在研究场域的田野考察中，教师群体能够认识到民族团结的重要性，对在学校开展民族团结教育的必要性和自身在教育中的责任和义务认识比较深刻。

（1）师生均能够认识到民族团结的重要性

在对"新疆的问题最难最长远的还是民族团结问题"的看法调查中，认为"非常赞同"的，汉族教师占到91.5%，少数民族教师占到了97.6%；认为"赞同"的，汉族教师8.8%，少数民族教师2.3%，没有老师选填"不确定""不赞同""非常不赞同"。可见，老师们对于新疆问题的认识高度统一，体现了对民族团结工作重要性的高度认识。

表4–15　教师对民族团结重要性的调查

民族	新疆的问题最难最长远的还是民族团结问题									
	非常赞同		赞同		不确定		不赞同		非常不赞同	
	人数	百分比	人数	百分比	人数	百分比	人数	百分比	人数	百分比
汉族	93	91.5%	9	8.8%	0	0	0	0	0	0
少数民族	83	97.6%	2	2.3%	0	0	0	0	0	0

在对学生开展"你认为在学校开展民族团结教育重要吗？"的调查中，小学组94.5%的学生认为"非常重要"，4.2%的学生认为"比较重要"，认为"一般""不太重要""完全没必要"的学生只有0.9%、0.2%、0.2%；中学

组92.4%的学生认为"非常重要",6.4%的学生认为"比较重要",认为"一般""不太重要""完全没必要"的学生只有0.9%、0.2%、0.1%。可见学生对民族团结重要性的认识非常深刻。

表4–16 学生对民族团结重要性的看法

学段	你认为在学校开展民族团结教育重要吗?									
	非常重要		比较重要		一般		不太重要		完全没必要	
	人数	百分比	人数	百分比	人数	百分比	人数	百分比	人数	百分比
小学	1092	94.5%	49	4.2%	10	0.9%	2	0.2%	2	0.2%
初高中	3524	92.4%	243	6.4%	36	0.9%	6	0.2%	5	0.1%

(2)对学校开展民族团结教育的必要性基本达成共识

在对"您认为学校有必要进行民族团结教育吗?"的看法调查中,认为"非常有必要"的汉族教师占到了93.1%,少数民族教师100%;"有必要"的汉族教师6.9%。体现出了对学校非常有必要进行民族团结的集中认识,此看法按年级分类差异不大。

表4–17 教师对学校民族团结教育必要性调查

教师民族	您认为学校有必要进行民族团结教育吗									
	非常有必要		有必要		不确定		没必要		非常没必要	
	人数	百分比	人数	百分比	人数	百分比	人数	百分比	人数	百分比
汉族	95	93.1%	7	6.9%	0	0	0	0	0	0
少数民族	85	100%	0	0%	0	0	0	0	0	0

2.教师对自身开展民族团结教育的责任和义务整体认知较高,但存在学科差异

教师是正式课程执行的主体,教师对正式课程的认识和理解决定了执行课程的方式以及课程实施的倾向。在调研中访谈了8所学校169名教师,根据学科特点分为4类,自然科学类教师(包括数学15名、物理15名、化学10名、生物5名)、人文学科类教师(包括语文20名、历史20名、地理20

名)、思想品德教师 (34 名)、班主任 (30 名)。

(1) 自然科学类教师

问：您的学科教育教学中有进行民族团结教育吗？如果有，您是怎么做的？

数学教师 Sx-A-1：我的学科和这个（民族团结教育）关系不大吧，我们数学学科都是比较严谨的，我没办法把我的教学任务停下来去开展我不擅长的民族团结教育，即使我这么做了，恐怕效果也不好。

数学教师 Sx-B-3：有一些关系吧，比如在应用题教学过程中，我会把题干中的内容适当的变换成他们熟悉和感到亲切的人和事，让学生感觉更亲切。还有就是我自己在教学过程中对各民族学生都是一样的，这样就能让学生感受到公平，淡化自己是什么什么族的想法。

物理教师 W-A 观点：肯定是有关系的，我们教授的虽然是自然科学，但是自然科学都会隐含唯物主义的价值观，隐含凡事都要求真，凡事都要追问为什么，自然科学学得好的孩子就不会走上邪路，去相信什么极端宗教了，没有极端化思想，不偏听偏信这也是维护民族团结的一方面吧。

物理教师 W-B：关系不大，民族团结工作主要是班主任去做，政治老师去做。我们能通过自己的言行对学生影响一些。

化学教师 H-A：和我教授的内容没有关系，但是在我教学过程中，我对学生的关爱，引导不同民族的学生之间在学习上互帮互助，可以促进民族团结。

生物教师 SW-E：怎么说，生物学科毕竟不是政治课，更多的民族团结教育应该在政治学科去完成。当然我的学科也有关系，我刚上完《生物的进化》这一课，这一课讲生物的进化，告诉孩子人是怎么产生的，这样实际上就是一种唯物主义教育，有些孩子的家庭有宗教背景，他们会倾向于比较迷信人是上帝造的之类，上完这个课孩子就会接受科学的世界观吧，不迷信就不会被坏人利用。其他具体的内容不太好渗透，但是生物课就是对自然界生物圈的科学探究，这里隐藏的就是辩证唯物主义世界观的塑造。

可见，理科教师对民族团结教育与自己学科的关系方面认识存在差异，部分认为理科课程有其独特的学科特性，在自己的学科教学中很难实施民族团结教育；部分教师认为在教学中也可以通过创设情境来开展民族团结教育。

(2) 人文学科类教师

在对人文科学类教师您的学科教育教学中有进行民族团结教育吗？如果有，您是怎么做的？

语文教师 A：语文学科属于人文性的学科，在课堂教学中激荡起的感情对各民族学生都是一样的，这样容易让学生形成"共情"，人类的感情都是一样的，对同样美好的事物产生同样的感情，这就是最基本的民族团结教育吧。有一些课文，本身选入教材就是在传递各民族守望相助的价值观，教授这样的课文就能很好的起到民族团结的教育效果。

历史教师 B：历史学科是帮助学生了解史实来建立历史观的，世界史部分要渗透民族团结比较困难，但是在中国史部分有很多内容讲的就是中国历史上的各民族融合历史的，随处都在渗透民族团结思想。比如《远古传说》，既讲到人文始祖黄帝，也讲到黄帝和炎帝之间的战争，战争的结果就是融合，而且炎帝是少数民族先民，黄帝是华夏族先民。比如《丝绸之路》就讲的是沿丝绸之路经济文化交流的过程，还让学生建立起从西汉起，西域就是中国固有的领土。近代史讲到中华民族的屈辱史，每个学生不分民族都会激发起强烈的爱国情感和民族情感。

地理组长 DL-1：我们地理学科很多地方都能渗透民族团结思想，在人口民族部分就是让学生深切感受到我国各民族大杂居小聚居的特点，一方水土养育一方人，同在一片天地下，同食一江水，既能激发学生强烈的爱国意识，也能激发学生民族团结意识。

在对"每位教师都有在教育教学中开展民族团结教育的责任和义务"的看法调查中，73.5%的汉族教师、95.2%的少数民族教师"非常赞同"；16.6%的汉族教师、1.1%的少数民族教师"赞同"，汉族教师中选择"不确定"的只有 9 人，"不赞同"的只有 0.9%；少数民族教师中只有 1 人选择"不确定"。可见，对于在教育教学中开展民族团结教育，绝大部分教师有很强的责任感。在开展民族团结教育的责任感上，少数民族教师有更强的积极性和责任意识。班主任和兼任行政职务的教师 100%选择了"非常赞同"。按科目分类进行分析，100%的思政课教师选择"非常赞同"；文科类 85.3%的教师选择"非常赞同",另有14.7%的教师选择"赞同";理科类教师中73.6%的教师选择"非常赞同",21.05%的教师选择"赞同",还有分别5.2%和3.5%的理科教师选择了"不确定"和"不赞同"。说明按学科分类来看,思政类教师责任感最强,其次文科类,理科类教师稍低,但也只有极少数教师认为跟自己没有关系,这与访谈时的情形相吻合,大多数老师认为教育教学的过程,言传身教就是民族团结教育。

表4-18 教师对自身民族团结教育责任和义务的看法

教师分类	每位教师都有在教育教学中开展民族团结教育的责任和义务									
	非常赞同		赞同		不确定		不赞同		非常赞同	
	人数	百分比	人数	百分比	人数	百分比	人数	百分比	人数	百分比
汉族	75	73.5%	17	16.6%	9	8.8%	1	0.9%	0	0%
少数民族	81	95.2%	3	3.5%	1	1.1%	0	0%	0	0%
理科	28	73.6%	8	21.05%	2	5.2%	1	3.5%	0	0%
文科	87	85.3%	15	14.7%	0	0%	0	0%	0	0%
思政科	39	100%	0	0%	0	0%	0	0%	0	0%
其他学科	7	87.5%	1	12.5%	0	0%	0	0%	0	0%
班主任	35	100%	0	0%	0	0%	0	0%	0	0%
兼行政职务	10	100%	0	0%	0	0%	0	0%	0	0%

在曾对学生进行民族团结教育的教师调查中,各学科教师分布均匀,均达到了80%以上,其中各学段班主任对学生开展的民族团结教育达到99%以上,一方面说明民族团结教育的全员育人氛围非常浓厚,另一方面凸显了班主任作为德育教师在学生民族团结教育方面产生的影响最大,其次才是政治、历史和语文教师。

对学生的调查结果与教师调查相互印证。

3. 教师对开展民族团结教育的有效路径看法不一

在访谈的基础上,为普遍性了解教师心目中教育效果最好的民族团结教

第四章 民族团结教育课程实施现状

表 4-19　曾对学生进行民族团结教育的教师的调查

学段	曾对你进行过民族团结教育的老师有哪些											
	德育处老师		班主任		政治教师		历史教师		语文教师		其他教师	
	人数	百分比	人数	百分比	人数	百分比	人数	百分比	人数	百分比	人数	百分比
小学	923	79.9%	1149	99.4%	1123	97.2%	1089	94.2%	983	85.0%	992	85.8%
中学	2934	76.9%	3813	99.9%	3802	99.6%	3792	99.3%	3643	95.4%	3123	81.8%

育方式，设计了"您认为一下哪种方式的民族团结教育形式效果最好"，从数据来看，教师普遍不认同专项课程教育，认同度几乎为0；小学教师认同度最高的是实践活动（55.56%），其次为情感交融（48.15%）、促进交往交流（44.44%）。初中教师最认同的是通过情感交融（50.59%），其次为实践活动（49.41%）、融入各学科（45.88%）；高中教师认同度最高的是有机融入各学科（52%）和通过情感交融（52%），其次为实践活动（49.33%）。在族别分组的数据来看稍有差异，汉族教师更倾向与学科融入（52.94%），少数民族教师更倾向于实践活动（52.94%）。

表 4-20　教师对民族团结教育课程实施路径效果的认识

	专项课程教育	有机融入各学科	民族团结主题活动	实践活动	通过情感交融	校园文化熏陶	促进交往交流	各种宣传教育	典型模范示范
小学	3.70%	40.74%	40.74%	55.56%	48.15%	22.22%	44.44%	14.81%	29.63%
初中	0.00%	45.88%	41.18%	49.41%	50.59%	24.71%	43.53%	17.65%	27.06%
高中	0.00%	52.00%	45.33%	49.33%	52.00%	22.67%	45.33%	16.00%	17.33%
汉族	0.00%	52.94%	42.16%	48.04%	53.92%	24.51%	41.18%	15.69%	21.57%
少数民族	1.18%	41.18%	43.53%	52.94%	47.06%	22.35%	48.24%	17.65%	25.88%

4. 教师对民族团结教育课程的评价方式不认同

在调研中了解到对于学校民族团结教育课程开展效果的评价一般通过两种渠道来进行，一是终结性评价导向的考试评价，旨在考查学生对民族知识、民族政策知识、历史知识的掌握情况，纳入中考和高考的范围之内，如：中考中30分，其中15分的民族知识和民族政策知识，15分的新疆地方史内容。高中是在学业水平考试中有所体现。另一种是过程性评价，一般通过专项的检查验收、文明单位检查验收、民族团结创建等形式进行。为了了解教师对两种评价方式的看法，设计了三道调查问题。

表 4–21　教师对学校民族团结教育课程评价纳入中、高考的看法

分组	您认为应该将民族团结内容纳入中考、高考范围吗？									
	非常应该		应该		不好说		不应该		极不应该	
	人数	百分比	人数	百分比	人数	百分比	人数	百分比	人数	百分比
小学	15	55.56%	8	29.63%	1	3.7%	2	7.41%	1	3.7%
初中	9	10.59%	22	25.88%	26	30.59%	25	29.41%	3	3.53%
高中	6	8%	12	16.00%	8	10.67%	35	46.67%	14	18.67%
汉族	9	8.82%	17	16.67%	19	18.63%	44	43.14%	13	12.75%
少数民族	21	24.71%	25	29.41%	16	18.82%	18	21.18%	5	5.88%

在对"您认为应该将民族团结内容纳入中考、高考范围吗？"调查中，小学教师55.56%认为"非常应该"，29.63%的教师认为"应该"，总体上认为应该纳入中考和高考；初中组离散度较高，10.59%的教师认为"非常应该"，25.88%的教师认为"应该"，30.59%的教师"不好说"，29.41%的教师认为"不应该"，另有3.53%的教师认为"极不应该"；高中组回答的比较集中，有46.67%的教师认为"不应该"，18.67%的教师认为"极不应该"，10.67%的教师"不好说"，选择"应该"的16%，"非常应该"的只有8%；以民族分组的对比中，汉族教师比较集中地选择了"不应该"，少数民族教师相对偏向"应该"和"非常应该"。

在以学段分组的对比中，小学教师由于本身没有"升学压力"，合计有

85%的教师认为"应该"或"非常应该",在访谈中小学老师认为,只有纳入中、高考才会引起"重视",调查结果与访谈相印证。初中组表现非常矛盾,组内总体来看"应该"和"非常应该"的占36.47%,选择"不应该"和"极不应该"的占32.94%,虽偏向"应该"方向,但几乎左右平衡。在访谈中一部分教师认为应该纳入中考,因为考了才会重视,还有一大部分老师认为,"民族团结不是考出来的,是处出来的",纳入考试导致死记硬背民族知识,反而干扰了老师情感方面的深入教育。高中阶段的教师因为目前民族团结知识还没有真正纳入高考,而是在学业水平考试中有所体现,高考在高中阶段老师心中是"神圣的",在访谈中他们中的大部分表现出"激动"情绪,表示:不是什么都应该"进高考"的。他们也认为纳入考试评价会有促进作用,但是进入"学考"就可以了,进高考没必要,而且"民族团结重要的是交往交流交融,是处出来的,不是考出来的。"

表4-22 教师对中、高考评价民族团结教育效果的看法

分组	您认为把民族团结内容纳入中考、高考范围能促进民族团结吗?									
	很有促进		有一些		不好说		不太会		一点都不会	
	人数	百分比	人数	百分比	人数	百分比	人数	百分比	人数	百分比
小学	9	33.33%	14	51.58%	1	3.7%	2	7.41%	1	3.7%
初中	3	3.53%	14	16.47%	22	25.88%	33	38.82%	13	15.29%
高中	2	2.67%	7	9.33%	12	16%	33	44%	21	28%
汉族	3	2.94%	12	11.76%	22	21.57%	48	47.06%	17	16.67%
少数民族	11	12.94%	23	27.06%	13	15.29%	20	23.53%	18	21.18%

在对"您认为把民族团结内容纳入中考、高考范围能促进民族团结吗?"的调查中,小学组33.33%的教师认为"很有促进",51.58%的教师认为"有一些"促进;初中组38.82%的教师认为"不太会",25.88%的教师认为"不好说",16.47%的教师认为"有一些",15.29%的教师认为"一点都不会";高中组47.06%的教师认为"不太会",21.57%的教师"不好说",28%的教师认为"一点都不会"。以民族分组比较来看,汉族教师有47.06%认为"不太

会"，21.57%的教师"不好说"，16.67%的教师认为"一点都不会"，11.76%的教师认为"有一些"；少数民族教师则表现得比较平均，40%偏向"有一些"或"很有促进"，44.71%表现出偏向"不太会"和"一点都不会"，还有15.29%认为"不好说"。

整体来看，教师对将民族团结纳入中高考的方式争议比较大，小学教师偏向肯定态度，而初高中教师表现出相对明显的否定态度。

表 4-23　教师对验收、检查评价方式的看法

分组	您觉得各类民族团结验收、检查能有效促进民族团结工作吗？									
	很有促进		有一些		不好说		不太会		一点都不会	
	人数	百分比	人数	百分比	人数	百分比	人数	百分比	人数	百分比
小学	1	3.7%	3	11.11%	3	11.11%	8	29.63%	12	44.44%
初中	0	0%	8	9.41%	11	12.94%	15	17.65%	51	60.00%
高中	1	1.33%	5	6.67%	4	5.33%	19	25.33%	46	61.33%

在对"您觉得各类民族团结验收、检查能有效促进民族团结工作吗"的看法调查中，小学组44.44%的教师认为"一点都不会"，29.63%的教师认为"不太会"，合计74%的教师持否定态度；初中组60%的教师认为"一点都不会"，17.65%的教师认为"不太会"，合计有77.65%的教师持否定态度；高中组61.33%的教师认为"一点都不会"，25.33%的教师认为"不太会"，合计有86.66%的教师持否定态度。在调研中教师对"检查验收"太多、太滥感到疲惫，各种检查验收指标繁复，标准不一，且检查、验收一是凭进校园的观感，二是凭档案材料，三是凭"嘴皮子说"，只要有检查验收就开始动员各种补材料，"造"材料充实档案材料，大规模地开始动员老师学生背诵"应知应会"，"挖地三尺"的打扫环境卫生。不仅对实际工作没有促进作用，还会促使学校在各项工作中开始关注"留痕"，徒增工作成本，助长"形式主义歪风"。

5. 教师对当前民族团结教育取得的效果评价不高

在对"您认为您学校民族团结教育的效果如何？"调查中，小学组25.33%的教师认为"非常好"，25.33%的教师认为"比较好"，33.33%的教师认为"一般"，14.81%的老师认为"不太好"；初中组15.29%的教师认为"非

常好",29.41%的教师认为"比较好",38.82%的教师认为"一般",16.47%的教师认为"不太好";高中组14.67%的教师认为"非常好",26.67%的教师认为"比较好",41.33%的教师认为"一般",16%的教师选择"不太好",有1位教师认为"非常不好"。汉族教师中16.67%的教师选择"非常好",33.33%的教师选择"比较好",25.49%的教师认为"一般",23.53%的教师认为"不太好";少数民族教师中16.47%的教师认为"非常好",21.18%的教师认为"比较好",41.18%的教师认为"一般",28.34%的教师认为"不太好"。整体来看,教师对学校民族团结教育取得的效果以"比较好""一般"两个层次占多数,说明教师对民族团结教育取得的效果评价普遍不是特别高,从学段来看,小学教师评价相对略高,初中、高中逐次有递减现象,这符合不同学段教师对民族团结教育的反思程度不同的规律。从民族来看,少数民族教师的评价略低于汉族。

表4-24 教师对学校民族团结教育课程实施效果的看法

分组	您认为您学校民族团结教育的实际效果如何									
	非常好		比较好		一般		不太好		非常不好	
	人数	百分比	人数	百分比	人数	百分比	人数	百分比	人数	百分比
小学	7	25.33%	7	25.33%	9	33.33%	4	14.81%	0	0%
初中	13	15.29%	25	29.41%	33	38.82%	14	16.47%	0	0%
高中	11	14.67%	20	26.67%	31	41.33%	12	16%	1	1.33%
汉族	17	16.67%	34	33.33%	26	25.49%	24	23.53%	1	0.98%
少数民族	14	16.47%	18	21.18%	35	41.18%	24	28.24%	0	0%

在对"您所教的学生在学习、生活中交融度如何"的调查中,从学段分组来看小学教师有62.96%认为"非常好",25.93%的教师认为"比较好",11.11%的教师认为"一般";初中52.94%评价为"非常好",34.12%评价为"比较好",11.76%评价为"一般";高中教师64%认为"非常好",21.33%认为"比较好",12%认为"一般"。从民族分组来看,汉族教师50.98%认为"非常好",33.33%认为"比较好",有13.73%认为"一般"。少数民族教师有68.24%的教师认为"非常好",有21.18%的教师认为"比较好",9.61%的教师认为

"一般"。整体来看,大部分教师对学生在学习、生活中的交融度评价是正面的,但仍然有接近三分之一的教师认为"比较好"或"一般"。从民族分组的对比来看,少数民族教师对交融度的评价更加积极。

表 4–25 教师对学生交融度的看法

分组	您所教的学生在学习、生活中交融度如何?									
	非常好		比较好		一般		不太好		非常不好	
	人数	百分比	人数	百分比	人数	百分比	人数	百分比	人数	百分比
小学	17	62.96%	7	25.93%	3	11.11%	0	0%	0	0%
初中	45	52.94%	29	34.12%	10	11.76%	1	1.18%	0	0%
高中	48	64%	16	21.33%	9	12%	2	2.67%	0	0%
汉族	52	50.98%	34	33.33%	14	13.73%	2	1.96%	0	0%
少数民族	58	68.24%	18	21.18%	8	9.61%	1	1.18%	0	0%

在对"您对自己在教育教学活动中实施民族团结教育的效果评价"的调查中,小学组 66.67% 的教师认为"非常好",25.93% 的教师认为"比较好";初中组 61.18% 的教师认为"非常好",34.12% 的教师认为"比较好",4.71% 的教师认为"一般";高中组 57.33% 的教师认为"非常好",34.67% 的教师认为"比较好"8% 的教师认为"一般"。在以民族分组的评价中,汉族教师中有 57.84% 认为"非常好",30.39% 的教师认为"比较好",11.76% 的教师认为"一般";少数民族中 63.53% 的教师认为"非常好",36.47% 的教师认为"比较好"。

整体来看,接近 60.43% 的教师认为自己在教育教学中发挥的作用是"非常好"的,24.87% 的教师认为自己在教育教学中发挥的作用"比较好",另有少部分教师认为"一般",显示出了在自我评价中的自信。按学段分组小学教师的评价最高,初中、高中教师的自我评价稍有降低,结合访谈分析,源于小学学业压力小,教师组织各类活动机会更多,教师有更多的机会参与学业以外的教育活动,随着学习进程深入,教师在专业上的压力增大,学科化专业化发展更趋深入,对专业以外的教育工作参与机会减少;另一方面也体现

表 4-26 教师对民族团结教育课程实施效果的自我评价

分组	您对自己在教育教学活动中实施民族团结教育的效果评价									
	非常好		比较好		一般		不太好		非常不好	
	人数	百分比	人数	百分比	人数	百分比	人数	百分比	人数	百分比
小学	18	66.67%	7	25.93%	2	7.41%	0	0%	0	0%
初中	52	61.18%	29	34.12%	4	4.71%	0	0%	0	0%
高中	43	57.33%	26	34.67%	6	8%	0	0%	0	0%
汉族	59	57.84%	31	30.39%	12	11.76%	0	0%	0	0%
少数民族	54	63.53%	31	36.47%	0	0%	0	0%	0	0%

出随着学段升高，教师的内省力逐步提升。按民族分组来看，少数民族教师在自我评价方面略高于汉族教师，体现出少数民族教师在民族团结教育方面基于民族身份的区别，对民族团结更加关注。从教师对学校民族团结工作的评价上来看，教师群体对学校民族团结教育的效果评价一般，对学生在日常学习、生活中的交融度评价较高，对自我在教育教学中发挥民族团结教育作用的自我认知积极正面。

（三）学科课程课堂观察

民族团结教育课程实施是一种教育实践活动，不仅要了解课程实施主体对课程实施的理解状况，更重要的还需要关注在课程实施的场域中，课程实施主体通过怎样的行动来实施课程，在课程实施的行动中，是怎样组织实施课程的，实施过程中存在哪些问题，形成了怎样的教育效果。带着这样的问题，笔者于 2016 年 9 月至 2018 年 6 月深入研究场域进行了田野研究，共观察各学科课程 82 节，积累了丰富的研究资源，现将学科课程观察中的典型课例呈现如下。

1. 应试教育导向下的知识传递——教师民族团结教育意识欠缺

（1）历史课——盛唐气象课堂实录

表 4-27　初中历史课堂实录

现场记录	
观课日期：2017 年 2 月 26 日 班级：E 校 7 年级（*）班 授课教师：E-LS-02 进入方式：课前 2 分钟进入教室，稍有突兀	班额 50 人，其中约 1/2 维吾尔族学生；1/2 汉族学生
新课引入： 　　师：同学们，今天我们学习《盛唐气象》这一课，今天这节课我们重点学习四个主要内容。唐朝的经济、唐朝的外交、唐朝开放的社会风气以及多彩的文学艺术。 下面请大家看教材第一部分。 　　新课教学： 　　师：好，同学们，现在我们一起来看多媒体，出示曲辕犁，筒车图片，刚才同学们都看了教材，现在我们一起来总结一下，唐朝的经济发展有哪些表现？生一齐回答：农业上屯垦面积不断增大，农业生产技术改进，使用了曲辕犁，筒车，修建了很多水利工程。 　　师：大家跟着我一起总结，记好笔记 　　板书： 　　一、经济的繁荣 　　1.农业的繁荣 　　（1）垦田面积逐渐扩大 　　（2）农业生产技术改进 　　（3）发明了生产工具——曲辕犁、筒车 　　（4）重视兴修水利，修建了很多的水利工程 　　师：那么经济的繁荣除了农业的繁荣之外，还有什么？ 　　生：手工业 　　师：好，我们再来总结一下手工业繁荣的特点表现 　　板书：2.手工业方面 　　纺织业发达——花色品种多、技术高 　　陶瓷业——青瓷、白瓷、唐三彩 　　师：大家一定要注意，唐三彩，是考点，要知道唐三彩产于唐朝 　　师：接下来我们再来看，除了手工业发达以外，还有什么发达？ 　　生：商业发达 　　师：好，下面我们一起来总结 　　板书：3.商业繁荣	2 分钟的时间里学生在看教材，圈圈画画 学生从课本上找到相应内容，读教材回答 持续着教师板书，提问，学生齐声从教材上找到内容读教材回答

续表

现场记录	
（2）长安是政治、经济、文化中心 （1）水陆交通发达，贸易往来频繁，出现了一批繁华都市（长安、洛阳、扬州、成都） （2）长安是政治、经济、文化中心 （3）东西商业区，坊内居民区 师：刚才我们了解了本节课的第一部分，唐朝的经济，下面我们来学习第二部分，唐朝的外交，请大家阅读教材，总结一下唐朝的外交是怎样的特点 （板书）等待1分钟 请大家看多媒体，展示地图——（唐、吐蕃、东突厥、西突厥、回纥）我们来看地图，唐朝时期与唐朝相邻的国家有—— （学生开始随着教师手指读，有学生将吐蕃读成了吐Fan，回纥读成了"回qi"，老师遂进行了纠正，在纠正完"回纥"读音之后，顺口问了一句："回纥是谁的祖先？"学生稍迟疑后，一个学生小声说"回族的祖先"紧跟着十几个学生同时大声回答"回族的祖先"，老师稍有尴尬和迟疑，随后直接纠正说，这不是回族的祖先，是维吾尔族的祖先，有几个维吾尔族学生迟疑地互相对望了一下，老师开始继续） 师：唐朝相邻的国家有吐蕃，吐蕃当时的首领是松赞干布，刚才大家看了书，松赞干布干什么了？ 学生嘻哈回答：求婚 师：对，松赞干布求婚，唐朝皇帝是谁？生齐声：唐太宗，师：把谁嫁给了松赞干布？生齐声：文成公主 师板书：松赞干布——文成公主 师：文成公主带去了什么？ 生齐读书：谷物种子、药材、茶叶、工艺品、历法、科学技术方面的书。 师：对，带去这些干什么了？生：促进了吐蕃的经济和社会发展。 师：现在我们一起来总结一下，唐朝的外交政策 板书：（学生从书上找附和）表现：（1）杂居、通婚（2）官员任职（3）政权联系（4）唐太宗——天可汗	（有学生开始打瞌睡） 学生不了解"回纥"，读音读成"回qi" 文成公主进藏的史实仅仅进行了知识点梳理

续表

现场记录	
师：请大家在书上画下来，这是考点 师：同学们我们完成了第二部分的学习，下面我们来看第三部分，（板书）开放的社会风气，请大家看书，我们一起来总结一下唐朝社会风气的特点（约40秒） 好，我们一起总结一下，有哪些特点？ 生：社会风气开放，社会充满活力…… 师：同学们总结得对，因为唐朝比较开放，所以怎么样？学生纷乱读书回答 师板书：兼容并蓄（学生纷乱读"兼容并蓄"） 师：好，同学们我们学习完了第三部分，开放的社会风气，下面我们来学习 第四部分，请大家先看书，我们待会一起总结 师板书：四、多彩的文学艺术（约40秒等待） 师：好现在我们停下来，唐朝出现了那几个大诗人啊，生纷乱回答：李白、杜甫、白居易师：同学们说得对，（出示多媒体图片，李白、杜甫、白居易头像）我们把这几个人记下来，这是考点 师板书：李白——诗仙杜甫——诗圣白居易 师：现在我们思考讨论一下，唐朝为什么会出现盛世气象？（1分钟）（学生同桌之间开始讨论，纷乱）1分钟后 师：好，同学们，现在谁来说一说（生七嘴八舌地说，老师看表）：那我们一起来总结一下吧——板书 （1）国家统一，社会稳定（2）重视农业生产，调整政策，减负（3）人民勤劳（4）唐太宗、武则天和唐玄宗励精图治 师：请大家在书上记下来，这是考点，可能会考简答题（等1分钟记笔记）师：今天我们的课就上到这里，下面我们来总结一下这节课 第一块内容：经济的繁荣，表现？（生七嘴八舌，教师说上半句拖音，学生接下半句） 第二块内容……（铃声响，继续，加快语速）第三块内容……第四块内容…… 下课！	强调，这是考点，只是要求学生记忆知识，而未引导学生探寻文成公主进藏的民族交融意义 唐朝开放的社会风气，再次强调考点，失去了利用史实阐明历史上文化交融的教育契机 再次强调考点

(2) 课堂细节回顾

①教师在描述唐朝的民族交往与交融时,使用了"唐朝的外交"且同时出示唐朝地图,称吐蕃、东西突厥、回纥为"国家"应属于错误称谓,充分说明教师没有将古代国家和现代国家、古代民族与现代民族区分清楚,缺乏基本的历史素养和政治素养。

②教师在当堂有近一半学生为维吾尔族学生的情况下,对学生读错"回纥"且认为回纥是回族祖先或先民的情况下,未能捕捉教育契机,对学生进行新疆历史和民族历史的教育,没有意识到学生对新疆历史知识和本民族历史知识的欠缺。

③本节课的唐朝开放政策,以及松赞干布与文成公主通婚史实是进行民族团结教育的极佳契机,课程设计中凸显通婚和民族交往交融,就是要通过本节课让学生了解中华民族自古以来就有交往交流交融的过程,是建构学生中华民族多元一体历史观的极佳契机,教师没有意识,也未能把握。

(3) 整体点评:这是一节不太成功的历史课,课堂气氛沉闷,上课内容乏味,教师完全如流水账一般平铺直叙一节课,使人昏昏欲睡,师生之间的互动就是简单的问答,充斥着低效纷乱的浅层次对话,缺乏情感的融入和思维的建构。整节课四个环节没有形成整体,每一个环节以寻找考点为目标,学生看书——教师带领总结,学生的回答一律从书上找答案读,四个环节教师强调四次"这是考点"。对照三维目标,知识与能力目标通过教师的板书总结,覆盖了需要掌握的基本史实。过程与方法,教师抛出了问题,但学生并没有经历思考过程,教师引导后板书,作为应试答案呈现,缺乏了学生思考和感悟提升,没有实现过程与方法目标。情感态度与价值观目标方面,在零散的笔记和教师断续的提示下,学生并没有对唐朝的盛世气象有深切的认识,教师简单提到了一句唐朝经济在世界上处于领先地位,一带而过,情感态度价值观目标没有达成。从教师授课的风格来对照课程实施的取向,属于忠实取向,且过于忠实。

隋唐时期是中国民族互动的第二次大整合[①]，也是我国历史上重要的民族交融期，本节课暴露出学生缺乏对民族历史基本知识了解的问题；也暴露出教师缺乏民族团结教育意识，在知识上欠缺对古代民族和古代国家的认识，没有意识到古代民族和现代民族，古代国家和现代国家概念的混淆，容易让学生形成错误的历史认知。在能力上欠缺驾驭课堂，生成课堂的实践能力，在教学情感上显然缺乏应有的职业精神，对课堂的准备明显不足，让本该通过一节课建构对中华民族认同，对中华历史认同，建构开放包容民族观的课程成为让学生昏昏欲睡的课程。

2. 民族禁忌与文化的冲突——教师缺乏必要的多元文化知识

（1）课堂实录

表4-28 初中道德与法治课堂实录

课堂记录	评注
科目：道德与法治——家的意味 观课日期：2017年3月17日 班级：F校7年级（*）班 授课教师：F-SZ-08	班级概况：班额50人，其中约30位维吾尔族学生，其余为汉族学生
新课引入： 师：多媒体展示图片，同学们猜一猜这是什么字？ 生：是"家" 师：我们中国的文化源远流长，中国文字蕴藏着深厚的文化底蕴，"家"字是个会意字，他的外部像房子的形状，中间的部分是"豕"，"豕"这个字是什么？ 师：这个字读"shi""豕"就是猪。在中国古代，生产力低下，为了保证在打不到猎物的时候有饭吃，就开始在家中养猪，以防饥荒，房子里有了猪就成了家的标志。猪在中国人心里有非常重要的地位，中国人认为，光有房子（板书宝盖头）不是家，要在房子里养猪才是	（"豕"字学生不认识，迟疑）

---

① 徐杰舜. 中国民族团结特点论[J]. 中国民族，2004，卷缺失（1）：48-51.

续表

课堂记录	评注
家（宝盖头下补充"豕"，成为"家"字），所以说，在中国人眼里，室中养猪是为家。（师在黑板右下角板书"房子+猪=家"） 师：这节课，我们就来学习《家的意味》多媒体展示课题 师：在我们大家心里，家是什么？请来具体介绍一下自己家的情况生回答，教师总结：刚才大家的介绍中我们看到了，一般家庭有夫妻关系，父女、子女关系、兄弟姐妹关系等等组成。除了这些关系组成家以外，还有一些家庭构成收养关系，这就有了收养，以及离婚、再组家庭，继父母、继子女关系。我们总结一下，家——是由婚姻关系、血缘关系或收养关系结合成的亲属组织。请大家划下来 师：请大家看一看多媒体上的小故事，同时思考一下，富豪为什么明明有家却不想回家，中年男子为什么找到女儿后说"我又有了家"？生同桌讨论，生1举手：富豪很有钱，房子也很好，是豪华别墅，但是没有亲情所以不想回家，中年男子找到了女儿，他们有了亲情，有了亲人，尽管没有房子，但是也就有了家。生2举手：我觉得家最主要的是亲情，没有亲情就不是家。…… 师总结：大家说得都很对，家是需要亲情的，家不仅仅是房子，是居所，还应该是我们心灵的港湾，我们中国人很注重"家"的亲情，家中养猪是为家，从古代我们就注重家的温暖和亲情出示多媒体图片，春运四幅图——寒风中骑行，抱着孩子提包裹排队，春运的火车站，春运的人流 第二部分：中国人的"家" 师：中国人的文化是农耕文化，从"家"这个字的起源我们就知道了，中国人自古以来就注重对家的归属和依恋，家中养猪是为家，养了猪的家才能稳定，才能找到心灵的归属。每年春节几亿人从不同的方向奔走着，目的就是回家，去找心灵的归属……（维吾尔族学生表情木然）	教师讲到"房子+猪=家"时，部分学生表情有些错愕 教师第二次强调我们中国人"家中养猪是为家"，明显观察到维吾尔族学生脸上表情的异样 教师第三次强调"家中养猪是为家"，养了猪的家才能稳定

(2) 课后与教师的交流：

教师认为，本节课的教学目标有，情感态度与价值观目标，体验——体验家的温暖、父母的情感，弘扬孝亲敬长的传统美德，认同——认同家庭的优良传统、孝亲敬长的中华优良美德；能力目标：语言表达，通过情境创设，培养学生在情境中表达的能力;行为能力,以自己的实际行动孝亲敬长。知识目标是指导家庭的含义,了解家庭关系确立的条件,懂得孝亲敬长是中华传统美德。

这节课的设计想从"家"字的历史渊源,让学生理解中国人自古就有很强的家庭观念,重视对家的归属,通过对中国人对家的依恋,既提升孩子们对家庭重视的感情,也让他们对中华"家"文化达到一种认同。

(3) 案例评价与分析

整体来看,这节课教师体现了对课程的重视,表现出想通过课程设计创生出一堂精彩课堂的强烈愿望,尽管设计粗糙,但有钻研和创生的动机,这本身值得肯定。在课程实施过程中,教师也有意识地创设了多种情境,让学生互动和表达,调动学生积极参与到体验和感悟中,运用的素材也比较丰富,但是课程没有达到教师愿望的效果。

①对"家"的字源的解析。教师想通过对"家"字起源的解析向学生展示中华文化源远流长,从而达到对中华文化认同的目的,这种设计意图值得肯定,但是教师没有考虑到班级实际情况——超过一半的学生为维吾尔族,而维吾尔族学生不可避免地受家庭影响,对"猪"有着较强的抵触情绪。况且"家"字的字源分析本身有着争议,课后研究者查阅了一些资料,与教师进行了交流,"家的字源分析有很多种说法,有豕祭、豕尻、共尻等说法[①]",研究者以为多种说法中豕祭的说法和"室中悬豕以为不时之需"的说法相对来说比较恰当,当然这无关紧要,最重要的是让老师认识到不可以谬误误导学生。在与教师的交流中,教师意识到"室中养豕以为家"的说法不准确,还会引起不同民族学生不同的感受。

②以"室中养豕是为家"的字源分析来承载中华文化的厚重,进而以此为主线,串联"中国人的家"蕴含的中华家文化的历史渊源,并牵引出中华文化中孝老爱亲是从古到今的优良传统。这是教师整节课的设计思想主线,

---

① 潘峰. 家:室中悬豕——兼与唐汉先生商榷[J]. 汉字文化, 2003, (3): 63-64.

看得出教师对本节课设计有着自己独特的思考，这对教师来说是很珍贵的品质，但这一思想主线受到了两个因素的影响，一是没有考虑到学生中一半以上为少数民族，对"豕"的抵触心态可能抵消教师铺设的情感意蕴，二是教师在授课过程中仍然有着知识传递的倾向，如用了比较大的篇幅来陈述家的形成条件，画重点，割裂了设计的整体意蕴。

③这节本来设计非常有创意的课没有收到预想的效果，暴露出教师缺乏对授课对象——学生的研究，缺乏对学生背景的了解。"设计课的时候，没想到那么多，只关注了自己的设想，没有想到'室中养豕'会引起学生的抵触，影响对文化的认同""我没意识到维吾尔族对猪有抵触"。反映出教师缺乏对多元文化的认识，也缺乏对民族知识的了解。

3. 过于"忠实"的课程实施取向——对民族团结元素的忽视

(1) 课堂实录

表 4-29 初中语文课堂实录

课堂记录	评注
科目：语文课——驿路梨花 观课日期：2018 年 3 月 26 日 班级：D 校 7 年级（*）班 授课教师：D-YW-08	这是一节语文教师公认的能够进行民族团结教育渗透的课，班级少数民族学生较多
师：同学们，借物喻人的写作手法我们已经学习过很多，哪位同学来回忆一下，我们学习过哪些借物喻人的课文 生：爱莲说……青松 师：同学们说得很对，谁来谈一谈，爱莲说的莲花，和青松，象征了怎样的品质？ 生1：莲花出淤泥而不染，濯清涟而不妖，象征着不慕名利，洁身自好的品质 生2：青松挺立寒雪，象征着坚强的高洁的品格 师：两位同学说得特别好，我们的同学们也是莲花和青松，拥有和他们一样的品质，今天我们来学习另一种植物，借物喻人——梨花	教师出示莲花、青松的多媒体图片

续表

课堂记录	评注
师：梨花是什么样的？哪位同学可以描述一下 生1：洁白无瑕 生2：香气扑鼻 生3：朴素 师：三位同学说得很好，抓住了梨花的典型特征，梨花是洁白无瑕的，不娇艳，不娇媚，这美丽的花象征着怎样的品格呢？我们来学习《驿路梨花》 师：下面请同学们默读课文，了解课文讲述的故事，待会我找同学来为我们讲述课文的故事 师：现在我们一起来回顾一下课文 师：课文有几个时间的描述？ 生：十多年前……十多年前的第二天以后……前几年梨花出嫁以后……上个月……暮色中的第二天早晨 师：那我们按照这个时间顺序来理一理课文的故事内容师：十多年前，发生了什么？ 生：解放军路过，修建了小茅屋 师：十多年前的第二天以后呢？ 生：梨花常常来照料小茅屋 师：前几年梨花出嫁后呢？ 生：梨花的妹妹来照料小茅屋 师：上个月呢？ 生：瑶族老人借住了一晚 师：暮色中到第二天早晨呢？ 生：我们路过住宿了，又修了小屋 师：现在请同学们按照时间、事件把这个故事梗概在课堂本上写下来 生：完成表格 师：同学们，从时间上来看，这篇课文用了哪些写作手法？生：倒叙 师：还有其他写作手法吗？ 生：插叙，也有顺序 师：同学们说得很对，课文为什么要采用倒叙、插叙等写作手法呢？有什么好处？	出示梨花图片 进入新课 生默读课文2分钟 教师问，学生齐声回答 教师带领学生回顾课文讲述的故事 教师带领学生根据时间顺序梳理写作手法 教师介绍写作手法的特点

续表

课堂记录	评注
生：如果按照时间顺序写，太平淡了 师：对了，同学们，倒叙才会有悬念，这是一篇写作得很好的文章，我们要注意把握文章中的悬念 板书：两次误会、三个悬念 师：请同学们再读课文，找一找两次误会和三次悬念生：悬念在第7、8段，焦急中发现小屋，却没人没灯师：第二次悬念呢？ 生：12到14段，我们以为瑶族老人是主人，但是却不是 师：第三次悬念呢？ 生：29到32段 师提问：第36节末句引用宋代大诗人陆游诗句"驿路梨花处处开"有什么含义？ 生：哈尼姑娘名字叫梨花，在这里有"双关"用法。生：本文多处描绘梨树林的美好景色，以花喻人。 师：本文的中心思想是什么？ 生：通过故事的叙述，描述了哈尼族小姑娘助人为乐的雷锋精神 师：作者为什么要多处描写洁白的梨花？这样的写作手法是什么，有何特点？山野中开满枝头的梨花象征什么？ 生：作者着意描写梨树梨花，旨在写人。写洁白的梨花，是为了衬托未出场的主人公、心灵美好的哈尼小姑娘梨花。这里运用的侧面描写的手法。 师：写梨花实际上是写人，写人的精神。梨花在作品中成了雷锋精神的象征。 下课铃声响起……教师布置课后作业	教师很突兀地提到了两次误会、三次悬念带领学生分析课文 教师想引申梨花的含义 将梨花的象征意义定格在雷锋精神上

(2) 案例点评与分析

在对语文教师的访谈中，在被问到"你认为你的教学内容中有哪一课可以进行民族团结教育"，大多数语文教师点出《驿路梨花》，"因为这是语文课中为数不多的具有少数民族元素的文章"。带着对课堂的期待，研究者选择了这节课作为重点观察案例，但课堂观察的结果是令人失望的。在这节课的教学中，教师显然秉持着忠实的课程实施取向，在整节课的教学中，充斥对"写作手法""字词句""中心思想"等的教学，课堂一大半的时间是老师在讲，与学生的互动绝大部分采用教师问，学生齐声回答的方式。在对文章隐含精神的引申中，教师引导学生反复强调的是乐于助人的"雷锋精神"，忽视了文章中对哈尼族老人和小姑娘支持解放军，边疆少数民族群众感恩解放军，军民携手共建边疆、保卫祖国的教育契机。

四、融于活动课程的民族团结教育课程实施现状

活动课程是与学科课程相对出现的一个概念。在《学校民族团结教育指导纲要（试行）》中对民族团结教育课程实施的途径描述为"要通过课堂教学、专题驾驭活动和实践活动等多种方式，……将课堂教学和实践活动有效结合起来"，"除课堂教学主渠道外，要充分利用班会、团队活动、升旗仪式、专题讲座、墙报、板报等方式"，这也是指出民族团结教育课程在专题课程以外，还应有学科课程、活动课程两种类型课程同步实施。活动课程是指学生通过有计划、有组织、有目的的活动而获得促进其身心全面发展的教育性经验。①为了解民族团结教育活动课程的实施状况，2016年9月至2018年6月研究者深入研究场域样本学校，观察活动课程62场次。

（一）民族团结教育活动课程的主要形式

新中国成立以来，我国始终重视民族团结教育，长期以来民族团结教育在中小学教育中被纳入德育教育的范畴。尽管民族团结教育在《纲要》颁布以后开始进入课程化发展的阶段，但在当前，中小学校仍然十分重视民族团结教育活动。

在对学校主要领导的访谈中，每位校长谈及民族团结教育都以"丰富多彩的活动"作为主要内容。

---

① 靳玉乐. 国家精品课程系列教材:课程论[M].人民教育出版社.2012.282.

第四章　民族团结教育课程实施现状

在对访谈资料进行编码整理后，通过活动类型进行整理可以看出，学校开展民族团结教育活动课程主要有以下形式。

表 4-30　民族团结教育活动课程形式

类别	活动名称	主要目的描述
促进交往、交流、交融类	"民族团结***" "结对子" "手拉手" "***交友" "你到我家吃馓子，我到你家吃月饼"等	促进各族青少年儿童交往交流交融，增进了解，促进交往，沟通感情
节庆活动类	欢庆"春节" "古尔邦节" "肉孜节" "端午节" "中秋节"等	了解节日文化，促进文化交流，增进民族感情
文化活动类	"民族团结联欢会" "民族团结歌咏比赛" "民族团结文艺演出" "艺术节"	展示多元文化，培育文化鉴赏能力，增进文化包容
体育活动类	"民族团结运动会" "民族团结徒步活动"等	以体育活动促进民族交往交流交融，增进感情，培育合作意识
宣传教育活动类	"民族团结宣讲" "演讲比赛" "民族团结故事宣讲" "民族团结专题讲座"	以理服人、以情动人

为了进一步清晰各校开设民族团结教育课程情况，了解教师对各类型课程的认可程度，进行了下列题项的调查。

表 4-31　对实施哪些民族团结教育课程的调查

您学校进行民族团结教育的形式主要有哪些？（多选）									
	融入各学科知识	专项课程	民族团结进步创建	讲座等专题教育	民族团结实践活动	校园文化熏陶	校园媒体宣传	升旗仪式	班团队会
小学	88.8%	3.7%	100%	66.7%	100%	100%	100%	100%	100%
初中	76.4%	3.5%	100%	61.1%	100%	100%	100%	100%	100%
高中	98.7%	2.6%	98.7%	77.3%	100%	98.7%	100%	100%	100%

从题项填答情况来看，通过融入各学科、民族团结进步创建、民族团结实践活动、校园文化熏陶、校园媒体宣传、升旗仪式、班团队会是各校普遍采用的民族团结教育方式，讲座等专题教育是部分学校采纳的方式，而专项课程如同前文所说，只有个别教师选择，实际各校并没有开设此课程。

表 4–32　对民族团结教育月中课程实施方式的调查

	民族团结教育月中，您学校开展的民族团结活动主要有哪些？（多选）								
	主题班会	主题团队会	升旗仪式	校园媒体宣传	文艺演出	联谊互动	专题讲座	外出参观	演讲、故事会
小学	88.8%	100%	100%	100%	100%	100%	81.5%	66.7%	100%
初中	92.9%	100%	100%	100%	100%	100%	90.3%	65.1%	81.1%
高中	98.7%	76.4%	100%	100%	100%	100%	89.3%	46.7%	60%

在访谈中了解到，各类民族团结教育活动在民族团结月中非常集中，为了了解民族团结月中主要开展的形式，进行了"民族团结月中，您学校开展的民族团结活动主要有哪些？"从填答情况来看主题班会、主题团队会、升旗仪式、校园媒体宣传、文艺演出、联谊互动是初高中几乎全面开展的四类活动课程。专题讲座、外出参观、演讲故事会是主要的方式，但根据学段和学校实际情况有所侧重。

表 4–33　对民族团结月外，实施民族团结教育活动课程频次的调查

	民族团结月以外，您校开展民族团结实践活动的频次大约是							
学段	每周都有		每两周1次		每月1次		每学期1次	
	人数	百分比	人数	百分比	人数	百分比	人数	百分比
小学	17	62.9%	8	33.3%	1	3.7%	0	0
初中	0	0%	0	100%	0	0%	0	0%
高中	0	0%	0	100%	0	0%	0	0%

为验证民族团结月以内在较强的行政压力下各校集中开展活动之外，是否常规性地开展民族团结教育活动，设计了题项"民族团结月以外，您校开

展民族团结实践活动的频次大约是"小学有 62.9%选择"每周都有",33.3%选择每两周一次,选择每月一次的只有 1 人。这与访谈中了解到的情况相符,小学学业压力小,开展的各类活动更加丰富,频次更高。初中和高中非常统一地 100%选择了"每两周 1 次",是基于行政要求"民族团结一家亲"开展频次为每两周 1 次。

(二) 民族团结教育活动课程的实施主体考察

学校活动课程是相对于课堂教学而言的一种课程形式,具有形式灵活,体验性、实践性强等特征。《学校民族团结教育指导纲要(试行)》指出,"要通过课堂教学、专题教育活动和实践活动等多种方式,将民族团结教育贯穿到小学至高中教育阶段的教学、育人全过程中"[1],可见,活动课程是民族团结教育课程的重要组成部分。在中小学校,活动课程的组织者主要是德育处和年级组负责人,实施者主要是德育教师——班主任。

1. 德育主任

(1) 德育主任对民族团结教育目标的阐释存在差异

Dyzr-A-1:主要是让各民族的孩子们之间没有隔阂,手足相亲,建立深厚的感情。

Dyzr-B-1:各民族孩子互相了解、互相尊重,不会因民族差异而产生冲突。

Dyzr-C-1:各族孩子亲如一家,懂得"三个离不开"。

Dyzr-E-1:让各族孩子了解、尊重差异,在此基础上团结协作,建立深厚的感情。

Dyzr-F-1:目标主要还是要建立民族团结意识,摒弃狭隘的民族意识,认同祖国,反对民族分裂。

Dyzr-G-1:让各族孩子们能够紧紧地团结在一起,消除隔阂,思想深处建立起抵御民族分裂的防线。

---

[1] 教育部.学校民族团结教育指导纲要(试行)[N].载于《小学德育》,2009,(1):4-7.

Dyzr-J-1：主要是交往交流交融吧，让各族孩子能够融合在一起，建立起深厚的感情，从而自觉地反对民族分裂。

Dyzr-I-1：主要是让各族孩子们通过交往消除隔阂，建立民族团结意识，主动地反对民族分裂。

可见，德育主任们对民族团结教育的目标集中在通过"交往""交流"，从而"了解""尊重""避免冲突"，进而"建立感情""消除隔阂""反对分裂"。这些基于实践的朴素认识是开展民族团结活动课程的基础，但作为民族团结教育课程的主要领导者和组织者，在对民族团结教育目标的阐释上体现出"经验性"和阐释差异，缺乏从"认同"角度对民族团结教育课程的深入思考，难免使活动课程的组织缺乏深度。

(2) 德育主任对课程文件不了解

在访谈中，德育主任们对《学校民族团结教育指导纲要（试行）》知晓率很低。

Dyzr-A-1：这个不了解，我们收到的文件太多了，有时候记不住（笑）

Dyzr-F-1：听说过，我们的工作应该说主要是具体的实践，文件下来我们都落实，但是太多了，的确记不住。

Dyzr-I-1：有印象，但是具体内容不太了解。

可见，德育主任们对课程文件知晓率不高，对民族团结教育课程的目标认识更多基于实践经验的总结，难免使活动课程的组织目标离散化。

(3) 德育主任对民族团结活动课程的组织缺乏设计

德育主任是学校活动课程的主要设计者和组织者，关于民族团结教育活动课程的组织主要分为宣传教育和活动教育两类。宣传教育主要选择的手段是"班、团、队会""升旗仪式""课前三分钟""黑板报""手抄报""校园网""校园广播""校园电视台"；活动课程教育主要包括两类，一类是促进交往类，如"民族团结***活动""***交友活动"，另一类是文化活动，如"民族团结文艺活动""节庆活动"等。

在活动的组织计划方面，德育主任一方面遵从市教育局的统一安排，"我们接到市教育局的文件都会认真落实""落实上级各项要求"；另一方面遵从学校"传统","我们学校每年都会组织'民族团结艺术节'"、"我们学校每年都进行'庆祝古尔邦节'活动",但在整体的活动课程设计方面明显欠缺。

2. 班主任

我国中小学长期实施班级授课制和班主任制,班主任作为学校班级的主要组织和管理者,不论在德育教育还是在班级管理方面具有无可替代的"权威性"。在学科课程与德育课程二元分立的管理模式下,班主任成为德育课程的重要执行者和实施者。

(1) 班主任的矛盾心态——"重视"与"抵触"

在访谈中,班主任一方面表现出对民族团结重要性的深刻认识,另一方面表现出对各类"活动"的疲惫与抵触。作为学校中与学生接触最直接,教育最经常化的班主任,每个班主任都有发现民族团结重要性的感悟。

Bzr-E-7是一位优秀的班主任,年年都能荣获"我最喜爱的班主任"荣誉称号,多次被评为"优秀班主任"。

Bzr-E-7的故事:

民族团结教育太重要了,孩子不是白纸,他的成长总会受到社会和家庭的影响,心里有一些看不到但能感觉到的东西。

三月雷锋月中,在老师们的动员下,很多学生主动来到老师办公室帮老师打扫卫生、整理办公室等,做一些好人好事。某日,在下午19时许,孩子们吃完晚饭距离上晚自习还有一小时的自由活动时间,我还在办公室伏案忙碌,响起了轻轻的敲门声,我开门后看到两个小女孩怯生生地站在我办公室门口。一个站在另一个身后,露出半张脸,站在前面的小女孩怯怯地问,老师,我们能帮您打扫办公室吗?我本来想拒绝,但看到孩子怯生生的样子,怕拒绝会伤害孩子的自尊心。于是,我停下手里的工作,笑着对两个孩子说,那就先谢谢你们了,和我一起拖拖地吧。

我的办公室也是值班的宿舍,所以既有办公用品,也有生活用品,加上近期忙,办公室整体比较杂乱,办公桌上书呀作业呀摊放,沙发前堆放着一堆杂志和报纸,灰尘较厚。两个孩子一看我答应很快来到水池边,一个拿起拖把,一个拿起抹布,开始收拾起来。两个孩子拿着我办公室的"好神拖"研究了半天不会用,求助地看着我,我笑着上前给她们做了演示。看着杂乱的办公室,我有点不好意思起来,笑着说,不好意思啊,我的办公室太乱了。那个原本站在前面的小女孩对我说:"老师,您的办公室已经很整齐了,我家乡的老师的办公室比您乱多了"。我听完孩子这句天真直率又充满善意的安慰,心里很不是滋味,干笑了两声。

我知道孩子是善良的,她看到我的尴尬,看到我自责办公室脏乱,想安慰我,不要自责不要尴尬。但她在想安慰我的时候,就如同我们在和别人聊天中,遇到别人埋怨她的亲人时,我会绞尽脑汁地用自己的亲人还不如她的亲人一样来安慰她、当别人在埋怨他的孩子时,我会用自己孩子更不如他的孩子一样安慰对方。

孩子是善良的,她是善意地用她的亲近的一类人来安慰我。但在这样的一句安慰中,我看到了孩子心中的"一道墙",我想我的教育任务就是要消除这道"看不见的墙"。

Bzr-E-7 的故事是用她亲身感受的故事来反映"民族认同",班主任们在与学生的交往互动中他们细微的观察感受到"认同"带来的教育难题,他们用"有一些民族情绪""比较喜欢抱团""有一些民族偏见"等话语来表达这种区隔,也带着深深的责任感投入到教育工作中。但在对待各类"活动"时,他们又带着"疲惫"和"无奈"。

Bzr-A-1:各种活动太多了,我们疲于应付。

Bzr-B-6:很多活动为了"活动"而"活动",实效性不大,折腾。

Bzr-F-3:只要有"活动"就要有材料,为了检查验收呀,造材料造得我们哪有时间能静下心来去教育学生。

Bzr-G-4:很多"活动"形式大于内容,我们太累了,这也是很多人不愿意当班主任的原因。

班主任们的诉苦清晰地表露出民族团结教育活动课程缺乏设计,数量过多、形式简单、内涵不足以及过度注重"留痕"等问题。

(2) 班主任心目中的"民族团结标准"——"消除狭隘"促进"平等"

关于班主任心目中的民族团结目标，班主任们从班集体的管理和对学生自我意识两个角度集中表述为"尊重每一个民族""没有狭隘的民族意识""平等对待每一个人"。体现出班主任在班级管理中"公民化"教育是普遍的共识，从访谈中不难看出，班主任眼里最重要的民族团结教育方式是——平等，在一个班集体中尊重民族差异，消弭民族隔阂，淡化民族身份，公民化地参与班级建设。

（三）活动课程的实施现状探究

研究者研究场域工作多年，了解研究场域中活动课程的组织动机和基本方式。为了更深入地探查，带着研究目的深入研究场域1年有余，观察各类活动62场，做了详细的记录。

1. 民族团结教育活动课程整体扫描

在样本学校调研的过程中，各学校对民族团结教育的形式更多倾向于"活动"，这是出于两种原因，其一，中学实践层面上对"课程"的理解更多限于教学科目或者教材，民族团结教育课程作为新生的课程形式并没有被中学认可为真正的"课程"；其二，教育行政部门对民族团结教育的官方介入，往往以"活动"为促进手段，如"民族团结***活动""***交友活动"。因此学校在认识上，对民族团结教育的实施方式倾向于"活动"。为了解A市中小学民族团结教育的整体情况，对A市教育局相关材料进行了查阅。

根据A市教育局统计数字，截至2019年10月30日，市教育局年内累计开展主题活动108520场次，其中：座谈报告会5464场；联欢会5228场；各类文体活动4298场；参观学习7625次；主题班（队）会62003场；其他活动12673场；参与人数4438635人（次）。[①]

A市教育系统注重推动各族师生在教育教学生活中的交往交流交融，以"民族团结***""***交友"为抓手，推进全市干部职工与各族师生结亲工作。通过进班级、进宿舍、进食堂，联系学生、联系家长，与学生交朋友，

---

① 数据来自A市教育局局长讲话

培养学生树立正确的世界观、人生观、价值观，引导学生坚定理想信念。该活动由新疆维吾尔自治区党委推动，自上而下普遍开展，覆盖面广，跨度大，层次多，极大地推动了社会各阶层、各民族人员之间的互动往来。在研究场域 A 市，"全市干部职工全覆盖式地开展结对认亲"。统计数字显示，全市教育系统干部教职员工通过进班级、进宿舍、进食堂，联系学生、联系家长，与学生交朋友。全市 3 万余名干部职工共与 33 万余名各族学生完成结对交友，联系班级 4 万余个，进班级 111 万余次；联系宿舍 2 万余间，进宿舍 26 万余次；进食堂 91 万余次，联系家长 77 万余次。①

"爱心献春蕾"捐资助学活动已连续开展 17 年，各族干部职工自愿参加"爱心献春蕾"捐助活动 3544 人次，资助学生 1672 人。2018 年，A 市 288 名机关干部、教职员工对某区、某县 288 名家庭经济困难的各民族学生（大部分为少数民族）进行了一对一的资助，共筹集捐款 432000 元和价值 38800 元的学习用品。各学校也有不同形式的捐资助学模式，在 A 市教育局的引领下，市教育系统各族师生携手共进，扶难帮困蔚然成风，不断浓厚着各族师生的血肉、手足之情。②

整体上来看，民族团结教育成为 A 市教育行政部门的重要工作之一，纳入政府和教育行政部门年度计划中推进，开展了形式多样、数量较多的活动，在全市营造了浓厚的氛围。

2. 微观探究

（1）专题教育之新疆地方史讲座

时间：2019 年 9 月 13 日地点：E 校报告厅

参加人员：班主任、九年级学生主讲人：*大学教授

现场：报告厅可以容纳 1200 人，该校九年级学生人数约 1300 人左右，座位坐满后还有一百多三个班的学生坐不下，就在班主任组织下带小板凳最后入场坐在了中间通道，天气炎热，报告厅有 12 个吊扇，都在高速运转。看

---

① 数据来自 A 市教育局民族团结工作报告
② 数据来自 A 市教育局民族团结工作报告

得出,该校学生平时训练有素,在班主任组织下有序入场,开讲前偌大的会场一千多孩子保持了很好的会场纪律。

讲座开始,该校德育处主任与＊教授登台,德育处主任介绍了讲座主讲教授,学生报以热烈掌声。教授开讲,入场白,对学校组织本次讲座的动机给予了很高的评价,"我们为什么要讲新疆历史,因为不了解历史,我们很容易被坏人利用,搞分裂、搞破坏,我们幸福的生活来之不易,我们不容任何人分裂我们的国家,破坏我们幸福的生活"(开场白讲地很动情,孩子们听得认真,也非常认同)

进入正文后,该教授以学理性的分析,主要按照《新疆的若干历史问题》白皮书结构串联了内容。新疆是中国领土不可分割一部分、新疆从来不是"东突厥斯坦"、新疆各民族是中华民族的组成部分、维吾尔族是经过长期迁徙融合形成的、新疆各民族文化是中华文化的组成部分、新疆历来是多种宗教并存的地区、伊斯兰教不是维吾尔族天生信仰且唯一信仰的宗教,共七个部分。

讲座进行大约10分钟后,学生开始显得躁动不安,主要原因是该教授基本按照白皮书内容组织讲座,学理性很强,学生感到枯燥乏味。现场开始打瞌睡、小声交流、有的学生开始拿出本子借前排学生的遮挡做作业。时有班主任站起身来管理学生。讲座持续了60分钟。

讲座后的访谈:

生1(维):我不喜欢这样的讲座,教授讲得太没意思,我们上课又很累,坐着打瞌睡。生2(维):这样的学习是有必要的,因为我们确实不了解新疆历史,容易被别人蛊惑,但是我确实听不进去,讲的太枯燥了。生3(维):我喜欢历史,但是这样的讲座我听不进去,我喜欢我们自己的老师在上课的时候一点一点给我们讲,这一个多小时,热死我了。

生4(汉)这样的讲座有些折磨,讲得挺好的,就是我们听不进去,应该举些例子呀什么的。生5(汉)我喜欢学历史,但是这样讲我基本上没什么印象,就是一个感觉,不要搞分裂。

某班主任:我感觉有些矛盾,一方面的确需要这样的教育,毕竟孩子们不了解这些知识，但是另一方面来说，这样的讲座学生接受得不好，整个两节课停课，也影响学习……

德育主任：我们的孩子有很多是少数民族，需要这样的教育，让他们了解历史，但是因为我们自己又讲不好，怕出问题，请教授讲吧教授们水平很高，就是讲的方式比较学术，不符合学生的接受方式……

历史问题是重大原则问题。运用历史唯物主义、辩证唯物主义的立场、观点和方法，正确认识国家、历史、民族、文化、宗教等问题，科学回答新疆若干历史问题，关系中华民族的凝聚力、向心力，关系中国的统一和国家长治久安，关系地区安全、稳定和发展。①不可否认，开展新疆历史问题专项教育对于增强学生历史认同、国家认同具有非常重要的意义，在国家出台《新疆的若干历史问题》白皮书后，让这一教育拥有了权威的遵循，但是如何将新疆历史问题以贴近学生的方式在教育教学中进行教育，是一个需要深入研究的问题，在本例中，邀请专家讲座的方式，教育时间短，教育内容干瘪，难以收到理想的效果，对学校来说，其意义仅仅局限于——"我们做了"，至于效果如何，没有进行细致的考量。

(2) 结对子活动

时间：2018年5月地点：G校某班

参加人员：G校A班（民）与G校B班（普）

活动主题：民族团结心连心

现场：两班班主任组织，学生将班里的桌子摆开，靠教室围墙围坐。

过程：两班班主任组织学生坐定，面对讲台左边为A班，右边为B班，主持人是两个班班委。两个班提前各准备了3个节目，A班有舞蹈、独唱、合唱，B班有乐器合奏、相声、合唱，A班B班节目穿插进行。其间掌声不断。最后A班和B班的班长代表班级互赠了礼物，两个班合影，活动结束。

活动后的访谈：

---

① 国新网.《新疆的若干历史问题》白皮书（全文）[EB/OL].2019-7-21.http://www.scio.gov.cn/zfbps/32832/Document/1659930/1659930.htm

关于活动的认可度，A 班 1 生：我们挺喜欢的，喜欢参与活动，本身也是一种放松，A 班 2 生：挺喜欢的，平时在各自班里难得有交往，坐在一起还能看到精彩的节目。B 班 1 生 2 生：我们都挺喜欢的，他们的舞蹈很精彩。

关于效果：A 班 1 生：怎么说，应该说能促进交往吧，但是不会有深层的交流，因为毕竟平时不在一起。A 班 2 生：为了完成任务。B 班 1 生：有作用吧，能让我们欣赏对方；B 班 2 生：促进了解吧，但是不会很深，因为就是很短的时间，看看节目，送送礼物，合个影，完成任务吧。

班主任：这样的活动我们有些矛盾，一方面学习压力大，再一方面效果也不好，很多时候很形式，简单进行交流，合个影，今天是因为有客人（研究者），孩子们还是精心地做了准备。

可见，在"结对子"活动中，活动的主要组织者——班主任对活动的认可度不高，影响到了活动的有效组织，缺乏精心设计的活动，其教育性显然是欠缺的，形式足而内涵不够。

（3）A 活动

A 活动是由新疆维吾尔自治区统一推进的民族团结实践活动。根据相关安排，各学校教师与学生首先需确定相对长期的对应帮扶关系。其次，要求在统一规定的时间段内，确定帮扶的双方要开展帮扶、关爱和交流活动。活动形式不拘一格，但为确保活动得到落实，刚性的要求要将活动过程的图文记录在统一的大数据平台上进行上传。这一活动开展以来，从面上大范围地推进了各族、各阶层之间的交往互动，也涌现出了很多非常感人的民族团结事例，成为当地民族团结实践的重要方式。在这里需要重点阐明的是，A 活动开设范围广，参与主体多，进行全面考察非常困难，作为质性研究的一部分，该案例本身不具代表性，重在解释性，仅阐明该活动还有内涵发展和效果提升的空间。

时间：2018 年 5 月地点：G 校

观察方式：在统一规定的活动时间段内，恰逢 G 校 * 主任 Ma（研究者好朋友）值班，研究者前去探望朋友，在自然情境下进入学校，在与朋友闲谈中了解情况，并未向其说明研究意图。

过程：

①Ma 的活动过程：晚上 8 点（该校 8 点半晚自习，晚自习前学生自由活动），Ma 用对讲机通知宿舍，叫与自己"结对"的 4 名学生到自己办公室来。4 名学生敲门进入，看有陌生人在，有些怯生生的。随即 Ma 介绍，"这是我的好朋友，没关系，来吧。"4 名学生 3 女 1 男，在 Ma 让座过程中坐定，Ma 简单询问了下四个孩子近期学习情况，然后从办公桌旁边拿出 4 袋水果，每人 1 袋，很抱歉地对孩子们说自己工作很忙，平时难得去看你们，有什么事或有什么困难随时来找他。然后拿出手机，让我帮忙，和 4 个孩子合影，合影期间，孩子们很熟练地把拿到的礼物（水果）举在胸前。随后 4 个孩子离去。

②教师的活动：在我要求下，想去看看老师办公室，我们来到隔壁物理组，4 位老师正在批改作业，叫来了和自己结亲的孩子，老师们询问了一下孩子学习生活中有没有困难，有困难就别客气要跟自己说等……（期间教师和孩子闲谈，气氛比较融洽）。随后，老师们互相帮忙跟结对的学生照相合影。

Ma 的交流：其实这样的活动从行政部门角度来看很有必要，需要进行这样的沟通，否则的话平时我们哪里有时间和精力（和学生沟通），但是这样的活动让自己比较难堪的是，定了时间和上报方式。在规定的时间自己有时候很忙，顾不上和孩子们深入交流，就简单聊几句，最不合适的是，要求要拍照上传，这就让自己很多时候很尴尬地做这件事，容易让学生感觉为了合影完成任务才来看他们。

老师：其实这个活动本意很好，因为孩子们需要有成年老师对自己的关心，我们"结对"的都是自己班上的学生，不搞规定时间我们其实随时在交流，随时在关心这些孩子，定下时间以后吧，（苦笑）你看这个点了，我也有家有孩子，我得在这里坐着，等孩子们来拍照。

出于研究伦理考虑，研究者没有与结亲的学生进行交流，但是 Ma 的话可以说明一些问题。①活动是有必要的，通过这样的方式促进了跨行业跨角色的交流了解，只有交往了才有可能交流，交流时间长了也就有了感

第四章 民族团结教育课程实施现状

情。②自上而下的活动有其矛盾不可兼顾之处，一纸命令下来，如果没有督促检查往往落不到实处，检查督促，就得有一定方法，规定时间、规定动作往往是比较便于操作的行政方式。但是活动的目的是促进交往交流交融，其本意无疑充满期许，通过这样的活动也的确能够从社会大范围在广度上促进民族团结，只是组织过程因执行者的差异有时过于生硬，参与者以一种完成任务的态度参与，其取得的效果与理想应还有差距，还需更精细化的设计。

(4) 文体活动

时间：2017年12月7日 地点：D校

活动主题：民族团结一家亲暨纪念12·9长跑活动

组织：德育处、体育组

过程：12月7日，天气寒冷，D校有二十多年的历史，每年冬季组织冬季长跑活动。活动由德育处、体育组共同组织，德育处组织班级，体育组组织比赛过程。赛前德育处下发了比赛通知，每班男女各15名运动员参赛。该校共有42个教学班，少数民族较多的班级12个，将12个班与其他班级中的12个普班结成"结对子班级"，比赛成绩以结对子班级形式进行评定。为了比赛的公平，结对子12对班级以外的18个班也以这样的方式组成9个队，进行比赛。

初衷是"结对子班级为单位进行比赛，可以让结对子的临时集体有共同的荣誉感，从而加强互相之间的交流与了解。"德育处主任介绍说。

比赛过程中，研究者来到田径场，虽然天气寒冷，但是孩子们仍然热火朝天地进行着比赛。比赛过程中很多学生来到跑道旁给运动员加油鼓劲，现场火热。但是经过访谈发现，所有加油的孩子都是在给自己班的孩子加油，结对子班其实并没有起到作用，仅仅是在核算成绩的时候以两个班的总分相加进行对比。

访谈：某生1：我们都给自己班加油，因为熟悉嘛，结对子班的来往还是比较少。某生2：这个比赛我们都很喜欢，每年都搞，结不结（对子）对我们没有什么影响。

在文体活动中开展民族团结教育其初衷是以文体活动为桥梁，让各族青少年儿童在文体活动中充分地交往交流交融，提升团结意识，建立深厚的感情，从而达到民族团结教育的目的。在本例中，活动冠以"民族团结"之名，组织形式上以结对班级为单位进行的体育竞技活动，由于缺乏学生交往的有效组织，失去了其活动开展的灵魂。涂尔干在《社会分工论》中将社会团结分为两种类型，机械团结和有机团结。机械团结是一种纽带，它通过强烈的集体意识把同质性的个体结合在一起。有机团结是建立在社会成员异质性和相互依赖基础上的社会联结纽带。[①]不可否认，这样的文体活动有其组织的意义，但若在开展活动前期经过长时间的共同训练，选拔运动员，组织运动员在一起交流，应该会取得更好的教育效果。

3. 学生民族团结意识状况

（1）马克思主义"五观""五个认同"认知水平较高

量表第三部分以 14 个问题构成马克思主义"五观""五个认同"态度量表，采用李克特五点式计分设置选项，每题 A 选项"非常赞同"得 2 分，B 选项"比较赞同"得 1 分，C 选项"一般"得 0 分，D 选项"不太赞同"得 –1 分，E"不赞同"得 –2 分，14 项得分的合计为马克思主义"五观"、"五个认同"总得分水平。

马克思主义"五观""五个认同"态度量表小学满分为 26 分，中学满分

表 4-34 马克思主义"五观""五个认同"量表题干

1. 我国是各民族共同缔造的统一的多民族国家
2. 民族团结是各族人民的生命线
3. 维护祖国统一和民族团结是各民族共同的最高利益
4. 你经常意识到自己的民族身份吗？
5. 除本民族的朋友外，你愿意结交其他各族同学作为好朋友吗？
6. 民族是个历史范畴，随着经济社会发展，民族差别将逐渐削弱，直至消失
7. 我相信各族人民会更加紧密地团结在一起，中华民族的凝聚力会越来越强

---

① [法]涂尔干.社会分工论[M].渠东译.北京:生活·读书·新知三联书店,2000:118

续表

8. 当看到新闻中有某个国家挑衅我国海空，对我国进行舆论攻击，或在经济上针对我国进行打压，你的感觉可以描述为	
9. 我看一些爱国影片时，经常会被深深打动	
10. 中国特色社会主义道路是解决我国民族问题的根本道路	
11. 我国各族多姿多彩的文化是上下五千年中华文明的重要组成部分	
12. 爱国是中华民族的优良传统	
13. 中国共产党的领导是实现中华民族伟大复兴的必要条件	
14. 我是中华民族的一分子，我愿为中华民族伟大复兴的中国梦贡献自己的力量	

为 28 分，最低分为 –26 分与 –28 分，首府中小学生马克思主义"五观""五个认同"得分情况如下

在本项研究中，小学生马克思主义"五观""五个认同"总分平均分为

表 4–35 马克思主义"五观"、"五个认同"量表总分

学段	满分	MEAN	N	SD	MIN	MAX
小学	26	24.9246	1155	2.37406	3.91	26
中学	28	24.7679	3815	3.10655	.00	28.00

24.92，中学平均分为 24.7679，得分非常接近满分，标准差较小，离散程度较低，中小学组均无负分出现。在如此大数据量的调查中，研究场域中的中小学生取得接近满分的高分，且无负分出现，充分说明研究场域中小学生已经初步建立马克思主义"五观"，对伟大祖国、中华民族、中华文化、中国共产党的领导、中国特色社会主义的认同度非常高，归属感极强，爱国主义已经深入内心，内化为自觉的爱国情感。

(2) 各族学生族际认知差异不显著

对中小学马克思主义"五观""五个认同"总分以民族为变量进行独立样本 T 检验，结果如下表。

由分析结果可见，维吾尔族、哈萨克族、回族学生分别与汉族学生进行

表 4-36 以民族分组独立样本 T 检验结果

	民族	N	均值	标准差	均值的标准误	T 检验	（与 A 分组）
态度 1	汉族(A)	1536	24.85	3.29	0.08		
	维吾尔族	1859	24.75	2.89	0.07		0.33
	哈萨克族	48	24.99	3.04	0.44		0.90
	回族	310	24.48	3.40	0.19		0.39

分组独立样本 T 检验，维吾尔族与汉族学生检验结果 sig=0.33>0.05；哈萨克族与汉族学生检验结果 sig=0.90>0.05；回族与汉族学生检验结果 sig=0.39>0.05，三个分组都呈现出无显著差异，充分体现了研究场域各族青少年儿童受到较好的教育引导，已经初步建立了马克思主义"五观"，"五个认同"得到很好的内化，构筑起了各族师生共同的精神家园。

从对学生民族团结意识现状的量化研究数据来看，A 市中小学民族团结教育的成果是比较乐观的，这与 A 市近年来将民族团结工作作为社会工作和教育工作的头等大事是分不开的，同时在学生身上反映出来的积极结果，也为民族团结教育课程实施优化创造了很好的条件。A 市 2019 年获得"全国民族团结模范城市"荣誉称号，是对该市上下、社会各界在民族团结方面积极作为的最大肯定，但从民族团结教育课程的实施过程来看，尚有可提升的空间。

五、民族团结教育课程实施存在的问题

（一）课程实施的路径有缺失

《学校民族团结教育课程指导纲要（试行）》中明确，民族团结教育课程实施的路径有民族团结教育专项课程、学科课程、活动课程。综合量化研究和质性研究的结果可见：

1. 民族团结教育专项课程缺位：民族团结教育专题课程依据《学校民族团结教育指导纲要（试行）》由各省根据课程文件结合各地区情编制教材，由

教育部审定后实施。研究场域曾编写过地方教材《新疆民族团结篇》，课程由政治教师执教，一方面使用时间放置到了九年级第二学期，而不是在七八年级分散使用，在使用课程教材期间，几乎没有教师专门认真地研究过教材；另一方面教材内容涵盖广泛，教师驾驭困难，在实际使用中以应试取向"划重点"加以实施，2016年以后因教材停用，民族团结专题课程实际使用的时间是2010—2016年，2016年后民族团结专题课程并未实施。

2. 学科课程对民族团结教育的有机渗透不足： 学科课程实施中呈现出，学科教师民族团结教育的意识不强，把握民族团结教育契机的意识和能力不足，在课堂教学中采用忠实取向以应试教育为目的实施学科课程，未能在学科教学中有效实施民族团结教育的现象。

3. 活动课程效果不佳： 各学校将活动课程作为在较强行政干预条件下，实施民族团结教育的主要手段。各学校结合学校实际情况开展了形式多样的活动课程，营造了校园中浓厚的民族团结教育氛围，也通过活动课程一定程度提升了各族师生的民族团结意识。但是仍然存在活动课程目的性、计划性不强，开设随意，民族团结教育活动课程内涵不足，往往注重活动形式，方式方法简单，开设效果不佳。

（二）课程实施领导和组织者作用发挥不到位

1. 校长的作用发挥不佳

（1）校长对民族团结教育课程及其实施的认知不足

校长、书记是学校的最高领导，也是学校教育教学工作的核心组织者。作为校长，需要协调学校以上层面的关系和学校内部的组织架构、课程实施架构等。校长只有处理好各因素之间的关系，才能为学校改革和发展奠定基础。从书记和校长的访谈中可见，校长对民族团结教育课程及其实施的认知不足，重视程度不够。他们声称重视民族团结教育课程，但是在实际工作中仅仅挂名为学校民族团结教育领导小组组长，在其整体的工作规划中，并未把民族团结教育课程纳入全盘学校工作去考虑，对民族团结教育形式化的要求多，实质性的规划指导不够。对民族团结教育工作的成绩言必称活动，但对活动的实效不关注。究其根本原因，在于学校层面的执行者对民族团结问题的认识深度不同，全面育人的目的意识不强，学校层面的教育目的、价值观还有差异，亟须开展专项培训统一民族团结教育思想，提升民族团结教育意识。

(2) 校长对民族团结教育课程实施的支持不够

在民族团结教育课程实施的路径上，校长没有清晰的认知，更多停留在氛围的营造和多姿多彩活动的开展，装点门面。在课程实施过程中，校长不参与课程实施的设计，将民族团结课程实施与学校整体的教育教学活动二元分立，由德育处组织各类活动，对活动实效关注不够。对民族团结教育课程实施的支持力度不够，对教师进行培训限于传达上级文件，没有为学校开展民族团结教育课程实施提供资源保障。学校开展民族团结教育课程三项分立，民族团结教育专项课程部分没有开展；活动课程部分学校往往疲于应付各种活动要求，缺乏针对本校师生实际需求的深度设计，活动热热闹闹，效果马马虎虎；校园文化潜课程深受学校历史传统、生源比例、学校领导自身认识等多种因素制约，参差不齐。缺乏对将学生置于课程"跑道"上，精细地进行生成性课程设计，未能真正做到让民族团结教育课程有机融合到学校教育全过程，达到润物无声的教化效果。

2. 课程实施的管理层管理和支持缺位

民族团结教育课程实施离不开学校课程管理层对课程有效设计、管理、支持和督导。民族团结教育课程的学校管理层主要包括教务处、德育处分别作为专项课程和活动课程的管理者，教研处（教研室）承担课程的专业支持。

然而，教务处作为学校学科课程管理部门，对民族团结教育专项课程的管理缺失，导致课时得不到保障，对如何教授、何时教授民族团结教育专项课程交由教师自主决策，必然导致课程实施难以落实。德育处作为学校德育课程的设计和管理部门，对民族团结教育的目标不明确，缺乏对民族团结教育活动课程的整体设计，组织活动课程过于流程化、形式化，使得民族团结教育活动课程缺乏内涵，教育效果不佳。教研处（教研室）作为学校教科研管理和支持部门，缺乏对民族团结教育的专业指导，没有搭建起民族团结教育的科研氛围和交流平台，使得民族团结教育课程缺乏专业支持。

(三) 课程实施主体——教师的民族团结教育素养欠缺

1. 教师对民族团结教育课程的认知不足

在访谈中，教师一般都声称对民族团结教育非常重视，非常有必要，但是在教师的实际行动中并未呈现出应有的教育契机敏感性和应有的实际行动。在访谈中部分教师认为，民族团结教育重在交往交流交融，将民族团结教育的重点推托到了活动课程。对全员参与民族团结教育，有基本的认识，但在实际行动中并未能有呈现，在自身本学科的教育教学中，重知识传递，轻过程方法和情感态度价值观的培育。

2. 教师的知识结构不能满足民族团结教育课程实施的要求

在观课和访谈中体现，教师知识结构以学科知识为主，民族知识、民族团结知识、多元文化知识有所欠缺。在教育教学过程中，基于知识的不完整，难以在教育教学中将民族团结教育与学科知识有机结合，体现出进行民族团结教育说教多，融于课程的内涵式教育欠缺，组织活动课程形式大于内容等问题。

3. 教师实施民族团结教育课程的综合能力不强

民族团结教育是教育实践活动，需要课程实施者具有较丰富的民族团结知识、民族团结政策知识、政治知识等，同时还需要实施者在正确的教育观、课程观指导下，将知识和教育资源有机整合，通过教育行动予以有效实施，这就需要实施者具备综合的课程实施能力。在实际观察中反映出来，教师认知上声称重视，但在行动端缺乏体现，没有足够的教育输出，体现出教师进行民族团结教育课程实施综合能力不强的缺陷。

(四) 课程实施保障不足

1. 师资培训缺位。通过调研可见，教师一般都具有学科背景，知识结构上以学科知识见长。民族团结教育课程需要教师拥有丰富的民族知识、民族政策知识、历史知识等，以学科划分的教师培养体系并未在教师培养环节中给予教师应有的知识结构，在教师在的在岗培训中，开展的各类培训也以学科知识为主，教师亟需从民族团结教育的理念、方法、知识储备等方面给予专业的培训。但通过调研可见，不论是学校层面的培训，还是学校以外的教师培训，并没有把民族团结教育素养提升列入培训范围，教师对师资培训的缺位有着强烈的需要。

2. 课程资源相对匮乏。《道德与法治》课程自2017年起开始使用部编教材。部编教材对民族团结教育部分提纲挈领，站位较高，但在地方文化适应性方面缺乏针对性指导。教师实施课程过程中，一方面缺乏资源，另一方面受应试教育指挥棒影响，限于对知识性内容的传授，"划重点"，严重缺失对民族团结教育情感目标实现的追求，甚为遗憾。过分寄希望于教师自主探索和搜集教育资源是不现实的，然而作为关键的课程实施者，"巧妇难为无米之炊"，需要教育行政部门和教育科研部门为教师提供科学的、可供选择的课程资源。经过严格审读的、系统化的课程资源将有利于教师更有效的组织教育教学。

3. 课程评价欠科学。学校办学目的还比较功利，这就导致评价方式无形中成为学校各项工作的指挥棒。对学校民族团结教育工作的评价更多限于民族团结进步创建等各类创建活动，注重档案和痕迹检查，对民族团结的内涵性内容尚无理想的检查评价办法，民族团结进步创建的作用还未能得到充分显现。对学生个人的民族团结意识评价纳入中考、高考范围内，客观上促进了民族团结知识的普及，但民族团结意识具有内隐性，重在情感态度价值观目标的突破，知识考查的方式强化了知识目标，对情感态度价值观目标的促进还有待多元化的评价方式。

当前的民族团结教育课程评价主要分为两个层面，一方面是考试评价，主要针对民族团结知识认知，过分强调这一评价方式将导致课堂教学应试化，引导教师重应试知识传授，而轻情感目标突破。另一方面是活动课程的各类检查验收，此类检查验收名目繁多，品类杂乱，标准不一，不能说此类验收对工作无促进，但这类验收也客观上导致了学校疲于应付，投其所好的开展应付性活动，致使活动低俗化、口号化、形式化。因此需要将课程评价的主体扩展到课程实施者和课程学习者，用多元化的评价方式避免单一评价方式导致的盲目和短视行为。

（五）课程内涵不足

1. 说教、规训意蕴强烈。学校在民族团结教育过程中采取的方法简单、直白，采取宣传教育的方式比较多，内容多为口号式的宣讲。如 A 市以行政手段推行的"课前三分钟"教育，采取课前宣讲的方式，内容枯燥，远离学生生活。尽管能在"正面引导"中起到一定的作用，但不符合教育规律，缺乏情感体验和内化。在校园物质环境中，每所学校标语鲜明，"民族团结是各族人民的生命线"等随处可见，营造了浓厚的氛围，但缺乏深入灵魂的、随风潜入夜的入脑入心教育手段。

2. 重形式轻内容。学校在民族团结活动课程的设计上，注重形式"丰富多彩"，但活动的设计性意蕴不强。存在大量的"冠名"教育活动，如"民族团结 ** 活动"，但细究其内容，却鲜有民族团结教育的内容在其中。在各校田野观察和访谈中，学校津津乐道的"** 活动"以及"** 活动"看似形式多样，但往往过度关注浅层次的"交往"、"了解"以及"互动"，或者简单的"文艺会演"等，在各类活动课程"精彩纷呈"的背后透露出功利的形式主义心态，缺乏对活动的精心设计和对实际教育效果的矢志追求。

第五章　民族团结教育课程实施的影响因素

　　课程实施是一个复杂的过程，从理想课程到经验课程，每一个层级的课程都受到复杂的因素影响，导致课程异变。任何一门课程都不可能避免这样的异变产生，但是对异变产生的原因进行分析，对必然产生异变中的偶然因素和异变的程度进行调控，更有助于建构科学的课程。前几章分析了从理想课程到经验课程的各层次课程中产生的问题，下面我们对课程实施中产生问题的根源进行归因分析。

　　关于课程实施的影响因素，国内外学者有着大量的研究。富兰认为变革的特征、地方特征、外部因素三个方面对课程实施产生影响[①]；辛德等认为，变革的特征、校区层面的因素、学校层面的因素影响课程实施[②]；霍尔认为变革的特征、干涉及参与人员、变革的脉络是课程实施的影响因素[③]。国内学者靳玉乐认为影响课程实施的因素有课程方案的特征、人的因素、物的因素、背景因素[④]；马云鹏认为影响因素有与课程改革本身的性质有关的因素、在校区水平上影响实施的因素、在学校水平上影响实施的因素、环境对实施的影

---

① [加]富兰著,赵中建,陈霞,李敏译. 教育变革新意义[M].北京:教育科学出版社,2005,73.
② Snyder,J,Bolin,F. & Zumwalt,K.(1992). Curriculum implementation [C].In P.W.Jackson, Handbook of research on curriculum.New Your:Macmillan Pub.Co,p402-435.
③ Hall,G.E.The Local Educational Change Process and Policy Implementation [J].Journal of Research in Science Teaching,1992,29(8):877-904.
④ 靳玉乐.课程实施:现状、问题与展望[J].山东教育科研,2001,(11):3-7.

响[①]；汪霞认为课程计划的特征、教师的特征、学校的特征、校外环境的特征是影响课程实施的主要因素[②]。国内的课程实施自新课改实施以后形成高峰，提出了一系列有价值的研究结论。本研究认为，关于课程实施影响因素的研究，国外起步较早，但是国外的教育观念、课程文化以及校园行政架构与国内有着显著的差别。相比之下，新课改之后涌现出的一系列关于课程实施影响因素的研究更具有参考价值。

结合对民族团结教育课程实施的现状研究，本研究从课程计划的特征、学校的特征、教师的特征、校外环境的特征这四个方面来探讨民族团结教育课程实施的影响因素。

一、课程因素对民族团结教育课程实施的影响

课程方案本身的特征是影响民族团结教育课程实施的重要因素。Fulan1982年提出的课程变革特征包括，课程变革的需要和迫切性、课程变革目标与意义的清晰性、课程变革的复杂性、课程变革计划的质量与实用性、课程变革目标与意义的清晰性、课程变革的复杂性、课程变革方案的质量与实用性[③]。霍尔对课程变革的特征因素为，需要、情绪度、复杂性、质量或实用性[④]。辛德等认为变革特征的需要与相关性、清晰度、复杂性、方案的质量与实用性对课程实施产生重要影响[⑤]。

国内学者靳玉乐、马云鹏、汪霞等认为课程方案的合理性、明确性（清晰程度）、复杂性、实用性（实践性）是影响课程实施的重要因素。基于对民族团结教育课程实施现状的分析，结合学者们提出的分析维度，本研究从课

---

① 马云鹏.课程实施及其在课程改革中的作用[J].课程·教材·教法,2001(9).18-23.
② 汪霞.课程实施:一个值得关注的问题[J].教育科学研究,2003,(3): 5-8.
③ N.R.Tumposky,StafDevelopment and Curriculum Implementation,The Educational Forum Vol.51, No.2, 1987.
④ Hall,G.E.The Local Educational Change Process and Policy Implementation [J].Journal of Research in Science Teaching , 1992 ,29(8):877-904.
⑤ Snyder,J.,Bolin ,F. & Zumwalt ,K.(1992).Curriculum implementation[C].In P.W.Jackson,Handbook of research on curriculum.New Your:Macmillan Pub.Co,p402-435 .

程方案的合理性、明确性、复杂性、实践性四个维度分析民族团结教育课程方案对课程实施的影响。

(一) 民族团结教育课程方案的合理性

1. 课程设计未走出学科课程范式的藩篱

"课程范式可以从整体及其元素两方面加以界定。首先，课程范式是指课程共同体所共有的有关课程信念、课程价值、课程技术等元素构成的整体；其次，课程范式是指上述整体的一种元素，是对课程问题的解答，是解决课程问题形成的共有范例。[①]"民族团结教育课程是集政治性、社会性、多元性、地域性、实践性等诸多特征为一体的复杂课程，这一特征决定了民族团结课程不能寄希望于单一学科来满足全部需要，解决全部问题。《学校民族团结教育课程指导纲要（试行）》在民族团结课程走向课程化的角度具有积极的贡献，但是在课程定位和课程架构设计上局限性明显。

(1) 采用"加法原则"设置专项课程

分科课程在我国有着"悠久"的历史，现代以来，我国始终采纳分科课程模式来设置学校课程。分科课程在传递科学知识的效率方面有着自己独特的优势，尤其是以获取知识与技能为目标的自然科学体系。其遵循的是分析—还原主义的课程哲学，将整个世界划分为不同的板块，对这些不同板块的认识就形成了不同的学科。这种课程哲学认为，只要掌握了不同板块的知识，通过受众的还原就形成了对整个世界的认识。[②]整体主义对这一假设进行了针对性地批判，认为任何一个整体都是有机的完整系统，一旦割裂，整体就失去了原来的意义，不能把世界划分为若干个部分，不能把知识体系划分为不同学科，课程应该打破学科之间严格的界限。

民族团结教育课程的性质定义为"国家规定列入地方课程的专项课程"，这一"专项课程"将民族团结教育课程单列为一门学科课程，规定中小学必

---

① 傅敏.论学校课程范式及其转型[J]. 教育研究, 2005, (7): 38-43.
② 靳玉乐.国家精品课程系列教材·课程论[M].北京:人民教育出版社,2012:219

须开设这门"专项课程"。这种"加法原则"秉持着重视什么就增加什么的行政思维,将民族团结教育课程与一系列"进课堂"的课程同等看待,这必然导致这一课程与学校整体的教育割裂,尽管强调"贯穿学校教育全过程",但"增加"的课程要贯穿学校教育全过程谈何容易,这需要打破学校业已成型多年的课程建制、人事建制、职称评审、考核评价等一系列固有的模式,不被学校重视和认同也就成为这门课程不可避免的命运。

(2) 立足课程"知识传递"功能设计课程内容

在民族团结教育课程内容标准设置上,小学设置民族知识启蒙和民族常识教育;初中设置民族政策常识教育;高中阶段设置民族理论常识教育,秉持的基本假设是,通过上述知识的传递,就能建构起民族团结意识,但这一假设本身值得推敲。从另一方面来说,民族团结教育课程应该归属于公民教育的一部分,当脱离了公民权利和义务,一味传递民族差异性知识和民族政策给予少数民族的发展倾斜,对于学生来说建构的恐怕不只是感恩意识和国家意识这么简单,负向的民族差别意识建构不容忽视。从内容标准的整体编排来看,民族团结教育课程的内容标准存在一个潜在的假设,那就是对民族知识、民族政策的认知必然会正向建构民族团结意识。这一假设是否成立有待商榷。

2. 课程目标的来源单一

"任何单一来源的信息都不足以提供能让学校为教育目标做出全面且理智的决定的基础"①,从本体论角度看,教育起源于人的生理性学习,教育的终极目标应该是服务和发展人的先天性学习兴趣与需求。人的这种先天性的学习本能正是追求幸福人生的本能需要。教育如果偏离了人的学习需要这一基础,就偏离了教育的本体与本真②。

《纲要》的指导思想站位高,立足国家长远发展战略,提出"必须高举中国特色社会主义伟大旗帜,坚持以邓小平理论、"三个代表"重要思想和科

---

① [美]拉尔夫·泰勒.课程与教学的基本原理[M].王承绪 译.北京:中国轻工业出版社.2014:5.
② 杨志成. 论学校课程整合与课程体系建构的一般逻辑[J]. 课程. 教材. 教法, 2016, 36(8): 55-59, 82.

学发展观为指导；全面贯彻党的教育方针和民族政策；坚持育人为本，把民族团结教育贯穿于学校教育工作的各个环节，牢固树立"增强民族团结、维护祖国统一、反对民族分裂"的意识。"这一表述强调了民族团结教育坚持的原则，落脚在牢固树立"增强民族团结、维护祖国统一、反对民族分裂"的意识上，表现出极强的国家意志，将增强民族团结的目的与"维护祖国统一、反对民族分裂"相联系，具有极强的政治性。

从民族团结教育课程理想的价值追求出发，作为一门社会性课程，课程的设计需要考虑多方面的因素。既要考虑国家利益因素，社会需要因素，还必须考虑的是青少年儿童成长的需要。儿童的需要是教育的原生动力，也是教育能够有效实施的必然基础。民族团结教育内容如果无法满足受教育者作为人的现实需求，就会丧失学生作为社会人生存与发展中的意义和价值[①]。

从课程目标的表述来看，课程目标表述强调国家意志，但对受教育者的需要关注不够，在这一点上未能体现民族团结教育课程对个人成长需要的关注，对儿童成长为社会人的过程中，在异质群体中生存、成长、交流、合作的需要关注不够。过于突出课程的政治特性和意识形态特性，必然导致课程从设计到实施的过程中"自上而下"的强势生硬特征。这一特征必然导致民族团结教育课程自上而下层层"指导"，层层"干预"，学校以执行任务的态度生硬、形式化地开展民族团结教育课程，忽视儿童的兴趣和需要，既影响课程课程的接受兴趣，也使课程先天性地缺乏了课程文化的张力。

3. 内容标准的科学性有待商榷

从内容标准上来看，小学阶段实施民族知识启蒙教育要求了解56个民族的基本特征；了解自己所属民族的分布区域、人口数量以及语言、文字及主要的文化特点和风俗习惯等。这就产生了在认同结构上的迷思，是强调"一体"还是强调"多元"的问题。学术界对认同问题的争论一直没有停止过，自民国时期顾颉刚"中华民族是一个"的呼吁引发对民族分类的论争，到近年来马戎教授提出"民族问题去政治化"，以及胡鞍钢"第二代民族政策"的

---

① 杜海坤. 美国公民教育课程模式研究[D]. 中国地质大学, 2014.

论争,围绕的一个核心问题就是对56个民族之"族"与中华民族之"族"认同逻辑,以及是否会因为对56个民族的分类介绍割裂了对"中华民族"的认同。根据课程文件编订的教材曾引发过争论,如早期的民族团结教材过多强调民族特征,在新疆学者的建议之下,新疆维吾尔自治区重编教材,这也是前文分析的教材《新疆民族团结教育篇》产生的原因。依据课程文件在学校具体执行过程中,也有不同学校采取不同手段。笔者女儿5岁上幼儿园大班、6岁上一年级,入学第一天就被要求在全班介绍自己的民族,引发女儿反复追问自己为什么是*族的问题。因此,课程文件在"多元"和"一体"的逻辑问题上应给予更明确的指导。从内容标准的整体编排来看,民族团结教育课程的内容标准存在一个潜在的假设,那就是对民族知识、民族政策的认知必然会正向建构民族团结意识。这一假设是否成立有待商榷。

4. 课程文件的时效性不强

《学校民族团结教育指导纲要(试行)》自2008年颁布至今已十余年,党和国家对民族工作的认识更加深刻,开展民族团结教育的指导思想亦有所更新。但课程文件自2008年颁布之后,一直未有更新,至今仍然以"试用"身份在指导民族团结教育课程实施,在课程指导思想方面已显滞后。不论在指导思想上还是在课程目标上,尚未呈现"交往交流交融""中华民族共同体"等思想理念。在当前历史时期下,国际形势风云变幻,国家对民族问题的认识不断发展,学校在接受新的行政指令后,当发现《纲要》中如"马克思主义五观"等概念与最新指导思想不一致,又因为课程文件的"试用"身份,自然开始以"文件已过时"的认识对待课程文件。

(二) 民族团结教育课程方案的清晰性

课程方案本身如果缺乏明确性,就容易造成使用者的混淆,增加使用上的困惑并产生挫折感,导致课程实施不完全[①]。

---

① 钟启泉,汪霞,王文静. 课程与教学论[M].上海:华东师大出版社,2008:172.

1. 课程目标表述模糊

在课程领域首先将教育目标分析作为课程开发出发点和归宿的是博比特和查斯特，其后泰勒对课程目标研究做出了突出贡献[①]。课程目标是对教育目的、教育价值观的具体化，是学校课程所要达成学生身心发展的预期结果[②]，它期望一定阶段的学生在发展品质、智力、体质、素养等方面所达到的程度[③]。因此，课程目标是课程开发的起点，对课程开发具有指引和定向的重要作用。

典型的课程目标取向归结为四种，"普遍性目标""行为目标""生成性目标""表现性目标"[④]，课程目标的叙写方式一般有"行为目标""展开性目标""表现性目标"[⑤]，《学校民族团结教育指导纲要（试行）》中的课程目标即"民族团结教育目标"显然属于"普遍性目标"。普遍性目标体现的是"普遍主义"的价值观，提供的不是具体的标准和要求，而是宏观的一般性原则和宗旨。这种普遍性目标的宏观性和不确定性使其运用比较灵活，可以在不同的教育情境中加以解读。但同时，目标的宏观性和不确定性也必然给实际的课程与教学实施带来困难，容易使人产生模糊或模棱两可的歧义，可操作性不强。

在课程目标的叙写方式上，民族团结教育课程目标没有采用三维目标叙写方式，表述目标采用的动词"增进""促进"，而非我国基础教育课程改革后，各学科形成较普遍认识，有较好层级区分的"认识""了解""掌握""理解"等目标动词。普遍的、模糊的课程目标叙写方式在课程教材开发、课程实施、课程评价中缺乏具体的指导性和规范性，这一定程度上导致民族团结教育课程从教材开发、课程实施、课程评价等环节缺乏具体的约束和指向。

2. 课程方案的指向前后不一致

《学校民族团结教育指导纲要（试行）》作为纲领性文件，没有对指导的

---

① 张华. 论课程目标的确定[J]. 外国教育资料, 2000, (1): 13–19.
② 靳玉乐. 现代课程论[M]. 重庆：西南师范大学出版社, 1995: 155.
③ 钟启泉. 课程与教学概论[M]. 上海：华东师大出版社, 2004: 59.
④ 张华. 论课程目标的确定[J]. 外国教育资料, 2000, (1): 13–19.
⑤ 钟启泉, 汪霞, 王文静. 课程与教学论[M]. 上海：华东师大出版社, 2008: 106.

对象进行清晰解释。全文多处"民族团结教育"与"民族团结团结教育课程"和"专项教育""专项课程"所指不同,造成理解差异。

从文件题目"民族团结教育"指导纲要来看,应是对学校"民族团结教育工作"的指导。然而文件的第一部分是"民族团结教育的指导思想、课程性质和基本原则",尤其第一部分第 2 条"民族团结教育课程是根据国家统一要求列入地方课程实施的'重要专项教育',是学校教育的重要组成部分",又提出了"民族团结教育课程"为专项教育,这就导致了读者的曲解:是把"民族团结教育"整体作为一门课程,还是将"民族团结教育"这项教育工作的其中一项"民族团结教育专项课程"列入地方课程并实施。

第二部分民族团结教育的目标与任务,以及第三部分民族团结教育的主要内容,究竟是"民族团结教育"的目标与主要内容还是"民族团结教育专项课程"的目标与主要内容,这个指向性不明确,理解的结果千差万别。其后多处提到"民族团结教育"或"民族团结教育课程",使整个文件指导对象始终在"民族团结教育""民族团结教育课程""民族团结教育专项课程"三者之中摇摆。

这一模糊的表述不仅导致课程文件在实践中被曲解,如对"民族团结教育"抑或是"民族团结教育专项课程"不少于 12 课时的表述中,学校校长说"我们开展民族团结教育的课时达到了 12 课时",显然是没有分清楚 12 课时是针对"专项课程"还是整体的"民族团结教育"。一些学者在研究中也表现出了模糊认识,如"《学校民族团结教育指导纲要(试行)》提供的灵活实践方式都是'课程教学'过程中所要面对的问题"[1],这一看法将民族团结教育窄化至学科教学范畴。"从民族团结教育实践来看,学校民族团结教育是一项专项教育活动,并非学科教学[2]",这一认识将民族团结教育课程活动化;"按照国家的统一要求,把民族团结教育作为学校重要的专项教育内容,列入

---

[1] 刘子云.民族团结教育实践模式研究[D].中央民族大学,2015.
[2] 韦兰明.民族团结教育逻辑论纲[J].民族教育研究,2019,30(3):37-45.

地方课程组织实施"①，这一认识又将民族团结教育作为地方课程的组成部分。可见，课程方案中对"民族团结教育"与"民族团结教育课程"以及"专项教育"和"专项课程"的描述和界定模糊，导致了在理论研究和实践中的偏误，必然使认识不统一，最终形成民族团结教育课程从设计、实施到评价的谬误。

3. 课程方案对课程实施和评价的建议模糊

（1）师资与课时的对象不明确。《学校民族团结教育指导纲要（试行）》的指向对象模糊，在"民族团结教育""民族团结教育专项课程"之间摇摆，因此在表述"师资与课时"时没有明确这一"师资与课时"是"学校民族团结教育（整体民族团结教育课程）"的师资抑或是"民族团结教育专项课程"的师资与课时。这在认知上导致了混乱。

"我们的学校由德育处牵头来组织民族团结教育（D-XZ-1）""我们学校民族团结教育课程是政治老师在上（F-XZ-1）""我们虽然没有开民族团结教育课程，但是我们各种民族团结教育的活动总课时是远远超过10—12课时要求的（G-XZ-1）"在学校校长们的眼中，民族团结教育课程的指向是不一致的，有的指学校所有与民族团结有关的广义"民族团结教育课程"，有的指有专门教材作为"学科教学"的"民族团结教育专项课程"，对课时的理解也颇有区别。这些认识模糊的根源，就在于课程方案本身的模糊性。

在承担民族团结教育课程教学的师资上，《纲要》应专指的是"民族团结教育专项课程"的实施者。《纲要》指出"各级各类学校的校长、政教主任、团队工作者和思想品德教师及相关学科教师，都可以承担民族团结教育的教学工作"，这一模糊处理使得学校在安排《民族团结教育专项课程》时，"便宜"处理，绝大部分学校将这一课程的施教教师指定为政治学科教师，将课程的决策权下移到了政治教师，使得该课程是否落实取决于政治教师个人的意识和能力。

---

① 满达. 贯彻落实《指导纲要》精神 扎实推进民族团结教育工作[J]. 中国民族教育, 2009, (Z1): 36-37.

对学校来说，民族团结教育专项课程有教材，就得有教师执教，有课时安排。"相关教师都可以承担民族团结教育的教学工作"这一模糊的处理使得民族团结教育课程进入学校本已十分拥挤的课程序列后难有安放之处，执教教师的安排以及配套教师培训、职称晋升等一系列问题得不到落实。实际工作中的校长、政教主任、团队工作者受各自多方面原因的限制，不太可能成为执教教师，在新疆地区，这一教材实际就由政治教师来执教。每学年10—12 节课时的安排从学校执行层面上无法安置，因为学校课程表以周为单位或者单双周为单位循环，调研中但凡课程表中有"民族团结教育课程"的，全是应付检查的假课表。每所学校都有若干套课表，专门用来应付"进课堂"的内容，如"消防知识进课堂""食品安全进课堂""交通安全进课堂"等等，每逢一个进课堂，就产生一套假课表。

(2) 评价和督导建议模糊。课程评价标准缺席，仅在第 20 条提及"要重视学校民族团结教育活动的评价和督导工作"。各级教育行政、民族工作部门要制定科学的民族团结教育评价方案，加强对教学效果的考察考评工作。"这一表述将评价主体下放到各级教育行政、民族工作部门，一方面教育行政、民族工作部门对课程评价的专业性不足，不可能制定出相对合理的评价标准；另一方面教育行政和民族工作部门的评价和督导行政意味较为浓厚，容易使评价流于形式。

这一模糊的"评价方案"在地区实施层面上一般是两种走向，一种就是纳入中高考范围，以考试评价落实；另一种就是检查档案。纳入中高考体现了对民族团结的重要性的认识，但是民族团结工作最终指向的应该是意识形态层面的、精神层面的民族团结意识，而非通过考试能够检验的知识，这一应试取向的评价导致应试取向的教学"划重点"。检查档案导致繁复的档案体系，繁复的留痕工作，无形中增加了学校的负担。

(三) 民族团结教育课程方案的复杂性

《学校民族团结教育课程指导纲要（试行）》中阐明，《纲要》根据《中华人民共和国宪法》《中华人民共和国民族区域自治法》《中华人民共和国教育法》

《爱国主义教育实施纲要》《中共中央国务院关于进一步加强民族工作加快少数民族和民族地区经济社会发展的决定》《国务院关于深化改革加快发展民族教育的决定》和《中共中央国务院关于加强和盖印未成年人思想道德建设的若干意见》有关精神,在认真总结经验的基础上制定[①]。在《纲要》颁布之前,民族团结教育课程长期以潜在课程的形式融于德育课程之中,《纲要》要完成的使命显然拟使"民族团结教育"这一弹性、隐形的教育内容在刚性、显性、规范性方面有所突破,从而逐步走上课程化的发展道路。从这一发展意义上来看,《纲要》所要承担的历史使命不可谓不重,因此《纲要》为了体现刚性,强调了课程的国家性质,为了兼顾地方特征,又将课程列为国家规定列入地方课程实施的专门课程。同时,为了配合"新增"意义的课程,从课程目标、课程内容、课程实施、课程评价角度对教材、师资、督导等进行了相应的规范。这就注定了课程方案的实现需要打破多年来已经形成体系的课程序列和学校课程制度惯性,关涉从省级地方到学校的一系列行政体系、教科研专业体系的调整和协作。

1. 行政措施的复杂性

《纲要》规定,民族团结教育课程是"国家规定列入地方课程实施的专项教育",这一规定既体现了民族团结教育课程的国家课程性质,又体现了具有地域性的地方课程性质,这就要求各地需要编订地方教材作为教育资源。当前我国省市一级的课程管理部门具有较强的行政部门特征,在课程的专业性上较为欠缺。各地组织专业力量编制地方教材既缺乏专业性,还必须考虑政治性,这使得不同地区编制的教材特点不一,良莠不齐。

《纲要》中"学科化"的民族团结教育专项课程,需要从课程设计、课程实施、课程评价等多个环节牵涉从国家教育行政部门、地方教育行政部门、教科研部门到学校之间的协作,复杂性超出一般学科课程。

---

① 教育部办公厅.国家民委办公厅关于印发《学校民族团结教育指导纲要(试行)》的通知[J].小学 德育,2009,(1):4-7.

2. 学校组织的复杂性

在学校组织层面上，民族团结教育课程从过去弹性、隐性地从属于德育课程走向显性与隐形兼备、学科性与活动性同在的课程。一方面需要学校课程领导对学科教学、专项课程、活动课程三条实施路径进行整体的规划和设计，另一方面需要调动课程管理部门、教研部门、德育教师、学科教师进行整体的协作；其三，还需从本已十分拥挤的中小学课程设置中单列出规定的课时，在学校组织层面牵涉较复杂的变革，在督导与评价没有及时跟进的情况下，学校难以克服"发展惯性"和"惰性"，从而选择搁置课程。

3. 课程内容的复杂性

课程作为教育的主要途径，以传播和发展人类文化知识体系为主要目的，从而使他们具备未来步入社会所必需的基础知识、基本技能，形成正确的价值观和生活态度等，作为社会现象，课程是一定社会的产物，必然体现特定时期、特定社会对人的发展的基本要求。因此课程的主要因素就应该考虑知识、学生、社会三个方面。从不同的关注重点出发，就会有三种不同的课程设计倾向，即强调知识的知识中心课程，强调学生的学生中心课程以及强调社会问题解决的社会中心课程[①]。民族团结教育课程源于民族问题和社会问题的解决，其设计重心必然倾向社会中心，期待通过民族团结教育，从学生个体层面建构马克思主义国家观、民族观、历史观、文化观、宗教观，从社会宏观层面建构各民族平等、团结、互助、和谐的社会主义新型民族关系。但作为社会课程其出发点是社会问题，还需要兼顾儿童需要。社会问题本身非常复杂，民族问题又具有较强的地域特征，不同地域民族问题表现形式不同，需要不同，社会结构、历史沿革、民族心理、经济发展状况千差万别。在这样复杂社会关系中成长的儿童对民族团结知识的需要以及前知识、前意识基础有很大的区别。需要综合考虑如此多的因素，民族团结教育课程的内容必然极其复杂。

---

① 靳玉乐.国家精品课程系列教材·课程论[M].北京:人民教育出版社,2012:256

(1) 民族团结教育课程的多元性特征

民族团结教育课程是一门以解决社会问题为取向的社会中心课程，学科内容注定不同于学科课程，难以以一定逻辑和规律组织课程内容。按照民族团结意识需要建构起马克思主义国家观、民族观、历史观、文化观、宗教观，同时还需要培育对国家的认同、中华民族的认同、中华文化的认同、社会主义道路的认同、中国共产党的认同，既需要民族知识，还需要丰富的历史知识、社会知识、文化知识、宗教知识等等。民族团结教育课程内容的多元性特征决定了执教教师必须拥有多元化的知识底蕴，具备较高的教育技能。这一特征决定了民族团结教育课程从课程内容的选择和组织，到课程实施，需要考虑和兼顾多方面的因素，如"一体"和"多元"之间的关系，选择哪些"多元"元素进入课程，这些元素如何组织等等。

(2) 民族团结教育课程的地域性特征

我国是一个统一的多民族国家，民族分布的特点是大杂居、小聚居，这是我国的基本国情。大杂居、小聚居的分布特点导致不同区域具有不同的民族构成，不同的社会经济基础和历史发展沿革使得不同区域有着不同的民族团结教育需求。简单区分亦可分为内地汉民族为主要民族成分区域和边疆民族地区。不同地区民族问题的表现形式各有不同，开展民族团结教育需要提供的知识内容不同，可资利用的当地课程资源亦不同。因此民族团结教育课程具有很强的地域特征，难以以一纲一本达到理想的教育效果。

(3) 民族团结教育课程的政治性特征

民族团结工作之于我国，是上升到政治高度的国家战略①。在不同的时代，党和国家的领导人都高度重视民族团结工作，一方面源于对国家内部团结，提高国民凝聚力，提升国家整体竞争力的需要，另一方面，当今世界民族主义回温，国际社会中的部分国家借民族问题鼓动、渗透，有危害国家统一的危险存在。因此民族团结工作更多以国家意志、国家战略的高度推行，

---

① 教育部. 教育部办公厅国家民委办公厅关于在中小学进一步大力推进民族团结教育工作的通知[EB/OL]. http://www.moe.gov.cn/srcsite/A09/s3081/200406/t20040614_77789.html,2004-06-14.

这就决定了民族团结教育课程具有很强的政治性、政策性。

(4) 民族团结教育课程的实践性特征

民族团结教育源于异质群体相处可能产生的矛盾、冲突，最终也将归结于异质群体在社会实践中的交往、交流、融合。这就决定了民族团结教育课程具有很强的实践性特征，既需要认知层面的课堂知识传递，也需要实践层面的参与、体验、感知、提升和运用。因此《纲要》要求，中小学校要把民族团结教育贯穿到教学、育人全过程中，通过课堂教学、专题教育活动和实践活动等多种方式实施民族团结教育课程。

基于民族团结教育课程的上述复杂特征，民族团结教育课程牵涉知识面广，政治性强、实践性突出，这决定了民族团结教育课程从设计到实施必然面临重重困难。《纲要》作为国家课程文件，对上述特征有着比较清晰的认知，但在编制过程中难以兼顾所有方面，还存在指导思想偏狭，课程目标不清晰，内容标准不合理等问题。课程文件将民族团结教育课程定义为国家要求列入地方课程的专项教育。国家要求体现了国家意志，列入地方课程是为兼顾区域特征。这些因素都为民族团结教育课程实施带来重重沟壑，使得民族团结教育课程在实施中没有产生理想的效果。

(四) 民族团结教育专项课程缺位

《学校民族团结教育指导纲要（试行）》整体规划了中小学阶段民族团结教育的主要内容，"正确认识中华和各民族的特征，普及民族知识，树立民族团结意识；指导党和国家的民族政策极其必要性和重要性，了解我国民族问题的基本特点，学习马克思主义和党的民族基本理论，树立马克思主义民族观；从历史的、世界的事业分析和探讨各种民族现象，进一步认识党和国家的民族政策的优越性；联系实际进行思考、探讨，在思想和行为上培养贯彻执行党和国家民族政策的基本素质和能力"[①]。这一内容标准阐明了民族团

---

① 教育部办公厅 国家民委办公厅关于印发《学校民族团结教育指导纲要(试行)》的通知[J]. 小学德育, 2009,(1): 4-7.

结教育课程的设计思想,是期望以民族知识、民族特征的讲授来增进各民族青少年互相了解,增强对差异性的包容;通过对我国民族政策、民族理论的讲授来提升国家意识,提高依据马克思主义民族理论处理民族问题的能力。这一内容的系统性必须通过民族团结教育专项课程在小学、初中、高中阶段的系统讲授来完成,从而在整体上形成以民族团结教育专项课程为统领,学科课程与活动课程为辅助的民族团结教育整体课程体系。

民族团结教育专项课程于2009年开始实施,使用教育部和国家民委统一编写的教材;2010年开始使用新疆自编教材《新疆民族团结篇》,2015年开始使用《中国新疆》系列教材;2016年停止使用地方教材,民族团结教育专项课程实际停止开设。民族团结教育专项课程的缺位使得民族团结教育课程缺乏了统领课程的"主心骨",缺乏了对民族知识、民族政策的系统讲授。

二、学校因素对民族团结教育课程实施的影响

学校是课程方案的使用单位,成功的课程实施离不开学校对课程方案的管理、领导和各种行政配合[①]。学校作为民族团结教育课程实施的具体场域,课程主体——课程、教师、学生终将在这个场域中进行对话,相互作用,最终形成对学生的教育影响。因此学校是课程实施的基本单位,学校因素也是课程执行过程中对课程实施影响的最核心因素。学校内部的课程设置、课程管理、教师配置、课程支持等等都会影响课程实施的效果。

(一)学校文化因素

学校的文化以不成文的方式为校园中的每个成员明确了什么是常态,什么是道德。在校园中,校园文化——那些不成文的规则所发挥的作用总是胜过成文的规则[②]。校园文化对于校园内的每个个体的心理和行为产生影响,对

---

① 钟启泉,汪霞,王文静.课程与教学论[M].上海:华东师大出版社,2008:173.
② [美]托德·威特克尔,史蒂夫·格鲁奈特.如何定义、评估和改变学校文化[M].北京:中国青年出版社,2016:28.

课程实施产生着不可估量的影响作用。

1. 学校的应试价值导向

我国当前人口众多，长期处于发展中国家的基本国情，决定了在学生教育、就业过程中存在非常激烈的机会竞争。因此不论从社会还是到学校，都将应试、升学作为第一价值导向。应试导向的教育理念必然导致课程实施过程中，重教书轻育人，重知识传递，轻情感态度价值观培育。从课程设置上，中小学课程表密密麻麻排列的都是考试科目，或者传统科目，民族团结教育课程的课时难以真正得到落实。教师在实施课程过程中，不可避免地不认真对待课程对情感态度价值观的隐性培育，改为强调考点，强调知识点。在专项课程实施中，要么对教材下发置之不理，要么在上课时"划重点"，为应试做准备，实际上降低了课程的实施效果。教师在开展教学研究的过程中关注的重心成为学科如何在应试中取得更好的成绩，学生在学习中也将学习重点放在了知识点的识记上，对民族团结活动课程参与积极性造成一定程度影响。

2. 德育课程与学科课程的二元分立

我国学校教育中将德育课程与学科课程二元分立的历史由来已久，近年来开始提倡德育为首和立德树人育人目标，是对二元分立现象的一种纠正，但是德育课程与学科课程分离的惯性思维在学校仍然长期存在。

德育课程与学科课程的二元分立，使得民族团结教育课程到达学校实践层面后，面临"割裂"和划分"归属"的问题。民族团结教育课程在形态上为了具体实践，区分为民族团结教育专项课程、融于学科教学的民族团结教育课程、融于活动课程的民族团结教育课程。而前两种课程形态似乎应归属于学科课程领域，而融于活动课程的民族团结教育课程则归属于德育课程范畴。

从民族团结教育课程的发展历史来看，学校民族团结教育长期以来以德育课程、爱国主义教育的重要组成部分形式隐含于德育课程范畴内。"民族团结是德育处在做（F-JWZR-1）""主要还是班主任在进行教育，我们学科的课程任务重，再一方面和我们学科关系不大（G-WL-5）"。德育课程与学科课程的二元分立从思想上导致学科教师认为民族团结教育不是"分内之事",而并没有将这一教育内容作为自己的责任。因此从认知上,民族团结教育课程往往将以德育处为引领的班主任队伍作为主要实施者,这影响了融于学科教学的民族团结教育课程实施,也使得民族团结教育专项课程不受教学管理人员重视,民族团结教育也难以真正做到全员育人。

在学校行政架构上,教务处、教研处从教学管理和教学研究两个方面对学科教师提供管理和资源支持。德育处作为学校的德育课程实施部门,一般仅对班主任这一德育教师群体进行管理。民族团结教育专项课程教材下发后,在学校层面的认识上,并不将民族团结教育课程归结为学科课程的组成部分,教务处、教研处在日常的业务运行中更多关注传统学科课程,民族团结教育专项课程在教学管理上处于无人问津的尴尬地位。民族团结教育活动课程在学校的执行部门一般是德育处,活动课程的设计更多为完成上级各类指示、要求,活动设计比较肤浅。活动课程的执行者——班主任一般由"主课教师"担任,在班主任的工作中,民族团结教育活动课程以完成学校安排的任务为主,班级内部的民族团结教育活动往往与教师本人对民族团结教育的重要性认识密切相关,"标准"意识严重欠缺。

3. 学校的文化传统

不同学校的历史沿革、师生的民族比例、历任领导的行政作风等都对学校的文化传统产生不同的影响。在样本学校中,具有民汉合校历史的学校对民族团结教育的重视程度明显高于一般学校;师生的民族比例越复杂,学校越重视民族团结教育工作;在领导成员中,由不同民族成分组成的学校,更注重民族团结教育工作。每个学校不同的发展历程造就了独特的文化传统,这些文化传统在学校的活动课程组织、制度文化、管理人员和教师的认知等方面体现出不同的差异,对民族团结教育课程实施产生着隐性的影响作用。

4. 学生的态度

学生和教师是民族团结教育课程实施的主体。"教学相长"正是阐明教师和学生这一对主体相互之间的作用,学生对待课程的态度会影响到教师的施教行为。

由于长期的应试教育影响,学生中的一部分有强烈的学科知识接受愿望,将学科学业成就作为自己学习的终极追求目标，对学科知识以外的知识和能力培养不够重视，在学习过程中根据兴趣需要参与，主动探究主动参与主动学习的愿望表现不同。学生的这种学习价值导向一方面导致自己学习过程中的倾向性，接受民族团结教育获得的效果大打折扣，另一方面也通过师生互动，将这种价值导向反作用于教师，对教师的施教行为产生影响。

（二）学校行政体系的投入

学校行政人员的态度、策略、对课程的支持是影响课程实施的重要因素。成功的课程实施离不开管理、领导和各种行政配合[①]。

1. 管理者对民族团结教育课程的投入不够

学校的行政领导——校长对学校的教育理念、学校的管理和行政资源分配具有绝对领导权和很高的引导作用。在调研中可见，校长更重视学校的"办学质量"，对学科课程投入的精力远远大于民族团结教育课程。校长心目中的民族团结教育课程还没有达到课程化的地步，没有明确的民族团结目标，对学校的民族团结教育没有整体规划和指导，仅仅以"成立领导机构"显示重视。在访谈中，校长们认为的民族团结教育限于表面性的"宣传教育""丰富的活动"，致使民族团结教育课程之专项课程未得到落实，学科课程的民族团结教育功能未能充分发挥，活动课程计划性不强，表面上热热闹闹，实际上缺乏内涵，教育实效不理想。

2. 对民族团结教育课程化的认知滞后

《纲要》的颁布，意味着民族团结教育课程从"活动"走向"课程"，有计划有步骤地对学生开展民族团结教育课程成为推动课程化发展和课程设计的初衷。然而，从基层教育行政部门下发的文件到学校层面对民族团结教育的认知都停留在"活动"层面。学校对民族团结教育课程的认知也是停留在"活动"阶段，在对校长的访谈中，几乎所有的校长提到的民族团结教育都是"丰富多彩的活动"。在研究场域田野调查过程中，所有学校介绍民族团结工

---

① 钟启泉,汪霞,王文静. 课程与教学论[M].上海:华东师大出版社,2008:173.

作也都是把"活动"作为业绩,没有一所学校把民族团结教育课程当作一套完整的课程体系来对待。

(三)学校的支持系统

学校经费上的支持、人力和活动上的支援,对师资的培训以及课程资源的供给是课程得以有效实施的重要保证。

1. 教学、教研、德育部门管理和引领功能未发挥。在学校内部分工上,教学管理部门——教务处负责教学常规工作,教研处指导学科教研活动的开展。然而通过调研可见,教务处仅对学科教学常规进行管理,在其职责分工中不关注民族团结教育课程。教研处关注传统学科的教学科研工作,没有针对民族团结教育课程组织过教研活动,未能发挥专业引领作用。德育处各项工作以学生的行为习惯养成为核心,民族团结活动的组织更多是按照上级部门的要求下组织开展,从德育处主任对民族团结的认识可见,在他们的眼中,民族团结教育课程还处于"活动化"的阶段,既无统一规划,也没有明确目标。

2. 师资培训投入不够。学校在民族团结教育课程的师资培训方面投入不足,开展民族团结培训更多是"传达文件",缺乏系统的、有针对性的培训,对转变教师观念,提高教师对民族团结教育课程的实施能力方面投入不足。在对教师对《学校民族团结教育指导纲要(试行)》内容了解程度的调查中,仅有 5 名教师选择"非常了解",却有 57.75%的教师选择"不了解",32.09%的教师选择"一点都不了解"。

表 5–1　教师对《学校民族团结教育指导纲要(试行)》内容的了解程度

分组	您了解《学校民族团结教育指导纲要(试行)》的内容吗?									
	非常了解		了解		不确定		不了解		一点都不了解	
	人数	百分比	人数	百分比	人数	百分比	人数	百分比	人数	百分比
整体	5	2.67%	13	6.95%	1	0.53%	108	57.75%	60	32.09%

在对教师获取民族团结知识的最主要渠道的调查中，44.92%的教师选择了"学生时代的知识"，8.56%的教师选择了"师资培训"，37.43%的教师选择了"学校政治学习"，28.88%的教师选择了"电视、网络媒体"，54.54%的教师选择了"自学"途径，还有25.67%的教师选择了"生活感悟"。由此可见，由学校提供的培训选项"学校政治学习"和"师资培训"两种途径给予教师的帮助极其有限。

表 5-2　教师获取民族团结知识的渠道调查

分组	您获得民族团结知识的最主要渠道有哪些？（选2项）					
	学生时代的知识	师资培训	学校政治学习	电视、网络等媒体	自学	生活感悟
小学	48.15%	7.41%	37.04%	25.93%	51.85%	29.63%
初中	44.71%	8.24%	38.82%	27.06%	52.94%	28.24%
高中	44.00%	9.33%	36.00%	32.00%	57.33%	21.33%
整体	44.92%	8.56%	37.43%	28.88%	54.54%	25.67%

3. 课程资源不足。 "巧妇难为无米之炊"，"我们除了手里的那本教材，没有别的资料，像别的课程都会有教师用书，但是民族团结没有，网上的资料鱼龙混杂，我们一方面没有精力去搜集，另一方面毕竟非官方的，也怕用出问题"（A-ZZ-1）。学校为教师提供必要的学习资料，教学资料等课程资源才能确保教师在课程实施过程中有效组织资源，顺利实施课程。92.3%的教师认为民族团结教育资源的匮乏使自己难以实施课程。过去的民族团结教育专项课程提供给老师的仅仅是一本教材，当前甚至教材都无法提供。课程资源的极度匮乏，使教师有效实施课程困难重重。

三、教师因素对民族团结教育课程实施的影响

所有的课程实施影响因素研究都将教师的因素列在其中，足见教师在课程实施中的核心作用。不论哪一种课程实施因素都必须通过教师这个因素发

挥作用[1]。

(一) 教师的参与和态度

课程实施的必要前提，是教师自觉地以课程方案为依据，设计教学活动，确定教学策略，通过把课程的实施直接作为课程的一部分，让教师始终参与课程方案的拟定，就可以增强这种自觉性。换言之，如果实用课程的教师参与了课程方案的设计工作，就能促进课程的实施[2]。如果教师认为课程是上级部门制定和决定的，他们只是被动的承担者与执行者，且实施成败与他们关系不大，他们就会以冷漠的态度面对课程[3]。

民族团结教育课程的方案采取了自上而下的方式，57.75%的教师对《学校民族团结教育指导纲要（试行）》不了解，更勿奢谈课程方案对教师的帮助和指导，以及教师主动积极地实施课程方案。在民族团结教育专项课程的教材编制上，各省级部门组织专业力量编制，从编者的身份来看多属于长期工作在高校和理论研究部门的专家，对中小学实践的了解不够，编制的教材"专业性强"，实践性不足，得不到中小学教师的认可。

从学校民族团结教育课程的整体设计来看，课程的设计和方案的制定往往是德育处这一职能部门负责，"我们主要是执行上级的文件要求（H—dyzr-1）""我们会按照文件要求起草计划（C-dyzr-1）"，而德育处对民族团结教育课程的设计往往以应付检查的"务虚"标准，重视资料的留存和活动的"特色"，教师包括班主任在学校层面的课程设计上难有参与的机会。这种"要求的课程"，而非主动积极地参与的课程，使得教师在实施课程中积极性不高。

94.1%的教师认为民族团结教育非常重要，79.45%的教师"非常赞同"自己有开展民族团结教育的责任和义务，而31.4%的教师和24.7%的教师认

---

[1] 汪霞.课程实施：一个值得关注的问题[J].教育科学研究,2003,(3):5-8.
[2] 钟启泉,汪霞,王文静. 课程与教学论[M].上海:华东师大出版社,2008:173.
[3] 靳玉乐.国家精品课程系列教材·课程论[M].北京:人民教育出版社,2012:386.

为学校民族团结教育课程实际实施效果"一般"和"不太好"。教师对民族团结教育课程重要性的高度认知,与对课程的不认同形成了巨大的反差,其根本原因是教师在课程设计过程中的"参与"不足,忽视了教师的感受与意见。教师对课程的不认同必然导致课程实施过程中的消极应对。

(二) 教师的课程决策

在课程实施的过程中,教师不是一个被动的执行者,而应该是一个主动的决策者,面对与课程有关的问题,他们需要依据不同的情况作出相应的专业判断[①]。

民族团结教育专项课程实际是由学校政治学科教师承担的,如前所述,政治教师在进行课程决策时,受到本身承担的政治学科课程教学任务的影响,并未落实专项课程的课时,而是将专项课程放置在考试前夕,以"划重点"的方式实施课程。这一决策源于对"评价方式"的功利回应,同时也体现出对专项课程的不认同。

融于学科教学的民族团结教育课程在实际运作中,教师往往抓不住民族团结教育课程的教育契机,对于蕴含丰富民族团结教育元素的课堂,在做出课程决策时选择"忠实取向"的课程实施取向。这源自教师一方面缺乏民族团结教育的能力,另一方面受到本学科课程任务的"重压"影响,将民族团结教育作为"弹性"的,"可做可不做"的教育内容,而学科课程的教学任务对自己具有"刚性"的要求。

融于活动课程的民族团结教育课程实施,重形式轻内涵,实施效果不佳。组织活动课程的教师以"得过且过"的实施取向应对活动任务,以"我做了"的留痕方式实施活动课程。一方面由于教师没有参与活动课程的设计,将课程当作任务去完成,缺乏主动参与主动钻研的热情,另一方面往往对课程本身不认同,"活动太频繁了,每个活动都要留资料(F-BZR-8)"。

基于上述原因,民族团结教育课程在教师作出课程决策时往往不能作出

---

① 钟启泉,汪霞,王文静. 课程与教学论[M].上海:华东师大出版社,2008:172.

正确的、"理想"的决策，反映出民族团结教育课程从课程设计、组织管理、课程评价等多方面存在的诸多不合理，导致课程实施主体消极应对课程。

(三) 教师的能力

教师的个人背景、智力水平、知识才能存在差异，这使得不同的教师在实施同一个课程方案过程中存在一定的差别[①]。

1. 民族团结教育知识的欠缺

民族团结教育课程是一项复杂的课程，课程知识内容涵盖多个领域，既需要掌握民族知识、民族政策知识、政治知识还需要教师个人具有一定的技术技巧。绝大部分专业学科取向的教师很难在知识结构上获得如此宽泛的知识积淀，对民族问题的认识也与教师个人的成长环境、生活境遇有很大关系，在缺乏专业培训的情况下，仅靠教师现有的知识能力实施理想的民族团结教育课程是非常不现实的。长期以来，我国基础教育的课程设置以分科课程为主，在这样的师资需求导向之下，师范教育和教师继续教育都按照分科培养的方式来供给教师人才。这样的教师在学科专业上具有较高的学业成就和知识储备，保证了所任学科的专业性发展。但是同样也导致教师的知识面相对比较狭窄，缺乏对学科以外知识的涉猎。面对民族团结教育的需要，每名教师秉持不同的价值观和教育观，自学或通过培训获取民族知识的自我要求不同，客观上导致了教师民族团结意识良莠不齐，民族团结知识掌握不够广泛，在教育教学中缺乏足够的驾驭能力。

在"您具备实施民族团结教育所需要的完备知识"的调查中显示，只有5.88%的教师选择"非常赞同"，17.65%的教师选择"赞同"，高达51.34%的教师选择"不确定"，17.65%的教师选择"不赞同"，另有7.49%的教师选择"非常不赞同"。可见，教师对自己所具备的民族团结知识不够自信。对比各组数据可以发现，从小学到高中，教师的自信程度逐渐减退。少数民族相比汉族教师呈现出更多的自信，但这也许限于少数民族教师对本民族的更多了

---

① 钟启泉,汪霞,王文静. 课程与教学论[M].上海:华东师大出版社,2008:172.

解,若谈对更多民族的了解程度,恐怕情形亦不容乐观。

表 5-3 教师对自己是否具备民族团结教育所需知识的看法

分组	您认为自己具备了实施民族团结教育所需要的完备知识									
	非常赞同		赞同		不确定		不赞同		非常不赞同	
	人数	百分比	人数	百分比	人数	百分比	人数	百分比	人数	百分比
小学	2	7.41%	7	25.93%	13	48.15%	3	11.11%	2	7.41%
初中	6	7.06%	14	16.47%	45	52.94%	11	12.94%	9	10.59%
高中	3	4%	12	16%	38	50.67%	19	25.33%	3	4%
汉族	2	1.96%	5	4.9%	65	63.73%	18	17.65%	12	11.76%
少数民族	9	10.596%	28	32.94%	31	36.47%	15	17.65%	2	2.35%
整体	11	5.88%	33	17.65%	96	51.34%	33	17.65%	14	7.49%

2. 民族团结教育实践能力不足

教师知识包括理论性知识和实践性知识[1],教师实践能力建立在教师丰备的理论知识和实践性知识的基础之上。教师实践性知识和实践能力与教师的个人成长经历、个人实践中经验的积累、领悟,以及同行之间的交流与合作,也来自于对"理论性知识"的理解、运用和扩展[2]。民族团结教育的对象复杂多变,民族团结教育的实践情景复杂多变,对教师的实践能力提出了更高的要求。

ZZ-E-8:说实话,我对他们的民族习惯了解不多,而恰恰孩子们在有些方面还比较敏感,所以涉及民族问题的时候特别谨慎。

ZZ-F-3:我们手里只有民族团结教材,你不能光是就教材讲教材,但是该怎么合理地讲,讲得正确还要让学生喜欢,我们心里也没谱……

---

[1] 陈向明.实践性知识:教师专业发展的知识基础[J].北京大学教育评论,2003,(1):106.
[2] 刘旭东,吴银银.我国教师实践性知识研究十年:回顾与反思[J].教师教育研究,2011,23(3):17-24.

BZR-E-5：我们班民族成分还比较复杂，说实话，我对一些民族心理、民族习惯了解不多，要说深入孩子内心去做教育工作，我还是不自信，所以在班级管理中，最简单最正确的做法就是要求所有学生放下民族身份，让每个孩子都一样……

上述三位教师的说法代表了绝大部分老师的心态，ZZ-E-8 老师意识到自己对民族知识的欠缺，也发现学生在民族心理上的敏感性，"谨慎"对待，其实也就是能不涉及就不涉及。ZZ-F-3 老师是承担民族团结教育专项课程教学的政治教师，她坦言自己缺乏实践的自信，同时也谨慎地提到了"政治敏感"，于是绝大部分政治教师出于相同的心态，将课程搁置，以划重点的形式教授，既省力，也从学生取得考试成绩的角度完成了自己的教学任务。BZR-E-5 是一名有着 10 年班主任龄的骨干班主任，她坦言自己缺乏对民族知识的深层认知，在这种窘态下，选择"正面的宣传教育"和无差别化的集体教育是最明智的选择。

四、环境因素对民族团结教育课程实施的影响

学校是社会大背景下的一个小区域，学校教育活动不可避免地受到社会环境的影响，课程实施主体——教师和儿童也是社会人，他们实施课程和接受课程的方式、程度都受到社会环境的影响。民族团结教育课程作为国家规定列入地方课程的专项课程，必然受到"地方"社会特质的影响，同时课程运行中，地方以及教育行政部门的政策、运行机制、培训机构、课程评价等都对课程实施发生着作用，产生不可估量的影响。

（一）地方行政的影响

我国的中小学校都隶属于一定的管理部门，在科层化社会系统中，有若干部门对学校进行管理。从教育行业上来说，上级教育行政部门，教研部门对学校的教育教学工作进行调控和管理、指导。从学校的地域属性来说，当地的政府部门、街道、社区在精神文明、民族团结、综合治理等方面实施地

域管辖权。因此，学校的民族团结教育工作实际上受到若干部门的纵向、横向管理。如，研究场域中的"民族团结一家亲"工作从自治区开始自上而下全覆盖开展，作为政府行为刚性要求学校完成"规定动作"。"民族团结示范市"的创建自上而下，分政府行政部门、教育行政部门两条主线逐级落实，政府行政部门的基层——街道、社区对学校行使地域管辖权，教育行政部门对学校行使行政隶属管辖权。这使得学校在接受管理指令上接收到若干条"指令""指导"，这些"指令"和"指导"一定程度上促进了学校对民族团结教育工作的重视，也在地方区域形成较为浓厚的民族团结教育氛围，但有时不恰当的行政指令也会影响学校的教育决策，甚至有时出现"疲于应付"的现象。

（二）社会环境的影响

课程是一种社会现象，课程的运行、受教育群体的生活环境都不可避免地对课程实施产生影响。学校并不是独立于社会的象牙塔，每名学生不是一张白纸，他来到学校本身就携带了家庭、社会给予学生的前认知，这些因素从方方面面对课程实施过程、受教育者的身心产生着复杂的影响。

1. 区域之间发展不均衡不充分。我国是一个地域辽阔的多民族国家，新疆是一个多民族大杂居小聚居的地区。区域之间政治、经济、文化发展不平衡、学校之间发展不均衡、民族之间发展不均衡等问题客观存在，使民族团结教育课程实施具有艰巨性、复杂性和长期性，不同区域，不同学校在生源、办学质量、办学声誉、学生民族等方面的不均衡导致各校开展民族团结重点不同，取得的效果也不尽相同。

2. 社会民族团结氛围。社会民族团结氛围作为一种社会风气，不可避免地影响每一个社会人对社会的认知、对事物的认知以及行为规范。尤其是近年来，国际社会中的别有用心的国家通过三股势力、极端宗教等各种方式，蓄意挑起民族矛盾来制造国家发展障碍，甚至蓄意分裂国家，而且这种阴谋还有向学校渗透的趋势。在研究场域中，社会风气在近几年发生了极大的变化，2009年产生的影响逐步消除，从舆论宣传到民间民族团结态度都发生了积极的转变，客观上营造了浓厚的民族团结氛围，为学校民族团结教育课程的实施营造了良好的社会环境。

3. 家庭背景。父母是儿童的第一任教师，每个家庭的家庭文化，父母所持的民族观、国家观、文化观以及人生观、价值观都对青少年儿童产生着巨大的影响。调研中，多位教师提到，来自聚居区的儿童具有较强的民族感情，在交往中包容性不足，交往圈子容易封闭。来自嵌入式社区的孩子不论从交往态度还是文化认知上更加包容，更加积极。孩子的父母所持的民族团结态度，文化包容态度都在极大地影响着学生的民族团结意识。

4. 社会支持。作为一门要加入学校课程体系的课程，需要教育行政部门和教育科研部门给予课程政策、课程资源、专业指导、教师培训、评价引领等各方面的支持。学校的机构建制、师资配备、课程设置是多年积淀形成的，从师资引入、工作量计算、职称评审、考核评价各方面都已经形成完整的体系，要加入一门新的课程需要行政力量介入，一方面通过科层化的课程领导权将课程纳入体系，另一方面为课程运行提供必要的专业支持。但在调研场域中，民族团结教育课程获得的课程支持远远不够。专题课程编制了教材，但教材没有配套的教师用书，下发后没有配套的保证运行机制，专业化指导、师资培训没有跟进。活动课程的指导多管齐下，缺乏整体规划，学校疲于应付。课程评价片面，更多的是各种验收和创建，缺乏科学稳定长效的评价体系。在研究场域中课程评价一方面是各种检查验收，另一方面是将民族团结纳入中考和学考范围，通过考试评价课程实施情况。课程资源稀少，缺乏能够与课程实施相对接的课程资源库，教师备课面临自身知识体系不足，专业指导不够等诸多困难。

5. 社会价值观导向

（1）应试教育导向。教育从诞生的逻辑起点上就是源于社会需要，这必然导致教育因其被需要而产生，也因社会不同的需要而进行不断的调适和回应。我国长期处于社会主义初级阶段的基本国情，导致了社会发展不充分不均衡的矛盾，也因此形成了对社会资源的竞争，延伸到教育对社会分层功能的体现，形成了社会对学校教育品质的非理性扭曲追求——应试教育取向和唯分数论。

应试教育取向成为社会评判学校办学质量的标准，影响了学校对教师的评判标准和学校内部资源的倾向性。这直接导致了民族团结教育课程不受重视的学科地位，以及学校管理者对民族团结教育课程出于本能的忽视和次级追求。

(2) 行政部门的扭曲政绩观

民族团结被作为国家战略，是从国家最高利益角度出发产生的需要。当民族团结被作为政治需要自上而下提出要求，行政部门扭曲的政绩观不时浮现。从前文介绍的民族团结教育的行政环境可见，各级行政部门不可谓不重视民族团结教育课程，但如何重视？

地方行政部门出台一系列指导意见，学校作为行政部门的最基础实施单位，每年接到指导民族团结工作的文件几十份，件件需要落实，件件需要报材料，必然导致学校应付性地大搞形式大于内容的各类"活动"。

教育行政部门扭曲的政绩观一方面体现在对民族团结教育的"高度重视"，层层成立"领导小组"，频频发文，频频指导，频频检查验收督导。另一方面体现在对民族团结教育课程的"不重视"，资源投入不足，没有主动作为地筹建民族团结教育资源库，没有主动作为地开展师资培训，没有主动提供必要的课程支持。

第六章　民族团结教育课程的本体探源与价值追求

课程本体论对课程理论发展、课程设计、课程决策、课程实施、课程评价、课程变革都有非常重要的作用。从课程本体论的角度考察课程，探究、思索课程何以存在，有助于为我们认识课程提供哲学信念，探寻课程的本真世界，并以此为尺度来衡量和批判课程现实世界，使课程现实世界的发展更趋向于课程的本体世界，防止课程走向歧途和被异化。[①]

民族团结教育课程作为一门课程，以课程形态呈现于人们视野始于 2008 年《学校民族团结教育课程指导纲要（试行）》的颁布，但民族团结实践和民族团结教育之于我国的发展历程，却有着更久远的历史，因此，尽管民族团结教育课程尚未以显性课程形式进入研究视野，但民族团结教育的需要早已存在。自古至今，我国各民族以民族团结为导向，荣辱与共，守望相助，融凝发展，方成就今天中华民族多元一体格局。《纲要》颁布十余年来，课程的发展并不尽如人意，这当中存在多方面的原因，但从根本上说都在于对课程本源和本质认识上的偏差，导致课程本体的偏离[②]。要对这些原因进行深入的分析和研究，还需要我们拨开现实课程的重重迷雾，从课程本体的源头开始梳理，厘清课程何以生成和存在，课程存在的价值追求是什么，课程发展是否还保持在课程本真追求的方向上，以期从课程本源到发展有一个全面的

---

① 傅敏.课程本体论：概念、意义与构建[J].西北师大学报(社会科学版),2004,(3):96-99.
② 郭思乐.课程本体：从符号研究回归符号实践[J].教育研究,2003,(7):72-78.

认识。

一、民族团结教育课程的本体探源

在大多数西方学者眼中,"民族团结教育"或"民族团结"这样的词汇属于政治词汇,带着强烈的政治色彩[①]。在西方国家,尤其是宣扬个人主义和所谓"自由民族"的国家是不常见的。[②]但是不可否认的是,不论是标榜单一民族的国家还是多民族国家,亦不论联邦制还是共和制国家,都在试图通过教育来培养不同社会群体对国家的认同,通过教育来维护国家整体的团结和利益。对于以多元一体格局为基本国情的中国,民族团结既牵涉国家安全和国家最高利益,也关涉全体国民的共同利益;既是国家民族建设的需要,也是个体公民社会化的需要。民族团结教育课程之于我国,有其历史发展的必然性,也有其独特的现实意义,把握课程生成的理路以及课程的价值追求,还须从民族团结历史的渊源中去探寻多元融凝一体的历史进程,以及不同时期民族团结思想的发展,从而通过对历史脉络的把握,透析民族团结教育课程的生成和发展。

(一) 民族团结思想的历史回溯

社会思想的形成不是一蹴而就的,费孝通先生提出的"中华民族多元一体格局理论"阐明,中华民族从"自在"到"自觉"的建构过程经历了漫长的历史积淀。历史积淀的过程既是中华民族融凝为一体的过程,也是中华民族这一民族实体凝聚思想的发展过程。

1. 中国古代"天下一统"的民族团结思想探源

在近代以前,中华民族的民族团结思想是在传统的"天下"范围内的"华夏"与"四夷"的多元互动中逐步形成的。我国古代的社会思想以儒家传

---

① 刘子云.民族团结教育实践模式研究[D].北京:中央民族大学,2015.
② 严庆.中国民族团结的意涵演化及特色[J].民族研究,2019,(1):24-34,138-139.

统为主，儒家传统中的"天下观"和"华夷之辨"左右了古代史上对国民的民族团结教育。从我国上古华夏族形成直至近代，"华夷"秩序主导了中国古代的民族互动进程。费孝通先生界定的中华民族家园是"华夷"秩序的空间坐标，中华民族之家园坐落于亚洲东部，西起帕米尔高原，东到太平洋西岸诸岛，北有广漠，东南是海，西南是山的广阔大陆，这片大陆因有自然屏障，形成独立的地理单元。这片地区即被历朝历代称为"天下"，又因为四面环海而成为"四海之内"。[①]在这片自成体系的独立地理单元内，孕育了华夏上下五千年的文明。几千年以来，以中原王朝为核心的"华夏"与"四夷"你来我往，互动不断，有争斗有融合，形成了你中有我，我中有你的中华大家庭。在古代的这个大家庭中，不论是谁入主中原，都会努力地维持着这块国土上的独特的"华夷秩序"，不断实践着"天下一统"的古代帝王梦想。

古代的"华夷秩序"有着一脉相传的思想基础，那就是一以贯之的华夷一统思想。即不论是华夏还是四夷均属于一个共同体。这一思想在我国多民族国家的形成、巩固和发展中都起到了积极的作用。"华夷一统"的大一统思想自夏商时期萌芽，武丁时期"邦畿千里，维民所止，肇域彼四海"，说明武丁当时就有一统华夷而为"天下王"的想法。西周时期"夫先王之治，邦内甸服，邦外侯服，侯卫宾服，蛮夷要服，戎狄荒服"，建立了以"五服"为框架的分封制度，虽划分华夷内外之辨，但不否认华夷一体。[②]春秋战国成为民族剧烈冲突、融合的一个重要时期，形成了"南夷与北狄交争，中国不绝若线"的局面。在封建思想家眼里"溥天之下莫非王土，率土之滨莫非王臣"，"中天下而立，定四海之民"成为封建帝王的理想。在方法上，"远人不服，则修文德以来之"，"言忠义，行笃敬，虽蛮貊之邦行矣。言不忠信，行不笃敬，虽州里行乎哉"，提倡"施仁政，行信义"，以实现统一。

自秦始皇统一六国，以"书同文、行同伦、车同轨"的政策倡导华夏一统开始，中国古代的思想家通过教育、取士等方式，将建成政治统一、华夷

---

① 费孝通.中华民族的多元一体格局[J].北京大学学报(哲学社会科学版),1989,(4):3-21.
② 黄纯艳.论华夷一统思想的形成[J].思想战线,1995,(2):45-50.

一统的多民族多文化国家作为培养士大夫的理想追求。秦的统一"西涉流沙，南尽北户，东越海表，北过大夏"，将南越、西南夷、西戎等民族并入中央王朝，汉武帝时"罢黜百家，独尊儒术"实现了思想的统一。秦汉时期华夷一统思想既有现实基础，也有丰富的理论依据，为我国成为统一的多民族国家奠定了坚实的基础。

自秦汉以降，古代中国的各王朝都在努力经营"华夷"秩序，几千年一以贯之。其思想核心以儒家的"一"与"和"为核心。所谓"一"就是皇帝，在他之下，"万国来朝进宫，仰贺圣明主，一统华夷""四夷率土归王命""万邦千国皆归正，现帝庭""万方仰圣君，大一统，抚万民"，即要天下均归心于统一的代表——皇帝。在臣服、承认一统的前提下，"和"为贵。①在"一"受到挑战时，以战求和。千百年来，中华大地朝代更替，有汉民族雄霸天下，亦有少数民族入主中原，但不论是哪一个民族主宰中央政权，都始终坚持华夏大地一统的格局。清朝时期，雍正针对视满人为夷狄的观点，针锋相对地说："自古中国一统之世，幅员不能广远，其中有不向化者，则斥之为夷狄……是以有此疆彼界之分。自我朝入主中土，君临天下，并蒙古极边诸部落俱归版图，是中国之疆土开拓广远，乃中国臣民之大幸，何得尚有华夷中外之分论哉！"。雍正以"一统天下"为己任，以开疆拓土为荣耀，以中国之主自居，正是封建君主以天下为己任的代表。千百年来，就是在这样"一统"的思想下，"战"与"和"相间，形成了中华民族你中有我，我中有你的千年融合历史。

2. 近代融凝"中华民族"的思想变迁

（1）清朝晚期的民族主义启蒙思想

在古代，中华民族形成"自在"的民族实体，这一民族实体包含华夏民族及四夷等少数民族同胞，以华夷互动的形式发生着彼此之间的包容共存和相互融合。近代遭受列强侵略之后，中华各族开始自觉为中华民族。②从

---

① 何芳川."华夷秩序"论[J].北京大学学报(哲学社会科学版),1998,(6):30-45.
② 费孝通.中华民族的多元一体格局[J].北京大学学报(哲学社会科学版),1989,(4):3-21.

1840年至1949年中华人民共和国成立的百年，是中华民族从自在的"天下大同""华夷一体"传统民族主义转变到"中华民族"近代民族主义的剧变百年思想史。在这个民族自觉过程中，梁启超、孙中山、顾颉刚、费孝通是四个里程碑式的人物，他们的民族思想映射出当时的历史时空下社会思想演变的理路。

自1840年鸦片战争以后，中国社会面临着"三千年未有之大变局"的双重文化危机和政治危机，传统封建王朝遭到西方民族国家的空前挑战。梁启超说"中国""自古一统，环列皆小蛮夷，无有文物，无有政体，不成其为国，吾民亦不以平等之国视之，故吾中国数千年来，常处于独立之势，吾民之称禹域也，谓之为天下，而不谓之为国，既无国矣，何爱之可云?"这一描述深切阐明了在近代以前，"中国"这个天朝大国的天下观，认为世界即天下，天下即中国，"中国"之称并非古代国人自称，而是外来的名称，因以天下为己任，天下为己家，所以自夏商周秦汉，以及唐宋元明清等都是以朝代名称自称，从来不叫国家的名称，说明在近代以前，国人"国家"观念的欠缺。甲午战争的失败让中国人深切认识到自己的积弱，几千年来认为"中华居中"，四方皆蛮夷的中华文明遭受前所未有的重大挑战。"民族""国家"的双重观念开始急剧发生变化。

1898年戊戌变法之前，梁启超的民族思想受康有为托古改制的影响，想要通过变法实现"天下大同"的理想，其思想还处于"天下大同"的传统民族主义阶段。[1]在戊戌变法宣告失败之后，梁启超流亡日本，甲午战争的溃败和马关条约签订，宣告传统天下主义的瓦解。[2]在通过日本接触到西方民族主义理论后，梁启超开始转而攻击天下主义，走向近代民族主义[3]。1903年梁启超旅美，目睹现代工业催生下的帝国主义可怕的发展能力，再一次深深感受到国家前途和命运的压力，开始力求促成国家民族主义。[4]梁启超作为封建

---

[1] 韩永静.清末梁启超民族思想的演变[J].兰台世界,2012,(31):61-62.
[2] (美)约瑟夫·阿·勒文森. 梁启超与中国近代思想[M].成都:四川人民出版社,1986.22
[3] 梁启超.饮冰室合集[M].中华书局.1989.454-456.
[4] 朱其永.晚清时期梁启超民族主义思想的演进[J].山西师大学报(社会科学版),2014,41(4):118-122.

王朝末期的先进分子，首先幻想通过改良维持皇权，同时抵御外来侵略。在变法失败，屡次战败，列强入侵，丧权辱国的不平等条约不断签订的危机中逐步觉醒，其民族思想从天下主义逐步转变到自由民族主义再转变到国家民族主义，奔走呼号摒弃族间隔阂，建立国族，以团结一致抵御外侮。

(2) 民国时期"中华民族是一个"的思想

① "五族共和"思想

辛亥革命前期，革命党开始酝酿"五族共和"思想。革命党内部形成了伍廷芳、张謇、汤寿潜、杨度等为代表的立宪派和以黄兴、刘揆一等为代表的"五族共和"派。立宪派的杨度1907年发表《金铁主义说》，主张"五族同一"，号召"君主立宪"。共和派的刘揆一1908年在《民报》刊登《仇一姓不仇一族论》，号召推倒爱新觉罗皇室专制统治，建立共和民国。1911年日本同盟会在日本散发《提倡汉满蒙回藏民党会意见书》，系统阐述了"五族共和"思想。这一意见书主要表达了几方面号召：一是，面临国家危亡局势，只有联合五族实行革命，推翻满族皇室政府，建立"共和"，达成民族团结，挽救中国被瓜分的局势；二是中国各民族必须团结一致，共同保护赖以生存的领土，同时指出蒙、回、藏与满洲是中原屏藩，失其一中华土地都不会完整。其三，为了实现前述目标，必须组织各族进步人士组成"汉满蒙回藏民党会"。在辛亥革命前后，革命党内部的"五族共和"论经历了由主张"武装倒清"到希望通过逼清帝退位达到"和平转换"的演变。在革命党的推动下，通过多方政治沟通与谈判，通过"南北议和"最终达成了清帝退位、改国家政体为共和民国的目的。

1912年即民国元年元旦，孙中山在《中华民国临时大总统宣言书》中郑重宣告："合汉蒙回满藏诸地为一国，合汉蒙回满藏诸族为一人"号召民族统一。在《中华民国临时约法》中明确"中华民国人民一律平等，无种族、阶级、宗教之区别"。

② "中华民族是一个"思想

1939年2月13日，顾颉刚在《益世报·边疆（周刊）》第九期发表了《中华民族是一个》，提出不应再有国内各民族之分，只有一个中华民族的主张,引发国内一场"关于民族问题的讨论"。文章见报之后,支持者众多,也不乏批评反对之声。1939年4月9日,刚从英国学习西方人类学回国不久的费孝通先生给顾颉刚先生去函讨论"民族"问题。① 这是近代史上,在中华民族处于水深火热之际,代表不同立场的两位学者之间的一场关于中华民族的对话。

顾颉刚是我国实证主义史学的领军人物,但在1922年至1939年期间,国内形势风云突变,顾颉刚出于"时代的压迫和环境的引导",在1922年、1925年、1931年、1933年、1937年目睹"9·18事变"、察哈尔德王民族自决论等一系列历史事件刺激下,将注意力转移到"民族",先后多次就民族问题发声。1937年7月,顾颉刚被列为"抗日分子",为躲避日本人迫害,经绥远辗转到南京,后为考察教育赴西北,目睹陕、甘、青、宁地区回汉民族之间相互隔阂的状况,深切认识到"种族之间原无问题,不过被这个新传入的带有巫术性的'民族'二字诱惑煽动",这是顾颉刚先生第五次对"民族"问题进行关注,也是印象最深切的一次。故顾颉刚先生在旅行途中,车厢之中,马背之上,形成了"中华民族是一个"的理论,1939年2月9日,顾颉刚先生不顾身体虚弱,扶杖到书桌前撰写了"中华民族是一个"②

顾颉刚老先生提出"中华民族是一个"的疾呼,是在抗战中后期民族危机的水深火热历史背景下,有识之士心忧在外敌利用下借"民族自决"而分裂,急切想否认包括汉族在内的所有子民族的"民族"身份区别,以实现团结抗战和一体凝聚的那样一种"中华民族"整体认同,在当时成为重要的思想潮流。③

3. 现代民族平等为基础的民族团结思想

(1) 新中国成立前期各民族平等及民族区域自治思想的形成

---

① 马戎.如何认识"民族"和"中华民族"——回顾1939年关于"中华民族是一个"的讨论[J].中南民族大学学报(人文社会科学版),2012,32(5):1-12.
② 顾颉刚.我为什么写"中华民族是一个".载于马戎.中华民族是一个[M].北京:社会科学出版社. 2016.
③ 马戎."中华民族是一个":围绕1939年这一议题的大讨论[M].北京:社会科学文献出版社. 2016:124-129.

中国共产党成立初期，党的民族理论和民族思想主要受到共产国际，特别是苏联的民族思想影响。在1923年中国共产党第三次代表大会通过的《中国共产党党纲草案》中曾有"民族自决"的提法，直至1945年中国共产党第七次全国代表大会，中国共产党解决国内民族问题的基本主张仍然是要追求在"民族自决"的基础上建立多民族"联邦共和国"，其中包括了民族自治、联邦制和民族自决等主张①。随着革命进程的发展，毛泽东的民族思想逐步走向成熟，在1938年10月，毛泽东在《论新阶段》一文中首次提出了民族平等和民族区域自治的想法，这是毛泽东思想解决国内民族问题的基本主张，也为中国共产党确定民族区域自治奠定了思想基础。1941年《陕甘宁边区施政纲领》提出蒙古族、回族和汉族一样拥有政治经济文化等平等权，建立蒙回民族自治区的决定，进一步明确了实行民族区域自治的思路。1946年2月，中共中央明确指提出，内蒙古依据民族平等原则实行自治，但不应提出独立自决口号。内蒙古成功的自治实践，为其他民族自治区的建立提供了理论支撑和可供借鉴的成熟模式。1947年5月1日我国第一个省级自治区——内蒙古自治区成立，标志着民族区域自治成为中国共产党解决国内民族问题的基本途径。②

(2) 新中国成立后的民族识别与民族区域自治

近代中国是中华民族的屈辱史，也是中华民族的觉醒史。1840年至1949年的百余年是中国历史上最复杂最动荡的年代。鸦片战争以后，中国陷入列强侵略、割地赔款、极尽屈辱的恶性循环。几千年以来以"天下"中心自居、俯视"蛮夷"的中华文明与西方完全不同的"丛林法则"文明相遇，"天下帝国"竟不堪一击。中国以辛亥革命终结封建王朝，但从此也打开了中国社会的"潘多拉的盒子"，各种矛盾空前错综复杂，并以各种形式迸发出来。直到1949年中华人民共和国成立，中国共产党以强有力的统治力量压制了各种势力的反扑，才使得中国整体上趋于安静。

---

① 丁咚.中国共产党的民族理论与政策研究(1978-2009)[D].天津:南开大学,2012.
② 丁咚.中国共产党的民族理论与政策研究(1978-2009)[D].天津:南开大学,2012.

中国大地上的民族识别源于新疆,时任新疆省主席的盛世才模仿苏联的民族识别模式,对生活在新疆的各民族进行了民族识别,当时识别了14个民族,新中国成立后也基本保持了这些民族,只有两个民族进行了修正,一个是将"归化族"划归"俄罗斯族",另一个是将北疆的"塔兰奇"归并到"维吾尔族"。

中国共产党的民族政策经历了一个刻板地引入马克思主义,照搬苏联模式到与中国实际国情相结合的认识过程,在中国共产党成立早期曾经一度引用"苏联老大哥"模式,强调民族自决,去留随意的阶段,在中共七大以后,中国共产党认识到中国民族从历史到现实与苏联的本质区别,针对中国少数民族仅占6%,而苏联非俄罗斯人口占总人口的47%的现实区别,创造性地提出了民族区域自治基本国策,一方面继承马克思主义民族平等的思想,另一方面在确保中国领土完整的前提下实施民族区域自治,实现充分调动民族积极性的创举。1954年颁布的《中华人民共和国宪法》,将民族区域自治制度以法律的形式确定为中国的基本政治制度。任何一项政策的出台,都必须在当时的历史时空下去考量,民族区域自治制度是对马克思主义民族政策的传承,是在中国特定的历史时空下做出的正确的抉择。

(3) 费孝通"中华民族多元一体格局"理论的形成

费孝通老先生曾在1939年前后,为"中华民族是一个"的观点,与顾颉刚老先生进行过学术上的争鸣,其时费老作为西方人类学的奠基者之一——马林洛夫斯基的嫡传弟子,秉持人类学学术视角中华各民族存在客观差异性的观点,其后,当顾颉刚老先生回复费孝通先生进行讨论,在争鸣过程中费孝通老先生渐渐理解了顾颉刚老先生的政治意图,因当时的政治环境,继续争鸣可能会导致不良的社会后果,以费孝通老先生率先退出争鸣而将此争论暂告一段落。但是对"民族"一词引入中国后,中华各"民族"与中华民族建立"民族"国家后形成的,"中华民族"之"民族"与构成中华民族的56个"民族"之间的逻辑关系问题,费孝通老先生并未停止过思考。在经历诸多磨难,经历中华大地天翻地覆的变化之后,费老先生"中华民族多元一体格局"理论逐步形成轮廓。

费孝通老先生1988年在香港中文大学"泰纳演讲会"上发表了"中华民族多元一体格局"的重要演说。这一理论是费孝通先生从当代中国各民族关系现状和大局的角度来探讨和建构中国各民族相处和联系的历史过程,为如何理解现实中国国内各民族的关系和互动提供了一个极富创见的结构图。

费孝通先生认为,"中华民族"这个词指现在中国疆域里具有民族认同的十几亿人民。中华民族生存的空间在亚洲东部,西起帕米尔高原,东到太平洋西岸诸岛,北有广漠,东南是海,西南是山的广阔大陆。古称天下,又称四海之内的这片地理上自成单元的土地一直是中华民族的生存空间。中华民族所包括的56各民族单位是多元,中华民族是一体,它们虽都称"民族",但层次不同。中华民族作为一个自觉的民族实体,是近百年来中国和西方列强对抗中出现的,但作为一个自在的实体,则是几千年的历史过程中所形成的。中华民族的主流是由许许多多分散孤立存在的民族单位,经过接触、混杂、联结和融合,同时也有分裂和消亡,形成一个你来我去,我来你去,我中有你,你中有我,而又各具个性的多元统一体。①

费孝通先生的"中华民族多元一体格局"理论从时间、空间和文化互动角度描绘了中华民族从新旧石器时代的多元起源,到融凝一体形成中华民族实体的历史图景,展望了中华民族一体包容多元,一体融凝多元,"各美其美,美美与共"的美好未来。"中华民族多元一体格局"理论提出了中华民族"多元起源"的历史性、"多元共存"的长期性,对认识民族团结教育的必要性具有深刻的启示意义。同时,费老首次对中华民族"多元"与"一体"的逻辑关系进行了论述,为民族团结教育从"多元"和谐共存到强化"一体"融凝,追求"各美其美,美美与共"的理想蓝图明确了追求目标,对民族团结教育课程中中华民族文化与多元文化如何理清逻辑关系指出了方向。在多地的民族团结教材中,有多个版本以《中华民族大家庭》来命名教材,均是以"多元一体"理论作为指导思想而设置内容逻辑的。

---

① 费孝通著.中华民族多元一体格局[M].北京:中央民族学院出版社,1989.134-138

(4) 习近平"中华民族共同体"理论

在"中华民族多元一体格局"理论诞生后,以此为理论根基,伴随着市场经济的发展,社会意识形态逐步多元化。在20世纪末21世纪初期,国家意识形态受到一定冲击。一是国家认同意识逐步弱化。改革开放以后,以经济建设为中心,在物质财富极大丰富的同时,对意识形态的重视不够,同时伴随着开放进程,西方自由主义思潮不断涌入,受西方多元文化主义思想的影响,在一段时间内过分强调"多元"而忽视强化"一体"。二是实行近百年的民族政策面临诸多困难。[1]新中国成立初期为强化和巩固统一战线,较重视少数民族群体的利益并给予较多政策扶持,为少数民族发展提供了较好的发展平台,然而随着享受民族政策的第二、三代成长,少数民族群体内部产生较明显的社会分层,民族政策的边际效应逐步递减,唯有投入更多的政策资源,才能达到与过去相持平的政策效果[2]。三是民族分裂势力崛起。由于新中国成立后乃至改革开放的过程中,国家处于和平发展时期,国家建设的重心逐步转向经济建设,民族危机意识逐渐削弱,中华民族整体意识弱化。受全球化民族主义浪潮的冲击,国内民族主义在局部有所抬头,在敌对势力的扶持和渗透下,一些民族分裂集团乘机发展并制造分裂破坏活动。意识形态领域问题在1989年达到极致,同时苏联的解体给了我党和全国人民沉重的警醒,如果任由这种趋势延续下去,将解构国家统一的社会基础,并影响民族力量的有效凝聚。在这样的背景下,21世纪初期产生了马戎教授"少数民族问题去政治化"和胡鞍钢、胡联合"第二代民族政策"的争鸣。

党的十八大以来,党中央从我国是统一的多民族国家的基本国情出发,明确强化"铸牢中华民族共同体意识"。从第二次新疆工作座谈会提出"牢固树立中华民族共同体意识"到中央民族工作会议提出"积极培养中华民族共同体意识",再到党的十九大提出"铸牢中华民族共同体意识",并将这一思想作为习近平新时代中国特色社会主义思想的重要内容写入党章,说明构筑

---

[1] 董楠.铸牢中华民族共同体意识的路径选择[J].北方民族大学学报(哲学社会科学版),2019,(2):5-11.

[2] 马戎.社会转型过程中的族群关系[M].北京:社会科学文献出版社.2016.83

"中华民族共同体"成为当前和今后一个时期的基本国策。

在党中央提出"建设各民族共有精神家园，积极培养中华民族共同体意识""铸牢中华民族共同体意识"之后，中华民族共同体成为学术界普遍关注的一个核心问题。中华民族共同体建设的提出反映了我国民族工作的重心从发展少数民族和民族地区经济转向意识形态上的"铸牢中华民族共同体意识"培育，凸显了民族问题治理的思路从片面强调物质生活提升到意识层面。中华民族共同体认同既是民族认同，也是国家认同，更是一种共同体认同。① "中华民族共同体理论"作为当代民族团结工作的指导思想，是对我国民族团结思想历史的传承、发展和时代阐释，标志着党和政府对我国民族团结工作的认识达到了新的高度。

（二）民族团结教育的嬗变

1. 中国古代的民族团结教育

儒家文化是中国古代封建王朝的官学正统，其教育思想是中国古代历朝历代社会思想的集中映射。儒家文化以施"仁政"为手段，以君君、臣臣、父父、子子、夫夫、妇妇为社会规范，以"天下大同"为其政治理想，将"和为贵""兼相爱"等充满团结、友爱的理念作为社会伦理规范和处世为人之道，代代相传，规约社会秩序。因此在国外学者看来，儒家文化往往被称为"儒教"，被当作一种"国家宗教"或"中国人的精神"，中华民族在几千年传承这一思想的过程中，塑造了共同的心理、情感和民族、国家认同。这也是中华民族历经几千年风雨，虽有飘摇的危机，但始终以强大的生命力、凝聚力屹立于世界民族之林的根本原因。

在中国古代教育中，儒家文化始终是官学、私学的主要内容。"大同"思想以上古时期就已经开始形成的华夏诸民族的认同作为起点，逐步成为中华民族族际沟通的精神桥梁。在儒家、道家等学派的著作中，始终把这一思

---

① 杨鹍飞. 中华民族共同体认同的理论与实践 [J]. 新疆师范大学学报（哲学社会科学版），2016,37(1):83-94.

想作为维系社会稳定的根本核心。如《论语·季氏将伐颛臾》中："丘也闻有国有家者，不患寡而患不均，不患贫而患不安。盖均无贫，和无寡，安无倾。夫如是，故远人不服，则修文德以来之。既来之，则安之。今由与求也，相夫子，远人不服而不能来也，邦分崩离析而不能守也；而谋动干戈于邦内。吾恐季孙之忧，不在颛臾，而在萧墙之内也。"这一经典篇作，反映了儒家文化对国家民生、社会秩序和民族交往的理想和谋略。在中国古代晚期，康有为在国家民族危亡的时刻，在受到日本等民族国家的影响后，对这一思想进行了系统的论述。描述了"无邦国、无帝王、爱众生、无民族差别、无种族差别，人人平等，天下为公"的大同社会理想。

中国古代对"民族"的概念是模糊的，仅仅以"华""夷"来区分古代民族。在民族团结教育方面，基于对"民族"概念的模糊，尚没有明确的民族团结教育目标，但是"华夷一体"和"大一统"的传统封建思想确影响着历朝历代的统治者和私塾教育的导向。孔子作《春秋》，无论同姓之鲁卫，异姓之齐宋，非种之楚越，中国可以退为夷狄，夷狄可以进为中国，专以礼教为标准，而无有亲疏之别。[①]孔子时代就已经认识到"有教无类"，通过教育可以学习到文化，有教则夷狄可以转变为中华，无教则中华可以转变为夷狄。钱穆先生指出，"中华民族以文化为其主要成分，中国人一向对于民族观念不如其对于文化观念之重视"[②]

因此中国古代的民族团结教育目标可以总结为，追求"华夷一体"，倡导"家—国—天下"的统一意识，以相对"溥天之下，莫非王土；率土之滨，莫非王臣"的优势王朝皇权政治与华夏文化为正统，以儒家"天地君亲师"纲常伦理为道德规范，推行"修身、齐家、治国、平天下"的臣民教育，形成强大向心力，吸引古代中国的各族群内附，从而形成稳固的集权式中央王朝政权。

---

① 章太炎.中华民国解.民报,1907.7（15）转引自丁咚.中国共产党的民族理论与政策研究（1978-2009）[D].天津:南开大学,2012.
② 钱穆.民族与文化[M].台北:台湾新亚书院.1963,2.

2. 中国近代的民族团结教育

鸦片战争之后的近代中国，遭遇千年不遇的内忧外患双重危机。国家内部的中央王朝走向没落，衰败不堪，难以把持朝政；外部列强入侵，既有军事上的直接侵略、攻城略地，也有利用中华民族内部矛盾制造分裂的阴谋。沙俄导演外蒙古独立，策划新疆分裂；英国插手西藏事务，策划西藏独立；日本阴谋东北建立伪满洲国，挑唆西北回汉矛盾等。这些矛盾一度极其尖锐地呈现出来，中华大地一时之间大有被分割蚕食的危险。整个中国近代史，中华民族都处在探索寻求强力执政集团，带领中华民族团结自强以抵御外侮的不断尝试之中。

（1）南京临时政府时期。南京临时政府于 1912 年 1 月 1 日宣告成立，较为全面地实现了孙中山的建国理想和纲领。临时政府颁布《中华民国临时约法》，主张各民族一律平等、团结，呼吁汉、满、蒙、回、藏合为一人，制定了有关民族平等、民族团结的政策措施。孙中山主张"中华民族既合五大民族而成，自应施以同等教育"，他强调"蒙、回、藏语文各异，尤应首先养成师资"[①]这一时期，南京临时政府强调"五族共和"，宣扬各民族平等，实施无种族无差别的教育，在内忧外患的历史条件下，开各民族团结进步之先河，但是限于当时的历史条件和认识水平，还不能避免反满、仇满的狭隘情绪，仍然存在大汉族主义思想。

（2）北洋军阀政府时期。1912 年 4 月 1 日，袁世凯窃取孙中山临时大总统职务，进入北洋军阀统治时期。在北洋军阀统治的 15 年间，军阀割据，帝制复辟，丧权辱国，社会危机日益加重，北洋军阀政府为稳固统治地位，也在努力尝试调整少数民族政策，部分继承了"五族共和"的思想，为了实现内政统一，民族大同，取消理藩部，1912 年 5 月设立了蒙藏事务处，对蒙藏回疆等处统筹规划，1912 年 7 月又改蒙藏事务处为蒙藏事务局。1914 年 5 月 1 日，袁世凯废除《中华民国临时约法》，公布了《中华民国宪法》，集大权于一身。1912 年 4 月 13 日，袁世凯颁布《劝谕汉、满、蒙、回、藏各族联

---

① 李国栋.民国时期的民族问题与民国政府的民族政策研究[D].兰州：兰州大学，2006.

姻令》，鼓励汉族与满、蒙古、回、藏各族通婚，加强汉族与各少数民族感情联络，打破封建时代各族婚姻封闭状况，带动各民族之间的友好往来和交流。同时规定"五族皆可入学"，组建北平蒙藏学校，开创了中央开设蒙藏学校的先河。批准姚撼组织的《筹边学会》文化学术团体成立，研究筹边应用学识，造就筹边人才。教育部还将清朝时期设置的殖边学堂和曼文高等学堂合并，改设为北京筹边高等学校。

（3）南京国民政府时期。1927年4月，蒋介石发动"四·一二"反革命政变，4月17日，蒋介石在南京召开国民党中央政治会议，发表《国民政府宣言》，宣告南京国民政府成立。南京国民政府自1927年成立至1949年中华人民共和国成立，历时22年，这一时期南京国民政府的教育思想主要由蒋介石的民族主义思想所主导。蒋介石部分继承了孙中山"五族共和"精神，推崇"五族联邦"，在国力不济的客观条件下，寻求以边疆民族地区自治的"羁縻"政策来维护领土完整。同时，在民族思想上，蒋介石寻求以中华传统的儒家"大一统"思想和民族情结结合，推行带有强制性地统一各民族的"国族"思想。蒋介石的民族主义思想认为，中华各民族是中华民族的宗族宗文，强调各族同源，他努力寻找"四维八德"等民族文化精华，积极倡导建立"国族"。他想通过民族精神、民族信仰的操纵，来达到整合、动员社会的目的。在内忧外患的危机中，社会民意亦在有识之士的论争和引领下，比较集中地追求团结抵御外侮，一时追求各民族团结一致的社会思想与蒋介石主导的"国族"思想在某种程度上达到了统一，一定程度上推进了民国时期中华民族意识的融凝。

民国早期，在教育体制上延续了清廷《癸卯学制》，思想上以中体西用为指导思想，在课程的设置上，保留了清末普通中学的《修身》课程[①]。民国元年（1912年）颁布的《中学校令施行规则》规定，《修身》要旨在"完具国民之品格""授以国家社会家族之责务"，规定《历史》要旨在"明于民族之

---

① 吕达.中国近代课程史论[M].北京:人民教育出版社,1994.243.

进化"①。1913年颁布的《中学校课程标准》进一步强调《修身》课程要培养"对国家之责任，对社会之责任"。1922年"新学制"改《修身》为《公民》课程。纵观整个中国近代史，面临国难当头，内外交迫的双重危机，无论是政府还是民意都有强烈的团结一致，合全国、全民族的力量共同抵御外侮的需求。因此，从民国早期开始认识和缔造中华民族，到民国晚期呼吁国族缔造，都充分反映了中华民族"求同"的强烈愿望和共同追求，只是在不同时期存在对如何"存异"的不同看法。

从民国早期的教育就开始倡导共和，民族平等，发展民族教育，在民族团结教育的目标上，就开始倡导各民族平等，只是当时的提法更倾向于人口占多数的汉、满、蒙、回、藏五族共和。民国中后期，在抗日战争的历史大背景下，打造国族的想法愈发明显，新式教育如雨后春笋般发展起来，以传授科学文化知识为主，同时辅以传统经学。在意识形态传播上，"中华民族"的概念越来越清晰，主张以"中华民族"这一"大民族"的概念来消融"小民族"的狭隘性，以中华民族这一"大民族"的凝聚性对抗外来侵略，防止侵略势力利用"小民族"的狭隘边界意识制造国家分裂，成为这一时期各类新式教育中民族团结教育始终追求的目标。

3. 现代新中国的民族团结教育

（1）1949年新中国成立，标志着中国结束了百余年的浩劫，结束半殖民地半封建社会，并在中国共产党的带领下，掀起了建设新中国的热潮。1949年9月，《中国人民政治协商会议共同纲领》明确规定"各民族一律平等，各少数民族均有发展其语言、文字、保持或改革其风俗习惯及宗教信仰的自由"这一决议奠定了新中国民族团结教育工作的政治基础。

1953年3月，吉林省延边朝鲜族自治州首创"民族团结月"形式的民族团结教育活动。之后全国各民族地方相继设立了"民族团结月"并定期召开"民族团结会议"。1958年9月15日，文化部、教育部、中央民委在北京联合召开全国少数民族出版工作会议，确定了各民族地区中小学等学校应译用

---

① 吕达.中国近代课程史论[M].北京:人民教育出版社,1994.250–252.

或采用全国通用教科书，另外自编本民族语言教材和民族学校汉语教材及民族补充教材，在教材的政治内容上要用社会主义、共产主义和爱国主义的思想教育学生。

课程目标的确定必定与一定历史时期的政治、经济、社会需要紧密相连，在新中国成立早期，党和国家的民族团结教育并不直接指向学校教育课程，而是通过国家政策的规划，在全社会形成各民族平等，少数民族能够当家作主的社会思想，制定的一系列激励少数民族发展的政策也为民族团结教育奠定了坚实的政策制度基础。1958年文化部、教育部、中央民委联合召开的少数民族出版工作会议提出，少数民族语言文字教材"政治内容上要用社会主义、共产主义和爱国主义的思想教育学生"，体现了当时学校教育中重视以社会主义、共产主义、爱国主义教育作为统一意识形态的公民教育。

新中国成立早期，中国共产党认识到国家建国的根基是以政治协商和民族区域自治为基础的统一战线建立，边疆民族地区地广人稀，但物产丰富，是祖国神圣不可分割的部分，要确保国家统一，领土完整，全国人民共同团结建设新中国，必须要稳固统一战线。所以基于这样的政治追求，新中国成立后民族团结教育提上了重要的议事日程，并以宣传民族政策为主，民族团结教育课程目标指向民族平等和民族团结和睦，民族团结教育的对象主要是边疆民族地区的受教育群体。

（2）"文革"期间民族团结教育的中断

肇始于1965年的"文化大革命"使社会相对封闭，政治秩序紊乱，经济倒退，新中国初步形成清晰思路的民族工作停滞，民族团结教育中断。在林彪、"四人帮"集团的策动推动下，实行"以阶级斗争为纲""民族问题实质就是阶级问题"的指导思想。在这一错误思想的指导下，他们践踏党的民族政策，推翻民族工作部门，污蔑民族干部，导致一段时期内，民族工作无法正常开展，民族政策难以正常执行，计划层面的民族团结教育工作基本处于停滞状态。但是从另一方面来说，在响应毛主席"上山下乡"号召，数百万知识青年投身祖国边疆牧区、广大民族地区，实现了不同阶层、不同地域、不同民族成员之间的沟通交流和相互了解,这是利于民族团结的。①

(3) 民族团结教育的恢复发展期(1979—2009)

20世纪60年代中苏关系恶化,苏联反复利用边境少数民族制造不稳定因素,其中就有1956年的伊塔边民外逃事件。1979年2月至3月,在苏联支持之下越南连续挑衅中国边境,中越边境战争爆发。在这样的历史背景下,出于统战工作的迫切需要,1979年4月全国边防工作会议召开。时任中共中央政治局委员、中央统战部长的乌兰夫做了《全国人民团结起来,为建设繁荣边疆,巩固的边防而奋斗》的报告,强调要从民族地区的实际出发,坚持民族问题长期存在的观点,尊重少数民族的平等地位和自治权利,坚持无产阶级的民族观点,团结各族人民的绝大多数。1978年3月,五届人大一次会议正式表决,恢复国家民族事务委员会机构建制,重申了继续坚持党的民族平等、团结、民族区域自治等民族政策。标志着民族工作拨乱反正,民族团结工作重新纳入国家工作正轨。②

1981年9月,邓小平在北京接见少数民族参观团代表时提出了汉族离不开少数民族,少数民族离不开汉族,成为民族团结工作"三个离不开"的首要倡导者。1987年8月国家教委发布《关于在各级学校注意进行党的民族政策和加强民族团结教育的通知》成为官方以正式文件形式要求学校加强民族团结教育的开始。随着党对民族问题的认识不断深化,民族工作越来越受到中央政府的重视。1992年中央民族工作会议,是首次以"中央民族工作会议"的形式召开的全国民族工作会议。其后于1999年,2005年,2014年分别召开中央民族工作会议,对全国民族工作进行高屋建瓴的安排部署。

这一时期,从"文革"导致社会动荡,打破新中国成立初期形成的相对稳定、合理、全面的民族工作格局,到"文革"结束后,民族工作逐步得到恢复,1979开始民族政策逐步得到落实,民族团结教育从社会走向学校,针对学校民族团结教育的文件陆续出台,民族团结教育开始蓬勃发展。这一时

---

① 刘刚.新疆民族团结教育历史进程、基本经验与实践策略研究[D].济南:山东大学,2018.
② 吴承义.中国共产党民族工作八十年历史回顾[J].攀登,2001,(20):20-24.

期的民族团结教育以爱国主义为导向,以宣传"三个离不开"思想和宣传党的民族政策,增强感恩意识为主要目标。这一时期民族团结教育仍然有着明显的统战意识,教育的重心偏向边疆民族地区。

(4) 民族团结教育的课程化

1991年4月26日,国家教委颁布《关于在学校师生中进行反对达赖集团分裂活动、加强民族团结教育的通知》[①],以反分裂和加强民族团结为目的,在高校《社会主义建设》课和《形势与政策》课中增加反分裂活动、加强民族团结内容,中小学思想品德课增加民族团结与祖国统一内容。1994年,国家教委和国家民委安排在天津、北京等7省市试点,在小学阶段开设《民族常识》活动课,初中阶段开设《民族政策常识》课[②]。1999年2月13日,教育部办公厅、国家民委办公厅颁布《关于在全国中小学开展民族团结教育活动的通知》,在天津、北京等7个省、市试点经验基础上,"点上深化、面上扩大",新增新疆、西藏、广西、内蒙古等14个试点省、自治区和直辖市[③]。2004年,教育部办公厅、国家民委办公厅颁布《关于在中小学进一步大力推进民族团结教育工作的通知》,指出"要把小学低年级'中华大家庭'、小学高年级'民族常识'、初中'民族政策常识'等列入地方课程,按规定的课时组织教学活动"[④]。2008年西藏拉萨发生"3·14"事件,2009年新疆发生"7·5"事件,这两事件时间临近,且都发生在民族地区,而且对当地民族团结情感造成一定伤害,同时事件本身及其背景都包含着分裂国家、分离民族的危险,这使得党和政府以及学术界开始高度重视和密切关注民族团结工作。自2008年开始,民族团结工作得到全面强化。2008年11月26日,教育部办公厅、国家民委办公厅联合印发《学校民族团结教育指导纲要

---

① 教育部网站. 教育史上的今天[EB/OL].http://www.moe.gov.cn/jyb_sjzl/moe_1695/tnull_190252.html 内容载于[EB/OL]http://www.chinalawedu.com/falvfagui/fg22598/21563.shtml,1991-4-26.
② 人民网. 教育部办公厅、国家民委办公厅关于在全国中小学开展民族团结教育活动的通知[EB/OL].http://www.people.com.cn/item/flfgk/gwyfg/1999/206006199901.html,1999-2-13.
③ 教育部办公厅、国家民委办公厅关于在全国中小学开展民族团结教育活动的通知[EB/OL].read:http://www.chinalawedu.com/falvfagui/fg22598/30284.shtml,1999-2-13.
④ 教育部.教育部办公厅国家民委办公厅关于在中小学进一步大力推进民族团结教育工作的通知[EB/OL].http://www.moe.gov.cn/srcsite/A09/s3081/200406/t20040614_77789.html,2004-06-14.

（试行）》，首次以纲要的形式明确了民族团结教育的指导思想、课程性质和基本原则，同时非常具体地明确了民族团结教育的内容标准。《纲要》明确了民族团结教育的目标即课程目标。

《纲要（试行）》的颁布，标志着民族团结教育课程从教育理念、教育活动转变到课程化发展的阶段。这一转变是对民族团结教育重要性的高度认识，也是对民族团结教育需要科学化发展的深度认识结果。2019年10月23日，中共中央办公厅、国务院办公厅印发了《关于全面深入持久开展民族团结进步创建工作铸牢中华民族共同体意识的意见》[1]，将民族团结教育上升到国民教育的高度，明确了将民族团结教育纳入国民教育、干部教育、社会教育全过程，构建课堂教学、社会实践、主题教育多位一体的教育平台。强调中华民族共同体意识是国家统一之基、民族团结之本、精神力量之魂。指出铸牢中华民族共同体意识是民族团结教育的根本方向，加强各民族交往、交流、交融是根本途径，推进民族团结进步事业是实现中华民族伟大复兴中国梦的必然要求。进一步将民族团结教育推向全民教育的更高层面，对民族团结教育的目标直指"铸牢中华民族共同体意识"。

二、民族团结教育课程的生成逻辑与价值追求

在荡气回肠的民族发展史中，中华民族经历自在、自觉的历史过程，在沉痛的近代史积淀中逐步形成了多元一体格局。这一历史积淀的过程，伴随着人们对"民族"和"民族团结"认识的不断深入。这正是人类对事物的认识由表及里，由浅入深，逐步深化的过程。民族团结教育课程从众多课程中逐步分野，进行系统化的理论构建和科学化发展是历史的必然，更是民族团结教育课程发展的需要。

---

[1] 新华网.中共中央办公厅国务院办公厅印发《关于全面深入持久开展民族团结进步创建工作铸牢中华民族共同体意识的意见》[EB/OL].http://www.xinhuanet.com/politics/2019-10/23/c_1125142776.htm，2019-10-23.

(一) 民族团结教育课程的生成逻辑

任何一种科学理论都需要通过抽象出的范畴体系来揭示其研究对象的规律。逻辑起点决定了基于此起点的科学理论的研究方向，制约着其内涵和外延。黑格尔在《逻辑学》中就逻辑起点提出了3条原则：第一，逻辑起点应该是一个最简单、最抽象的规定；第二，逻辑起点必须揭示对象最本质的规定；第三，总体来说，逻辑起点与对象的历史上最初的东西相符合。逻辑起点的定义以及规定性为后人进行同类研究提供了立足点，也使得探讨民族团结教育课程的生成有了基本的框架和思维方向。逻辑学的范畴体系应以"纯有"为开端，要从课程的本体论意义上研究课程，应该按照"存在"—"本质"—"概念"的次序进行认识和把握。民族团结教育课程生成的逻辑也应当遵从这个原则。

1. 教育与课程相伴相生

存在主义的集大成者萨特将存在分为两种，自在的存在——"此在"和"自为的存在"。[1]自在的存在是不以人的发现和人的意志为转移的，自为的存在是因人意识到存在，而将意识作用于存在，开始更有意义的存在，自为的存在。

教育、课程都属于社会现象，教育自何时而生？因何而生？课程自何时而生，因何而生？这是从认识论的原点上来思考教育和课程。教育与课程的起源，如同世界起源与人类起源一样，难分难解地交织在一起。关于教育的起源，胡德海先生在《教育学原理》中有大篇幅的论述。学术界对教育的起源，有教育的生物起源论、教育的心理起源论、教育的劳动起源论等观点，胡德海先生认为，教育起源于人类社会生活的需要。[2]自有人生，便有教育，教育的发生就植根于当时、当地人民实际生活的需要，教育起源于实用，它是帮助人谋营社会生活的一种手段。自有人生，便有了实际生活的需要，于

---

[1] [美]科珀著.存在主义[M].上海:复旦大学出版社,2012:83.
[2] 胡德海.教育学原理[M].北京:人民教育出版社,2013:149.

是也就有了教育的发生。

课程（curriculum）"一词来源于拉丁文词根"currere"，指"跑道（race-course）"，从最广义的课程定义来看，课程是提供给受教育者成长的路径，是"跑道"。那么当最原初教育生成之际，有没有课程？当今对课程的定义更多指向在学校教育范畴内，或者在专门学校诞生之后，为了学生教育需要而设定的"跑道"。根据胡德海先生对教育的认识，可见在有正式的学校以前是有教育的。那时的教育是自在的教育，教育的内容也应该是课程，是"此在"意义上存在的自在的课程。教育因需要而生，课程因需要而设，在原始社会，人最原始的教育是教会儿童满足基本的生理需要和生存需要，原生态的课程内容就是示范如何满足生理需要和生存需要。原始社会，年长者向儿童传授捕鱼、狩猎、民俗传统等，即属课程活动。[①]从这个意义上来说，课程与教育是相生相伴的，教育和课程都源自人类生存与生活的需要。按照萨特的存在主义观点，自在的存在——自为的存在，在有学校之前，教育和课程是自在的存在，专门的学校诞生之后，便有了自为的教育与课程。

2. 民族团结教育的生成

任何课程的产生均来源于需要——个人的和社会的需要，这是毋庸置疑的。杜威认为"学校即社会"一方面是说学校是社会生活的一部分，不能脱离社会而存在；另一方面是说学校是一个经过"净化""剥离"出来的一个微型社会模型。因此在学校环境中实施的课程一定程度上是社会思想和社会文化的映射。教育因需要而生，起源于社会群体传递、发展文化和社会个体社会化这两个方面的共同需要，[①]课程亦然。我们依然按照这样的逻辑来探寻民族团结教育课程的存在与生成。

（1）"民族团结"的产生。马克思对人的定义揭示了人的自然属性和社会属性，人类社会从原始社会的家庭发展至氏族社会，由氏族社会发展到部落，再由部落联盟发展出原始社会，这是社会进化的基本规律[③]。在人类不断

---

① 张雪.课程论问题[M].呼和浩特:远方出版社.2005,125.
② 胡德海.教育学原理[M].北京:人民教育出版社,2013:150.
③ 马克思恩格斯选集(第2卷)[C].北京:人民出版社,1960:87.

发展的过程中，民族应运而生。民族的产生众说纷纭，但不可怀疑的一点是，民族的产生源于个体人面对复杂严酷的自然界，为了生存而必须联合，人的社会性联合产生民族。

从这个意义上讲，人是智慧的动物，为了对抗自然界的严酷，用血缘、地缘乃至种种精神符号联合而成族，民族在刚刚生成之际成为人类对抗自然界，对抗外来威胁的创举。然而人的复杂性也表现于此，社会的命运和人的命运一样，我们从来不知道明天会发生什么，当民族诞生之时，"民族"是人类文明的一种创举，但当人类因联合而成为世界的王者，无节制的生育便导致了人口的膨胀和人类之间的竞争。于是，"民族"开始从人类战胜自然的创造物，变成了人类自相屠戮，作茧自缚的幽灵。

人类社会的割裂，自古已然，于今尤烈……人类的科技越来越全球化，政治越来越部落化；……人类距离其他的行星越来越近，对自己这颗行星上的同类却越来越不能容忍；活在分裂之中，人类越来越得不到尊严，却越来越趋于分裂，面对世界资源与权力的前所未有的激烈争夺，人类社会正把自己撕裂，撕裂成越来越小的碎片。①

上述这段话犀利而又沉重地表达着对人类冲突的无奈和担忧，族群意识可以建立一个国家，也可以撕裂一个国家。在人类发展的进程中，族群之间的冲突随时在上演着，愈演愈烈，不论是单一民族国家还是多民族国家，复杂的民族关系导致了种种恶果。

德尔斐太阳神庙上篆刻的古老命题"人呐，认识你自己"发人深思，认识自己成为人类自我意识的意识，也成为人类对自己反思的开始，理性由此而生。面对冲突，面对威胁，人类理性的认知觉醒，由此有了族际团结的需要——民族团结应运而生。从这个意义上说，民族团结出于人性对"善"的追求，出于人对和平美好生活的向往，源于族际团结的需要，这是人类对冲突与和平这个命题理性反思之后做出的自然选择。面对民族差异引起的纷争

---

① [美]哈罗德·伊罗生.群氓之族：群体认同与政治变迁[M].桂林：广西师范大学出版社，2018：17.

和冲突，世界各国都以不同的方式，积极谋求对民族关系进行调控的方法，努力消解纷争、对立和冲突带来的威胁。美国试图以"熔炉"同化策略来解决种族和移民的认同问题；印度试图通过种姓制度和印度教的信念一致性来消除种族矛盾；拉美国家秘鲁等通过"祖国嘉年华"开展爱国主义教育，维护国家的安全和稳定。肯尼亚通过"姆庇之家"来建立广泛的民族之间的"原乡情结"，从而建构起普遍的群体认同。①

中国作为一个统一的多民族国家，各族人民一直都有很强的凝聚力和向心力。近代以来中国先辈和思想家对国内民族问题进行过一系列的设想和尝试，梁启超提出"中华民族"的概念，希望"合满蒙回汉藏"为一人；孙中山提出"五族共和"思想并进行了尝试，蒋介石提出了"宗族论"，顾颉刚提出"中华民族是一个"的倡议等等，都是希望通过某种思想来增强国民的凝聚力。中国共产党在马克思主义民族理论的指导下，借鉴苏联的建国思想，结合我国的实际，创造性地建立了以各民族平等，民族区域自治为基础的民族政策。新中国成立以来，中国采取了多种措施促进民族团结，基于我国多元一体的基本国情，广泛地开展了包括爱国主义教育、民族团结教育等以教育为主要手段的民族团结促进方法，取得了巨大的成就。

可见，"民族团结"正是人类面对差异、纷争、流血和冲突，基于人性"善"的本原，出于对和平美好生活的向往而形成的一种理性思想和社会行动。

(2) "民族团结"的本质内涵

在西方语境下，强调"民族团结"似乎具有一种较强的意识形态意蕴②，但在中国语境下，"民族团结"作为中华民族多元一体格局形成过程中生成的社会理性思想和价值导向，具有中国独特的社会历史文化基础，以及独特的价值与内涵。

---

① [美]哈罗德·伊罗生.群氓之族：群体认同与政治变迁[M].桂林：广西师范大学出版社，2018：1-2.
② 刘子云.民族团结教育实践模式研究[D].中央民族大学，2015.

①"民族团结"作为中华优秀传统文化元素。通过前文的梳理，我们已经可以清晰地认识到，中华民族的传统文化体系是在历史的积淀、形成、演变和发展中逐步形成的。[①]中华文明不仅包括"汉文化"，还包括中国境内的蒙古、藏、维、满、回、哈萨克等少数民族的文化，他们在千年的混杂和交融中，最终形成了"多元一体"的中华文化，在这一进程中，中华民族形成了以中原王朝为主干的政治—文化共同体，作为结构复杂而内涵丰富的文明体系，中华文化独一无二，"中国人"作为独享这一文明的多元复合型人群在世界上是独一无二的[②]。中国自商周以下，秦汉以降，始终处于多元文化和多元互动的民族团结历史进程中，尊重差异、包容多样始终是中华民族发展的主流精神。"民族团结"尽管作为一个政治口号显现于近代，但无可否认，从古到今中华民族始终将"民族团结"践行于日常生活和国家政治治理之中。因此，"民族团结"作为一种文化元素，始终是中华民族传统文化的重要组成部分，这也是中华民族经历近代风雨飘摇，始终凝聚不散的根本原因。

②"民族团结"作为社会的道德规范。在中国传统哲学中，"道""德"既能分而视之，又能合而为一，"道"语义学本意指"道路"，引申为"人的一切行为应当遵循的基本的、最高的准则"。"德"事实上被理解为人内心对"道"的心得，引申为"德性、品德、觉悟，是对合理的行为原则的具体体现"[③]。在中华传统文化中，"宽以待人""待人以礼""仁者爱人"无不蕴含着丰富的团结思想。在多元一体的中华民族格局形成过程中，民族冲突和民族融合是不可避免的两种发展形势。在冲突和融合的进程中，民族团结是社会和个人避免冲突，选择合作的一种社会理性认知和行动。千百年来，我国多为多民族国家的社会，民族团结作为社会共识已经成为社会层面和个人层面道德规范的重要组成部分。在当今信息化、全球化发展中，人和人之间的关系从未如今日紧密，跨民族和跨文化的交际和合作从未如今日般频繁。

---

① 马戎.中华文明的基本特质[J].学术月刊,2018,50(1):151-161.
② 马戎.中华文明的基本特质[J].学术月刊,2018,50(1):151-161.
③ 王正平.中国伦理道德论探微[M].上海:三联书店,2004:3.

当前，我国社会主义核心价值观从国家层面的"和谐"，社会层面的"平等"，个人层面的"友善"都将民族团结作为调节社会和个人关系的重要价值导向。因此，"民族团结"作为中华民族传统的道德规范，在今日仍然作为国家、社会、个人的核心价值导向和社会行为准则，也是基本的社会道德规范。

③ "民族团结"作为社会制度。从新中国成立初期，1949 年《中国人民政治协商会议共同纲领》以及 1954 年《中华人民共和国宪法》，我国就确立了"各民族享有平等权利"和"各民族一律平等"的基本法治原则，规定了民族区域自治是"根本性民族政策"，从法律上奠定了民族团结的制度基础[①]。1984 年《中华人民共和国民族区域自治法》对民族自治原则进行了法律规范，将"民族团结"作为维护国家统一、社会和谐的核心内容。2018 年《宪法修正案》将"实现中华民族伟大复兴"作为宪法任务和国家目标写入宪法，为铸牢中华民族共同体意识提供了法理基础，为维护民族团结提供了基础性规范指引[②]。十九大对《中国共产党章程》进行修订，将"铸牢中华民族共同体意识"写入党章。党章阐明，中国共产党在社会主义初级阶段的基本路线是"领导和团结全国各族人民……"[③]，将"民族团结"作为基本路线的重要内容。因此，对于个人，民族团结作为社会制度是在一个多元化社会和多民族国家的"生存法则"；对于我国社会，民族团结是维护多民族国家和谐稳定发展的基础，以维护民族团结为主要目的的"民族平等"、民族区域自治以国家基本法的形式制度化，始终被作为维护国家统一、反对民族分裂、维系和谐社会的重要内容。因此，"民族团结"从国家以法律和制度来加以维护和强化的角度来看，"民族团结"也是当前社会的基本制度内容之一。

④ "民族团结"作为公民义务。新中国成立后的历届《宪法》都将"维护民族团结"作为公民的义务，现行宪法第五十二条规定"中华人民共和国公民有维护国家统一和全国各民族团结的义务"，《宪法》序言中阐明"中华

---

① 潘红祥,张星.中国民族法治七十年:成就、经验与展望[J].民族研究,2019,(3):1-17,138.
② 潘红祥,张星.中国民族法治七十年:成就、经验与展望[J].民族研究,2019,(3):1-17,138.
③ 中国共产党章程[EB/OL].http://www.12371.cn/special/zggcdzc/zggcdzcqw/,2017.10-24.

人民共和国是全国各族人民共同缔造的统一的多民族国家。平等团结互助和谐的社会主义民族关系已经确立,并将继续加强。在维护民族团结的斗争中,要反对大民族主义,主要是大汉族主义,也要反对地方民族主义。国家尽一切努力,促进全国各民族的共同繁荣"[①]。"民族团结"是我国根本大法——宪法所规定的公民义务,同时也作为维护新型社会主义民族关系的基础,必然成为公民教育的重要内容。

可见,"民族团结"在我国语境下具有其独特的本质、内涵及其历史与现实价值。"民族团结"的本质、内涵及其价值是"民族团结"这一社会理性思想的内在规定性,它与中华民族这一实体紧密相连,不依赖于某一政府或某一社会制度,这一内在规定性是民族团结教育课程价值和课程知识合法性的基础。

(3) 民族团结与教育的结合。

"物以类聚,人以群分",人的"类"属性决定了人的社会性。在多民族国家出生的个体,从懵懂地降生到世间就被赋予了多重的身份,民族就是身份之一。在个体成长的过程中,伴随着其不断扩展的认知和社交圈,随之而来的是不同类型的归属划分,某个家庭人、某个族群人、某个社区人、某个集团人、某个国家人等。不同的群体的认同使个体归属于不同群体,反过来不同群体的归属也塑造不同群体的认同。当一个懵懂的儿童面对如此复杂交织的群体,如何认知自己,如何在复杂交错的社会关系中建构自己,成为每一个个体成长的需要。而作为一个政治共同体的国家,国民都具有多层次的认同与归属,这是由人的本质决定的。但是作为共同体如何能够让国家认同成为所有认同中最高层次的认同,如何让整体国民在国家内和谐交融,共同凝聚起国家前进的动力,成为政治共同体国家政治治理的需要。中国是一个多民族统一国家,在960万平方千米的广袤天地中生活着56个不同民族群体,这些群体的儿童需要在同一片蓝天下成长,在同一个国度中生活。从历

[①] 中华人民共和国宪法(1982年12月4日通过,2018年3月11日《中华人民共和国宪法修正案》修正)

史的视角看,多元一体中华民族经历了几千年的自在生产和生存状态,在近代经历几乎亡国灭种的外来侵略,在重重危机之下自觉为中华民族,这是历史的必然,也是华夏儿女面对外来威胁的理性选择。如何发挥国民的凝聚力量,如何让中华民族自强于世界民族之林,既是国家的需要,也是全民族的需要,更是每一个国民个体的需要。民族团结作为中华优秀传统文化元素、社会道德规范、社会制度、公民义务理所当然地应该成为教育传递的知识、价值、和行为规范。

把民族团结与教育相结合,是世界各国普遍采取的行之有效的社会调控方法,这是由教育的本质特征和教育的功能决定的。教育是人类一种特有的文化传递的形式、手段和工具。教育的本质属性是传递性、工具性、手段性。人类社会需要通过教育把维护社会规范、在人类社会中生活与生存的经验传递给下一代,以此求得社会的不断进步。青少年儿童需要通过教育掌握进入社会所必需的生产生活知识,掌握进入一定社会必须遵从的社会规范,从而求得个体的成长和个体的社会化,这是教育的本质属性。教育作为一种社会现象,在个人的成长和社会的调控方面都发挥着独特的功能。教育是个人成长的工具,也是社会发展和进步的手段和工具,因此教育同时具有本体意义上的育人功能,和工具功能意义上的社会功能。[①]

民族团结从社会意义上来说,是人类社会消解矛盾与冲突的一种理性认知;从个体意义上来说是作为个体人进入社会所必须具备的一种跨文化能力,是个体人社会化所必需的知识和技能。所以民族团结和教育有了天然的契合性,那就是民族团结与教育结合,在社会层面上起到调控和规约社会秩序和意识形态的作用;于受教育个体而言,具有帮助个体掌握多元化的民族知识,提升跨文化交流合作技能,完成个体社会化的作用;于课程知识而言,民族团结本身就是人类文明区别于弱肉强食的动物世界的文明发展产物,传承民族团结知识与观念也是人类社会不断发展的需要。

---

① 胡德海.教育学原理[M].北京:人民教育出版社,2013:216

(二) 民族团结教育课程的价值追求

课程实施是交织着理与情、事与理等多重复杂因素的活动，区别于其他某种单向度的活动，课程实施很难按照某些预设的程式一成不变地行进下去，其中充斥着诸多变量。对于这样的一个活动领域，不能没有价值观的导向和规范。任何一种课程的实施都离不开处于具体活动状态中的主体，也离不开一定的目标，因而，也就不能不受一定课程价值取向的影响。①课程实践在本质上是一种价值创造活动，对价值问题的思考，是课程内容选择、组织、实施、评价的根本出发点和决定因素。②课程的价值追求反映了人们对教育需要的本质特点，以及课程与人们需要之间的价值倾向，是课程内容选择、组织、实施、评价的根本出发点和决定因素；是最简单的抽象，符合从抽象到具体的原则，即"抽象的规定在思维行程中导致具体的再现"，最终从价值的抽象发展为课程内容的具体化和现实化。③

对课程价值追求的追问是对课程价值的理性思考，是对课程价值取向的全面梳理。民族团结教育课程具有价值，能够满足社会和个人发展的需要，从而促进社会和个人的发展，是民族团结教育课程实践中首先应当遵从的价值原则。课程的价值追求决定了在制定课程方案、实施课程、评价课程中应该遵循的价值倾向性，是课程所追求和向往的价值理念和目标，影响课程目标、课程结构、课程内容以及课程实施等领域，对课程活动进行定向和调控。综合国内外学者对课程价值取向的研究，一般将课程价值取向归结为社会本位的价值取向、儿童本位的价值取向和知识本位价值取向④。从课程的三种价值取向，结合民族团结教育课程发展的理路来分析民族团结教育课程，其价值追求体现在三个方面：对未来社会的教育调控和建构、对学习者个体发展的终极关怀、对社会文化的传递。

---

① 刘旭东.现代课程的价值取向研究[M].兰州:甘肃教育出版社,2002:20.
② 靳玉乐.国家精品课程系列教材·课程论[M].北京:人民教育出版社,2012:113
③ 陆志远.论价值是课程论的逻辑起点[J].海南大学学报(社会科学版),1991,(2):31-34.
④ 马云鹏.国外关于课程取向的研究及对我们的启示[J].外国教育研究.1998,(3):38-43.

1. 实现对未来社会的教育调控和建构

关于课程的社会价值，一般都与课程的社会功能紧密相连。课程的社会功能在课程社会学范畴内一般从社会政治经济合法化、社会意识形态的巩固和强化、社会控制的整合、社会"制度文化"保存与活化、政治社会化功能等维度进行分析。[①]在课程领域一般从工具论的角度来研究课程的社会功能，课程具有实现社会控制、保持和传递主流文化的功能[②]。综合学者们对课程社会功能的研究，结合民族团结教育课程本身的特点，本研究从传递社会文化经验，培养共同民族感情，构筑中华民族共同体三个维度来阐述民族团结教育课程的价值追求。

（1）培育共同民族情感

亚当·斯密把情感作为人类外显行为的基础，提出"为了维持社会的和谐，需要在一定程度上'同情'的相互调整"[③]，这一情感伦理学观点阐明，是人类社会的"共同感"促使人们结成家庭、社会、国家、民族[④]。从情感伦理学和社会心理学的视角，促成和谐社会，必然需要使组成这一社会的个体具有"同情感"的共同情感。人是社会动物，更是情感动物，社会公民普遍的共同情感是促成社会的和谐和凝聚的基础。在具体的教育情境中，各族青少年儿童在同一所学校、同一间教室、同一间寝室相遇，是人的相遇也是文化的相遇，民族团结教育课程需要关照这种"相遇"，对相遇的后情感上的"化学反应"做出导向，引导广大青少年在学校这个生活世界中建立起深厚的友谊，以感情融通融化差异的坚冰，在交往交流交融中建构包容开放的民族观、文化观，增强跨文化能力，增进凝聚力，建立对美好生活的共同追求。

（2）铸牢中华民族共同体意识

自党的十八大以来，"铸牢中华民族共同体意识"成为以习近平同志为代表的新一代领导集体倡导的新思维、新理念。关于"共同体"的讨论自党的

---

① 吴永军.课程社会学[M].南京:南京师范大学出版社.1999:134-144.
② 靳玉乐.国家精品课程系列教材·课程论[M].北京:人民教育出版社,2012:123.
③ 李双成.论亚当·斯密的同情理论[J].福建教育学院学报,2015,16(01):18-21.
④ 关巍.共同感理论分析——亚当·斯密情感主义伦理学管窥[J].理论界,2009(11):93-94.

十八大以来方兴未艾,秉持不同哲学观点的学者从不同的学科视域进行了大量的讨论和分析,各种层面、各种视角、各种立场的定义和阐释不一而足。

从这一名词的历史发展来看,不论是亚里士多德、卢梭、黑格尔还是马克思都对"共同体"给予不同层面的定义,虽然难以一言以蔽之,但是不论是哪一种阐释都指向共同体的"有机聚合、有机融合"意蕴。中华民族多元一体,从多元到一体走过了漫长的历史道路,这是历史发展的必然。中国作为统一的多民族国家,在当今以"民族国家"为基本政治单元建构的世界上,面对冲突与纷争,56个民族早已是命运相连的"共同体",但在未来发展的道路上,进一步增强凝聚力,减少矛盾冲突的内耗,居安思危地避免分裂危机,进一步强壮国家团结的力量事关中华民族的前途命运。作为当代民族团结教育课程需要秉承国家对民族问题的新思路,新理念,秉承民族复兴重任,铸牢中华民族共同体意识,筑牢中华民族共同体,这是民族团结教育课程应有之义。

(3) 建构未来社会的和谐秩序

我国多民族统一国家的国体和中华民族多元一体的格局自古使然,在当今复杂多变的国际形势中,增强国民凝聚力,减少内耗,提升国家整体的竞争力,维护社会稳定和谐更成为国家安全和社会发展的迫切需要。结构功能主义者认为,社会要保持一个稳定的秩序,不出现失范状态,就要使社会道德渗透到每个个人的意识之中,成为个人人格的一部分,让社会拥有共同的价值规范[①]。在一个多元文化与多元价值观共存,经济往来越来越密切的社会中,将民族团结作为社会基本的道德规范和行为准则,并使每一个社会公民接受和实践民族团结,是确保社会和谐稳定,国家繁荣发展的必然选择。民族团结教育课程作为承载这一期望的学科应运而生,也必然将这一期望作为课程的价值目标。

2. 体现社会对青少年发展的终极关怀

雅思贝尔斯说:教育是指向人的,人需要教育来唤醒他所未能意识到的

---

① 赵长林.教育与社会秩序——结构功能主义的观点[J].教育理论与实践,2003,(8):1-6.

一切。①怀特海认为，学生是有血有肉的人，教育的目的是激发和引导他们的自我发展之路。②他们都认为，教育的关键作用就是引导学生发现和认识自己，民族团结教育课程的对象是成长中的人，学校课程的价值，就在于为每一个学习者提供真正有助于个性解放和成长的经验，重视"人"的存在，强调学习的内在动机③。

（1）满足个体在多元化社会的社会化需要。马克思对人的定义是，"人的本质不是单个人所固有的抽象物，在其现实性上，它是一切社会关系的总和"，④每一个社会个体都离不开和他相关联的他人和社会而孤立地存在。每个青少年作为未来公民的成长过程就是一个从自然人转化成社会人的过程，这个转化过程也是一个个体自我丰满、自我建构的过程。个体社会化是一个渐进的过程，在这个过程中，成长的公民个体需要认识和掌握社会事务，掌握社会标准，通过这个过程，个体得以逐步具备参与社会生活的能力。

世界各国面对国内的民族问题都有自己独特的解决办法，每一套办法也基于每一个国家的政治、经济、历史、人口等现状，具有针对性。这也就决定了没有一种放之四海皆准的民族政策。我国是一个统一的多民族国家，在经过无数次尝试之后，中国共产党在马克思主义民族理论的指导下，结合我国实际国情，以民族平等、民族区域自治为基础建立了新中国，彻底推翻了压在56个民族身上的三座大山，解放了全民族。中国共产党的民族理论和民族政策符合我国国情，具有中国特色。国家的民族政策通过各种基础政策调控和法律规章确保民族平等得以实现，这些政策和法律规章对每一个公民的生产生活都会形成影响，也引导每一个社会人遵从民族政策规约下的社会行为规范。成长的公民个体要完成自我实现，必将依赖于社会，一定社会的政治规范、公民行为规范、民族政策既是个体自我实现的条件，也是公民个体自我实现过程中的行为规约。民族团结教育课程需要体现国家民族政策对个

---

① 雅思贝尔斯.什么是教育[M].邹进译.北京：三联书店，1991：64.
② 怀特海.教育的目的[M].庄莲平，王立忠，译.上海：文汇出版社，2012：1.
③ 陈玉琨.课程价值论[J].学术月刊，2000，(5)：102-107.
④ 马克思恩格斯选集[C].北京：人民出版社，1995：60.

体的关照,既帮助个体认识、理解政策和法律法规,也引导个体通过对政策的理解形成对制度和国家的认同,最终满足个体社会化需要。

(2) 增强青少年跨文化能力。当今世界是一个文化多元、价值多元、知识爆炸的时代。从个体来看,随着信息化、全球化的发展,每个个体的认知、社交空间都在无限延展。人与人的关系逐步跨越地域、种族、语言、宗教、国家,在人类发展的历史上,人和人的关系从未像今天这般紧密。如同马克思所言,单个人的历史逐渐演化为世界的历史,人对世界的依赖从未如此之深,人逐渐成为世界的人,人的主动性受限的范围延展到世界范围,人不再单方面思考小范围的集合,而要立足在人类视野、世界视野、全球视野寻求自身的发展。世界历史的发展逐渐把人联合成一个"你中有我,我中有你"的命运共同体,单个人的存在已经无法适应整体性历史视野下的人类的发展。法国社会学家迪尔凯姆用"社会团结"称谓社会整合,并认为伴随着经济社会发展,社会分工越来越精细化,社会将经历机械团结到有机团结的两种基本形式,伴随着社会分工的细化,个人越来越紧密地依赖于社会存在,越来越依赖于他人存在。在全球化发展的今天,这种机械团结到有机团结的整合方式正在世界范围内发生着。

我国幅员辽阔,56个民族一体多元,多元背景的民族个体之间,交往交流交融是发展大势。但当儿童带着懵懂来到这个世界,被赋予多重身份的时候,伴随着成长历程,多重认同的归属与遗弃,对异文化的好奇和拒斥或者被拒斥将不可避免地成为成长的烦恼。成长的个体如何在异质群体中交流与合作,面对异文化如何以包容的心态理解、接纳、欣赏,这是每一个儿童成长中需要面对的问题,也是需要得到教育支持的内容之一。民族团结教育课程需要关注个体成长中在异质群体中交流与合作的需要,关注个体成长环境的文化适应,从而强化个体的跨文化能力,增强个体的跨文化素养是民族团结应有的价值追求。

(3) 建构青少年核心素养。2018年《中国学生发展核心素养》发布,"以科学性、时代性和民族性为基本原则,以培养'全面发展的人'为核心"提出了中国学生发展的核心素养。这是从核心素养视角对中国学生发展中应具备的，能够适应终身发展和社会发展需要的必备品格和关键能力的总要求。中国学生发展核心素养框架中，文化基础、自主发展、社会参与三个方面综合了人文底蕴、科学精神、学会学习、健康生活、责任担当、实践创新六大素养，在六大素养维度上又具体细分为十八个基本要点。习近平总书记在2019年全国民族团结进步表彰大会讲话中提到，"中华民族多元一体是先人们留给我们的丰厚遗产，我们辽阔的疆域是各民族共同开拓的，我们悠久的历史是各民族共同书写的，我们灿烂的文化是各民族共同创造的，我们伟大的精神是各民族共同培育的"，这是对我国民族发展融会的民族精神财富的最精炼阐述。任何一个国家青少年的核心素养都必须突出民族性，所以在中国学生发展核心素养中人文底蕴素养必须关切中华民族的多元文化，让青少年了解多元文化的精彩纷呈；各民族都有向往美好幸福生活的追求，青少年的成长必须汲取各民族共同创造的灿烂文化，具备人文情怀。在社会参与方面，责任担当素养分为社会责任、国家认同、国际理解三个要点，这是对当代青少年社会责任、国家意识的共同要求。世界教育发展到今天，已经从单纯关注科学文化知识传播注目学生终身发展和社会发展必需的品格和关键能力，中国学生发展核心素养正是基于"全面发展的人"的视角对我国学生必备品格和关键能力的时代关切，反映了时代对青少年的要求。当代民族团结教育课程应该具有时代性和发展性的品格，从发展学生核心素养的视角，关切全民族儿童核心素养的建构，为培养"全面发展的人"提供课程支持。

（4）建构个体的公民意识。在民族团结思想的回溯中，我们看到了民族团结在不同的时代为社会和国家所需要的根本原因，是促进社会和谐，增强中华民族凝聚力。中华民族从多元融凝一体，从自在到自觉再到自为，最终以多元一体格局的形式建构成为统一的多民族国家，这一历史进程的内在动力就是这种民族团结、守望相助的精神力量。所以，民族团结教育课程之于我国统一的多民族国家的国家性质，和多元一体格局的国情而言，有其必然的历史延续性和社会凝聚传统。现如今，伴随着人类社会的现代化进程，民族国家已经成为当代国际关系和国际法的基本主体，成为与现代化进程相适应的人类获得归属感和认同感的典型政治架构。作为当代统一的多民族国家，社会成员一般同时具备两种基本身份：公民身份和民族身份。我国在新中国成立之初就以宪法这一根本大法的形式确定了各民族平等的地位，同时明确了公民的权利和义务，这就决定了公民权和公民身份应是国家任何公民个体优先拥有的权力和身份，高于任何权力和身份归属。民族团结教育课程诞生的理路阐明了其价值追求，是以社会发展需要和个人发展需要为其价值旨归，这就决定了民族团结教育课程放眼于未来社会公民的健康成长和社会秩序的教育建构。因此民族团结教育课程虽然赋予"课程"以民族属性，倾向于民族团结意识培育，但必然属于社会公民课程的重要组成部分。这一课程性质决定了民族团结教育课程不仅仅关注民族现象、文化现象，还应该为公民教育提供必要的支撑，建构个体的公民意识。公民意识的培育既是社会的要求，也是个体成长的需要，只有具备公民意识的公民才能实现真正意义上的社会化，适应现代社会的发展。因此，在当前我国全面推进依法治国的进程中，"依法治理民族事务，确保各族公民在法律面前人人平等，确保民族事务治理在法治轨道上运行"①成为依法治国的重要方面。民族团结课程应不仅仅局限于民族文化现象谈民族团结，而应以法治国家公民课程的教育需要来建构民族团结教育课程，建构个体的公民意识必然成为促进个体社会化和社会和谐发展的基本路径，成为民族团结教育课程促进青少年发展的首要价值追求。

3. 传递社会文化。文化是历史和时代共同作用的结果，社会文化包括一定社会的意识形态、社会规范、传统文化、民族文化等。从知识本位角度来看民族团结教育课程，多元一体的中华民族自有其代代相传的多元文化知识，这些知识本身是民族发展的历史积淀和精神财富，自有其传承的价值。从多元一体的中华民族形成理路来看，民族团结自古有之，在不同的时代以不同的形式体现在社会文化当中，因此民族团结作为人类社会的一种文化现象，它是植根于中华民族血脉中的文化元素，也是中华优秀传统文化的重要组成部分。民族团结教育课程承载的社会文化，既是中华文化传承的需要，也是

---

① 新华网. 习近平在全国民族团结进步表彰大会上的讲话[EB/OL].2019.9.27:http://www.xinhuanet.com/politics/leaders/2019-09/27/c_1125049000.htm

国家、社会意识形态文化的需要。

"文化是一个民族的魂魄，文化认同是民族团结的根脉"，作为一门国家课程，传递植根于中华民族多元文化基础上的民族团结文化、传递国家意识形态文化是民族团结教育课程的应有之义。习近平在全国民族团结进步表彰大会上强调"中华民族多元一体是先人们留给我们的丰厚遗产——我们悠久的历史是各民族共同书写的，我们灿烂的文化是各民族共同创造的，我们伟大的精神是各民族共同培育的"[1]这是国家领导人对我国多元一体格局的清晰认识，也标志着中国共产党对国情、对民族问题的认识达到了新的高度。中华民族多元一体格局是中华民族几千年来从自在到自觉再到自为的过程中形成的，这一格局的形成本身蕴含着丰富的社会规范——各民族相互尊重，交往交流交融是先民遗产，更是全民族的共同追求。中华文化是各民族共同创造的，是"各民族共有的精神家园"，需要通过课程将中华多元文化这一丰厚的历史遗产传承给下一代。

综上所述，民族团结教育课程作为特殊的国家课程，承载着国家对未来社会的建构和调控期望；承载着多元文化社会对青少年儿童成长和发展的终极关怀；承载着传承社会文化的责任。对民族团结教育课程的需要和期望是课程存在的价值所在，也是课程发展的方向所指，课程的设计、实施、评价均应以此价值导向为基本依据和判断标准。

---

[1] 新华网. 习近平在全国民族团结进步表彰大会上的讲话. 新华网[EB/OL].2019：http://www.xinhuanet.com//politics/leaders/2019-09/27/c_1125049000.htm

第七章　民族团结教育课程实施的应然取向

在历史的长河中，我国民族团结教育课程走过五千年多元融凝历程，显现于近代史百年的民族自觉坎坷，实践于新中国56个民族和谐发展的光辉历程，2008年，民族团结教育课程步入课程化发展的阳光里程。然而，课程化发展的道路并不平坦，在民族团结教育课程实施的道路上，理想与现实的沟壑叠嶂。在以学科课程为主要课程形式，应试教育大行天下的中小学校环境中，民族团结教育课程还需不舍初衷。应然的民族团结教育课程实施应遵循怎样的理念和原则厘正革新？

一、民族团结教育课程实施的应然追求

民族团结教育课程应社会需要和各族青少年儿童终身发展的需要而生，在多种因素的综合作用下，课程发展困难重重，在理想课程到正式课程，再到理解课程、运作课程、所获课程的不同层面上逐步偏离方向。民族团结教育课程的实施还需明确理想的目标，在现实与理想之间"逐梦"前行。

（一）回归民族团结教育课程的价值本真

课程实施是将课程计划付诸现实的过程，也是通过实践，实现民族团结

教育课程愿景的过程①。课程实践在本质上是一种价值创造活动，对价值问题的思考，是课程内容选择、组织、实施、评价的根本出发点和决定因素。

回望民族团结教育课程的价值追求，个人发展需要和社会发展需要的双重张力是民族团结教育课程不断发展的动力。然而现实的民族团结教育课程从理想到文本，从文本到运行，再到学生实际所获的经验课程之间差距巨大。

理想之标：民族团结教育课程的价值追求，要传递社会文化经验，培育各民族师生共同的民族情感，培育文化认同、民族认同，铸牢中华民族共同体意识，从而满足社会和谐发展的需要；是要实现青少年跨文化能力的提升，满足个体社会化的需要，建构青少年核心素养，从而满足青少年全面发展的需要；现实之境：课程缺乏整体规划，专题课程得不到有效实施，学科课程教学应试取向严重，活动课程缺乏内涵，课程资源匮乏，课程领导能力不强，课程缺乏科学评价，学生未得到应有的经验建构。民族团结教育课程从正式课程的设计到课程实施、课程评价，没有走出知识传递的阴影，处处受制于充满功利的工具理性桎梏。

现实中的民族团结教育课程并未能沿着民族团结教育课程的追求方向，去体现对社会和个人成长双方面的"育人"需要，而是异化为含有"规训"意味的说教，和以应付考试评价为目的的知识传递。面对差距显著的理想与现实，民族团结教育课程实施还需回望课程的价值本真，实践民族团结教育课程对国家、社会和个人成长需要的回应。

1. 超越学科课程的桎梏

《学校民族团结教育课程指导纲要（试行）》将民族团结教育课程定性为"国家规定列入地方课程实施的专项教育"。这一定义的初衷是以国家专项教育来凸显民族团结教育课程的极端重要意义和课程地位，列入地方课程实施是充分考虑到民族团结教育课程的地域性需要和地域性特征。然而课程计划在文本的表述上非常模糊，同时在学校浓厚的学科壁垒文化以及应试教育文

---

① 崔允漷.学校课程实施过程质量评估[M].华东师范大学出版社.2017:4.

化影响下,在民族团结教育的实施场域往往将民族团结教育专项课程的地位弱化为"非主干学科课程"。

学科中心课程的形成有着漫长的历史,强调学科课程由独立的学科组成,每门学科有目的、有意识地陈述专门的和同质的知识体系[①]。伴随着人类社会的发展,学科化课程是系统学习文化知识的最佳途径,也是提高教学效率的重要手段[②]。学科课程的取向以追求知识的系统传递和高效传递为首要目的,这在广大中小学校建立了根深蒂固的学科文化。民族团结教育课程进入学校,随即被肢解为各不相干的三个部分,各部分之间既不相关,且各自发生着异化,成为与学科课程平行的"学科",且因得不到各方重视,进一步被弱化为"非主干学科课程",这是民族团结教育课程实施困境的根源问题。

公民教育课程在我国课程设置中属于超越学科教学范畴的上位课程,民族团结教育课程作为公民教育课程的组成部分,也是超越学科课程范畴的"上位课程"。与民族团结教育相对应的民族团结教育课程是作为整体设计,以专项课程为统领,搭载学科课程、活动课程等课程实施的超学科课程,而非与语文、数学等具体的学科平行的学科课程。民族团结教育课程不论是从设计、实施、评价都应该超越学科课程的桎梏,摆正民族团结教育的应然地位,从育人角度体现对民族团结教育课程价值的追求和实现,超越就学科知识组织和传授来实施课程的观念桎梏。

2. 实现民族团结教育课程对未来社会的教育建构

教育对政治、经济、社会的发展都具有直接或间接的影响,这一点毋庸置疑。民族团结教育的社会功能之一就是促进和巩固社会的团结。学校作为社会的组成部分之一,必然地要发挥自己的教育功能实现对社会秩序的影响。

在当今分工分化越来越细致的社会,每一个社会成员都需要掌握进入社会应该遵守的基本准则,行为规范和价值导向,遵循相同的社会规范才能调

---

① 钟启泉,汪霞,王文静. 课程与教学论[M].上海:华东师大出版社,2008:134.
② 靳玉乐.国家精品课程系列教材·课程论[M].北京:人民教育出版社,2012:253.

节成员之间的冲突与分歧，从而使整个社会逐步步入有机团结的良性发展局面。民族团结教育课程作为社会课程，期望通过社会知识——民族团结知识的传播，培养青少年的社会意识，提升青少年从事社会生活的能力，成为与国家政治制度和具有普适性认同的社会生活制度相一致的公民[①]。

民族团结教育课程的实施需要通过课程实践实现这一功能的"落地"，在课程实施过程中，将民族团结作为重要的社会公德、准则和规范，重在通过实践让学生内化价值导向，从而将学生培养成为合格的社会公民，起到对未来社会的调控作用，促进和巩固社会的有机团结。

3. 实践民族团结教育课程"以文化人"的育人功能

教育天生就以"以文化人"的社会功能被人类社会发展所需要，教育与课程相伴相生，课程不仅是人类文化传承的工具和载体，而且课程本身就是一种文化，是一种独特的教育学化和人学化的文化，具有"人为"的活动性和"为人"的价值性特征[②]。我国多元一体的民族格局是在漫长的历史积淀中形成，民族团结作为一种精神文化，是中华各民族在长期的历史融合中逐步形成并融入民族血脉的文化遗产，民族团结作为一种社会伦理文化是我国作为现代国家的社会核心价值的文化映射。因此民族团结教育课程不论是从"课程文化"还是从传承的"文化内容"来说，都是对文化的加工、重组、阐释和传递。民族团结教育课程实施，就是对这一文化的活化和传递，是把文化从物质载体转移到主体人，从而促进文化的活化、形成文化的增殖、推动文化的创新[③]。

在民族团结教育课程实施中，将民族团结教育简单化为口号和宣教式的"规训"，势必弱化民族团结教育课程的文化性，从而降低和丧失课程的育人价值。反之，在课程实施中，师生通过课程文化的对话与交流，使学生理解自己和感悟世界，了解文化的历史与传统，探索自身的文化身份和文化处境，

---

① 石中英.教育哲学[M].北京:北京师范大学出版社,2007:137.
② 王攀峰.学校课程的文化学诠释[J].当代教育科学,2015,(18):34-51.
③ 王攀峰.学校课程的文化学诠释[J].当代教育科学,2015,(18):34-51.

从而建构起对异文化的包容和对中华文化的认同，真正将民族团结文化建构为学生的人文素养，达成民族团结教育的真正目的。

（二）建构各族青少年的民族团结意识

1. 强化"五个认同"

"认同"是一个心理学概念，其实质是个体心存的心理归属感，用来判断个体自我与他者之间的关系，在社会交往中"认同"的边际效应勾勒出心理归属和自我身份归属的范围。"五个认同"思想，是习近平总书记立足我国国情和发展实际、着眼于中华民族伟大复兴"中国梦"的宏伟蓝图，致力于中华民族共同体建构提出的战略思想。"国家认同"是一种重要的政治文化现象，是个体对自己归属于哪一个国家，以及这个国家是一个怎样形象的国家的心理活动。[①]国家认同是公民对国家共同体的政治认同与文化认同，在增强国民内聚力、向心力，维护国家安全稳定，以及增强国家综合竞争力、文化软实力等方面具有非常重要的作用。

我国是一个统一的多民族国家，民族团结教育课程实施需要强化国家认同，从另一方面来说，国家认同和民族团结是一体两面的关系，没有国家认同，民族团结也就无从谈起。"中华民族"是我国56个民族的上位概念，周国平认为，中华民族是一个政治实体概念，而56个民族是历史文化共同体，这一逻辑关系在费孝通的"多元一体格局"理论中有详细的逻辑论述。"中华民族和56个民族的关系，是一个大家庭和家庭成员之间的关系，各民族之间的关系，是家庭不同成员之间的关系"，形象地说明了这一逻辑关系。中华民族的认同是对中华民族的认知与归属，是铸牢中华民族共同体的内在动因。民族团结倡导56个民族之间的团结，团结的结果必然是对中华民族共同体的认同。反之，对中华民族共同的高度认同也必然促进56个民族之间的团结。中华民族融凝一体的历史进程中蕴含着丰富的教育资源，民族团结教育课程

---

① 王德民,徐黎丽. 类主体视阈下少数民族国家认同的历史维度[J]. 西北民族大学学报(哲学社会科学版),2018,(1).

实施应该充分利用这些教育资源，建构学生对中华民族的认同，从而内化民族团结意识。习近平总书记说，灿烂的中华文化是各民族共同创造的，中华文化历久弥新，各民族文化交相辉映，是中华文化的重要组成部分。[1]中华文化是中华民族的强大文化自信的根源，是中华民族生存与发展的力量之源和精神之基，是中华各民族在长期的生产生活和交往交流交融中形成的文明成果。对中华文化的认同，是中华民族凝聚力形成的内在动力，蕴藏着价值的选择和社会意识的建构，它始终以强大的感召力，凝聚中华儿女形成凝聚意识，不断强化着中华民族的内部团结。民族团结教育课程实施要充分利用灿烂的中华文化，让学生把根扎在文化的土壤里，把魂系在中华文化中，汲取中华文化的力量源泉，是深化民族团结的重要手段。"五个认同"是我国作为统一多民族国家，增强内部凝聚力，提升综合国力，强化文化软实力的根本保证，民族团结教育课程实施需要通过建构"五个认同"来形成各族师生的共同认识，通过增强内聚力来提升民族团结意识，也为未来社会的和谐稳定和发展奠定坚实基础。

2. 建构马克思主义"五观"

我国是一个统一的多民族国家，马克思主义"五观"教育对学生以辩证唯物主义哲学观正确地认识国家、民族、文化、宗教、历史具有非常重要的意义。马克思主义民族观是认识我国民族政策、保障少数民族平等权利根本的钥匙，秉持马克思主义民族观，可以有效拒斥狭隘的民族主义倾向，建立开放包容的民族观，正确认识党的民族理论和民族政策，从而自觉地坚持民族平等，维护民族团结。马克思主义宗教观是辩证唯物主义的宗教观，阐明了宗教产生发展和消亡的必然历程，马克思主义宗教观的教育可以帮助学生正确认识宗教，防止宗教极端化倾向，正确认识宗教和民族的关系，了解并正确认识党的宗教信仰政策，从而自觉遵守和执行宗教法规，拒斥利用宗教极端制造分裂的阴谋。马克思主义国家观教育可以帮助学生正确理解国家、

---

[1] 新华网. 习近平在全国民族团结进步表彰大会上的讲话[EB/OL].2019-9-27:http://www.xinhuanet.com//politics/leaders/2019-09/27/c_1125049000.htm

民族和个人的关系,充分认识祖国是各民族共同的家园,是中国各民族利益保障的基石,以祖国利益为己任,维护祖国统一,践行民族团结,反对民族分裂和分裂国家行为。马克思主义文化观是辩证唯物主义的文化观,阐明文化与民族生存、发展的辩证关系,充分认识本民族文化与中华文化的辩证统一关系,认识本民族文化与他民族文化之间的平等关系,从而正确看待文化汉化与变迁,建立兼容并蓄的文化观,建构对中华文化的高度认同。马克思主义历史观是历史唯物主义历史观,能够正确认识人类社会发展的必然方向,正确看待历史上的民族交往、融合、发展和斗争的关系,从而从根本上认同"我们悠久的历史是各民族共同书写的",建立对中华民族历史的认同,内化为民族团结意识。综上所述,马克思主义"五观"相互联系,相互补充,对于有效教育引导广大青少年正确看待民族、宗教、文化、历史、祖国有着重要的意义。民族团结教育课程实施需要关照到不同个体对国家、民族、文化、历史、宗教的前知识,通过课程实施互动,帮助学生纠正认识偏差,通过知识传递与社会实践,建构起马克思主义"五观",帮助学生提升对国家、民族、宗教、历史、文化的正确认识,筑牢意识形态领域反分裂防渗透的坚固防线。

3. 建构中华民族共有的精神家园

"各民族共有精神家园"是习近平总书记在2014年中央民族工作会议上首次提出的概念,其后在党的十八大和十九大报告,以及全国民族团结进步大会上的讲话中屡次提及,体现了这一思想成为"铸牢中华民族共同体"的战略路径。关于各民族共有精神家园,学者进行了一系列研究和阐释,"各民族共有精神家园是统一多民族国家建构的中国话语[①]" "中华民族共有精神家园,是各民族全体成员的精神归宿、精神依托,基于各民族共同生活实践,形成并不断发展[②]。"习近平总书记在全国民族团结进步大会上的

[①] 马俊毅.国家建构与各民族共有精神家园建设——基于统一多民族国家建构中国话语的理论分析[J].中央民族大学学报(哲学社会科学版),2019,46(5):28-38.

[②] 马晓媛.新形势下建设各民族共有精神家园研究[J].青海社会科学,2019,(6):176-179.

讲话准确阐释了"中华民族共有精神家园"的内涵——中华民族这个政治实体是其物质基础，社会主义核心价值观是其核心，中华民族精神是其灵魂，中华民族灿烂文化、中华民族多元融凝一体的文明历史是其内容，中华民族伟大复兴的"中国梦"是其追求。在中华民族精神家园的内涵中，不难发现，在所有要素中，最重要的是中华民族精神之魂，和追求"中国梦"的理想之标。

民族团结教育课程实施需要挖掘中华民族精神之内涵，通过系列实践，通过认知、情意全方位的教育，使中华民族精神融入学生血脉，以民族精神独有的导向、凝聚、塑造、激励功能凝聚各族青少年儿童的心灵。广大青少年儿童是未来社会的建设者，是未来社会的中坚力量，从小树立远大的"中国梦"共同理想，是铸牢中华民族共同体的重要举措。民族团结教育课程实施需要以开放的课程观吸纳党和国家关于民族团结工作的最新战略思想，以树立各族青少年儿童共同的"中国梦"为引领，以内涵博大，凝聚、激励作用凸显的中华民族精神为精神纽带，发挥共有精神家园的强大感召力，推动各族青少年团结凝聚，实现未来社会公民更高层次的民族团结水平。

4. 铸牢中华民族共同体意识

习近平总书记于2014年全国民族工作会议上首提"积极培育中华民族共同体意识"，在党的十八大、十九大报告中明确提出"铸牢中华民族共同体意识"，并将这一思想写入党章，从而明确了"铸牢中华民族共同体意识"是民族团结工作的核心理念和追求目标。对于统一的多民族国家而言，如果缺乏"身份意识""民族认同意识"，必然会使国家缺乏凝聚力，软弱涣散，因此铸牢中华民族共同体意识具有提供精神内涵和行动指引的功能，也为民族团结进步和和谐发展事业提供共同的价值导向。从教育功能的角度来看，培育学生中华民族共同体意识是教育功能的一种体现，从学生个人角度来说，具备中华民族共同体意识是对个人全面发展的一种实现，也是公民素养的提升。近年来，学术界对"中华民族共同体意识"的研究非常丰富，从内涵、外延、实现路径方面给出了不同学科、不同视域、不同角度的阐释。当前普遍认为中华民族共同体意识是一种心理意识，一种民族观，一种国家认同。高承海认为，这是理解中华民族共同体意识的三个维度。①从三个维度来理解中华民族共同体意识使得这一意识培育更具有操作性。因此，铸牢中华民族共同体意识，需要从三个维度上进行，一是进行国家观的教育，二是民族观的教育，三是通过历史文化观教育以及实践活动的综合手段经历对"中华民族共同体意识"的认同教育。民族团结教育课程实施需要从这三条路径入手，合理规划实施方法和路径，通过课程实施使铸牢中华民族共同体意识这一价值追求得以实现。

（三）实践社会对青少年发展的终极关怀

1. 培育公民意识。 民族团结教育课程的价值追求之一就是建构个体的公民意识。公民意识，是指公民对自己在国家中的地位和作用的认识，是公民以宪法和法律规定的基本权利和义务为依据，以自身作为国家经济生活、政治生活、文化生活和社会生活等活动主体的一种心理感受与理性认识。它包括公民的主体意识、权利义务意识、参与意识、自由平等意识等内容。公民意识是现代民主国家存在和发展的心理基础和思想基础。所谓公民意识教育，就是国家和社会通过各种途径所进行的旨在激发社会成员对公民身份内在自觉的教育活动和教育过程。②多民族国家的公民意识培育，需要处理好统一性和多样性的关系。作为统一的多民族国家，需要在国家认同、公民权利和义务意识、意识形态、核心价值等方面有统一性，没有这种统一性，国家的统一和团结就失去了根基③。民族团结教育课程必须首先把握民族团结教育课程属于公民课程的组成部分这一课程性质，在实施中既要关注民族文化现象，还必须把公民意识培育放在首要的位置。在公民意识教育中，既要注意培育公民意识的统一性，还要具有文化包容性，承认和尊重各民族固有的历史传

---

① 高承海.中华民族共同体意识:内涵、意义与铸牢策略[J].西南民族大学学报(人文社科版)，2019,40(12):24—30.
② 王宗礼.论多民族国家的公民意识教育[J].西北师大学报(社会科学版),2011,(4):6—10.
③ 王宗礼.论多民族国家的公民意识教育[J].西北师大学报(社会科学版),2011,(4):6—10.

统、宗教信仰、语言文字习惯，注重从民族文化中挖掘有利于公民意识教育的资源，把公民意识教育与民族文化有机地结合起来①。

2. 促进异文化个体交流与合作。我国是一个统一的多民族国家，当代社会全球化、信息化、现代化的迅猛发展加速了社会各阶层之间的人员流动和接触频率，生活中在这样一个开放、发展的时代，不同文化、不同群体人员之间的交流与合作成为时代发展的需要。对于个体而言，需要学会了解、理解、接纳、认同和欣赏不同文化，需要学会与来自不同文化群体的异质群体交往、交流、合作进而达到融合一体。马克思主义民族观认为，民族是一个历史范畴，有它自身形成、发展和消亡的客观规律。在当前的历史条件下，民族作为人类社会发展的历史文化现象还将在较长时间内存在。我国各民族在长期的交往交流中既融凝一体，又和而不同，既有民族之间涵化融合的历史印记，也有各民族在历史发展中流传下来的多元化特点，这些多元化特征是中华文化的财富，但也在一定条件下会制约异文化群体的交往交流交融。民族团结教育课程以建构民族团结意识为主要目的，必然需要关注到文化现象，在课程实施过程中，需要引导不同文化的个体了解、理解、接纳和欣赏不同文化，搭建不同文化个体在课程实施过程中交往交流交融的平台，促进不同文化个体间的交流与合作，提升在异质群体中学习、生活、工作的包容接纳能力。

3. 传递多元文化知识。"文化是一个民族的魂魄，文化认同是民族团结的根脉。"②我国统一的多民族国家的发展历程积淀了丰厚的文化底蕴，形成了多民族共同创造的灿烂文化。中华文化博大精深，兼收并蓄，历久弥新，各民族文化互鉴融通，交相辉映。灿烂多彩的中华文化成为中华民族这一唯一没有断绝过的文明绵延发展的内在张力，成为中华儿女强大文化自信的根源。民族团结教育课程的多元化品格决定了，民族团结教育课程的实施需要

---

① 王宗礼.论多民族国家的公民意识教育[J].西北师大学报(社会科学版),2011,(4):6-10.
② 习近平在全国民族团结进步表彰大会上的讲话[EB/OL].新华网.2019.9.27:http://www.xinhuanet.com//politics/leaders/2019-09/27/c_1125049000.htm

承担多元文化知识的传递功能，一方面在文化传递的过程中培育对中华文化的认同，另一方面传承民族文化，欣赏民族文化，培育包容的文化鉴赏能力。文化的形式多种多样，这就决定了难以以教材形式囊括所有的文化内容，民族团结教育课程实施应该在不违背课程旨归的前提下，吸纳地方文化元素和文化遗产，因地制宜地采取多样化的手段传递多元文化内容。

4. 提高跨文化理解交流能力。 任何课程都必须关照学生的身心全面发展，因而，民族团结教育课程的首要目标是促进未来公民的身心发展。即民族团结教育"必须贯彻育人为本的原则，必须从不同地区的实际和各族学生不同年龄阶段身心发展的特点出发"[①]，去提高各民族学生跨文化的能力。由于民族团结教育课程真正的意图在于"利用课程这座承载着教育对话的桥梁，为来自不同民族、不同文化背景的个体能够进行平等的交流与合作搭建一个对话平台[②]。让其能够在此平台上，形成对中华多元文化积极的、适应的态度，同时协调自身文化与其他民族文化间的差异。培养多民族国家不同民族的个体处理民族、文化差异的能力，即跨文化能力。所以说，民族团结教育课程实施须秉承世界多民族、多元文化的理念，增强各民族学生掌握跨民族、跨文化交流与合作的能力。在我国多元一体的多民族、多元文化社会，全体民族成员只有超越不同民族和文化界限，才能积极参与到社会公共事务和公共对话中来。在我国56个民族的大家庭中，只有不同民族的个体对异文化有积极的适应态度及能力，不同个体才能在自身文化身份认同、民族认同及国家认同间找到平衡点，才有能力应对不同民族文化间所产生的矛盾与冲突。因而，对学生跨文化能力的培养，包括培养其文化理解能力，通过认知、体验、欣赏不同文化，增强文化包容能力，形成对多元文化的理解与尊重，是一个多民族、多元文化社会合格的公民的基本要求。能力的培养需要实践，提高跨文化能力需要民族团结教育课程实施因地制宜提供体验和实践的机会，

---

① 教育部办公厅国家民委办公厅关于印发《学校民族团结教育指导纲要(试行)》的通知[J].小学德育,2009,(1):4-7.
② 邵晓霞.论课程的对话意蕴[J].西北师大学报(社科版),2012(2):117-122.

在各族师生交往互动中提升跨文化能力。

5. 促进核心素养建构。近年来,"核心素养"作为适应21世纪的关键能力,逐步走入课程领域,成为国际、国内研究的热点。对于核心素养的概念界定有很多,得到广泛认可的是"人适应时代和知识社会的需要,解决复杂问题和适应不可预测情境的高级能力与人性能力"[1]核心素养是一个多维度、多功能的概念,是知识、技能、态度情感的集合,具有整体性。核心素养的形成过程是个人与社会协同作用下的渐进过程。学生发展核心素养一定是社会群体成员共有的素养,也是每一名学生获得成功生活、适应个人终身发展和社会发展都需要的、不可或缺的共同素养[2]。

民族团结教育课程的价值追求关注个人终身发展,满足社会发展需要,这一价值追求与核心素养"适应个人终身发展和社会发展需要不可或缺的共同素养"相吻合,因此民族团结教育课程也是建构学生发展核心素养的重要组成部分。基于核心素养的民族团结教育课程实施,关注民族团结教育课程在认知、情意各方面的综合,关注整体的人的发展。基于核心素养建构的民族团结教育课程实施,不再局限于知识传递,更应该是能力、技能、情意体验,以及态度转变和价值动机的建立[3],通过个人与社会的协同作用实现核心素养建构,提升应对复杂问题的能力和适应不可预测情境的能力。

(四)彰显民族团结教育课程的人文秉性

民族团结教育课程是一门社会课程,它以促进民族团结为手段,实现个人和社会的共同发展为终极目标,体现对个人和国家、对个体与社会、对民族和对国家、对中华文化和对多元文化的多维度关怀的人文秉性。

1. 体现以人为本的课程理念。民族团结教育课程既要考虑国家、民族利

---

[1] 张华.论核心素养的内涵[J].全球教育展望,2016,(4):1-15.
[2] 辛涛,姜宇,林崇德,等.论学生发展核心素养的内涵特征及框架定位[J].中国教育学刊,2016,(6):3-7,28.
[3] 刘刚.以公民教育素养为目标的民族团结教育模式改革[J].新疆社会科学,2014,(5):58-63,161.

益和战略因素、社会需要因素，还必须考虑的是青少年儿童成长的需要，这就需要课程实施实现对个人发展需要和国家发展需要的辩证统一。儿童的需要是教育的原生动力，民族团结教育课程作为以国家意志纳入学校课程开设的社会课程，从课程的设立上具有鲜明的国家意志倾向，然而作为一门在学校开设的课程，不论承载怎样的使命都必须考虑学生的主体性。民族团结从本质上来说，之所以被需要，不仅仅是"反对民族分裂""社会稳定、国家统一"的需要，也是个体面对复杂社会环境，面对不同文化群体时所必须具备的生存文化需要。因此课程的实施必须树立一种以人为本的课程观，尊重、重视和关爱受教育者，关注他们多元的文化背景、文化身份、认知结构，表达与寻求对受教育者的终极关怀。不仅强调国家意志、集体精神，更应该充斥着对青少年的价值，社会人的价值，对人的幸福生活的终极关照，充斥着对美好生活无限向往的理想与追求。

2. 注重对学生"全人"发展的关怀。 我国的教育是在马克思"人的全面发展"的指导思想下实施的教育，马克思对人的全面发展学说包括人的智力和体力，才能、志趣、道德品质的全范围发展。我国教育目的也明确指向"培养德、智、体、美、劳全面发展的社会主义建设者和接班人"。民族团结教育课程必然遵从教育目的指引，关注学生"全人"的发展。在多元化、一体化、全球化发展的今天，社会对人的要求和人自身发展的要求统一起来，就是需要培养全面发展的人。人的全面发展不仅需要科学文化知识增长和生物学意义上个体成长，还需要个人精神生活的完整成长，这离不开个人认知、身份归属的健康发展。每个人来到这个世界，就被逐步建构出不同的身份，既是国家的公民，也是民族成员、家庭成员、某学校的学生、某班级的学生等等。民族团结教育课程的实施需要关照儿童的多元文化身份认同和文化自觉，关照认知和情意发展的统一，体现对儿童全面发展的人文关怀。

3. 实现对国家需要和对民族发展需要的统一。 我国是一个统一的多民族国家，56个民族从历史长河中走来，从多元起源融凝为多元一体发展的美好现实。中华56个民族经历近代百年屈辱自觉为中华民族，并在中国共产党的领导下推翻三座大山压迫，成立了中华人民共和国。自此，中华人民共和国成为56个民族共同发展，荣辱与共，携手并进的共同家园。面对纷繁多变，竞争严酷的国际环境，国家发展才能保证各民族共同的利益得到充分满足。多民族国家不可避免地面对国际竞争和发展压力，这就需要提升自身的凝聚力来增强整体的软实力，不断增强国民向心力和内聚力，因此民族团结教育课程成为国家增强自身实力，消弭内部矛盾，求同存异，共同发展的需要。我国各民族从历史长河中走来，多元的民族结构构成了一体化发展的中华民族，各民族在社会主义初级阶段，在共同建设祖国的前提下有着自己民族的发展需要。民族团结教育课程在实施中既需要满足国家对统一性的要求，也需要满足各民族多元化发展的需要，这是民族团结教育课程对国家统一和民族发展共同关照，实现辩证统一的品格。民族团结教育课程实施必须实现这一需要的统一。

4. 体现关怀多元文化发展的课程品性。习近平总书记在全国民族团结进步表彰大会上的讲话中说，"我们灿烂的文化是各民族共同创造的，中华文化是各民族文化的集大成者……中华文化之所以如此精彩纷呈、博大精深，就在于它兼收并蓄的包容特性……各族文化交相辉映，中华文化历久弥新，这是今天我们强大文化自信的根源"。这一论述清晰地表明了中华文化和各族多元文化之间的辩证关系，中华文化是各民族共同创造的，多元文化是中华文化的重要组成部分。民族团结教育课程具有人文性、文化性特征，民族团结教育课程实施中要处理好中华文化和多元文化之间的辩证关系，既强化对中华文化的高度认同，也关怀多元文化的发展。

（五）由理想世界回归生活世界

布鲁纳认为，"教育是一种生活方式"，当教育寻求对政治、经济和文化的适切性时，就必须寻求回归于生活世界。[①]我国基础教育课程改革提倡课程向生活世界回归，强调生活世界与科学世界的统一，从"生活世界"的视域

---

① 徐文彬,王爱菊.布鲁纳的课程理论:从美妙理想回归现实生活[J].西北师大学报(社会科学版),2005,(5):57-60.

来重新审视课程文化①。课程实施是一种实践活动，所面对的对象是发展中的人，以人的全面发展为最终目的的教育实践活动应回归到特定的生活场域来展开。民族团结教育课程实施回归生活世界，强调的就是民族团结教育课程应该与社会、与儿童的生活紧密相连，实现有机融合。这种融合，既要求课程实施与学生生活相联系，又包括课程实施与教师生活相联系，还包括课程本身与现实生活相联系②。课程是人类认识世界、改造世界，与世界和谐发展的过程中从生产生活中提炼出来的人类经验，来源于生活世界的课程凝练为符号化的理想世界，就缺失了人的生活的丰富性和生动性。民族团结教育课程源于人类生产生活中对人类种群、族群、文化群体冲突后形成的理性回归，符号化的民族团结教育课程内容构成了民族团结教育课程的理想世界，在课程实施中只有回归生活，才能凸显课程主体——学生的主体性，从而找回课程实施中缺失的人文精神，寻求课程自身生长的基点，实现价值理性、工具理性和人文感性的完美融合，为学生的成长和学习提供自由发展、自主成长的精神家园。

二、民族团结教育课程实施的原则

课程实施是一个包括理念、主体、过程、方式和评价等要素在内的实践活动，理念是课程实施的指导思想，是对课程实施价值实现的逻辑化和抽象概括，规范着民族团结教育课程实施的行为与实践。

（一）整体育人原则

1. 全员育人原则。在课程实施过程中，决定课程实施成败的最关键角色是教师。民族团结教育课程是一项复杂的系统工程，对学生民族团结意识产

---

① 张庆华,邵景进."生活世界"视域下课程文化的重建[J].教育探索,2013,(3):6-8.
② 杨进红.论课程实施的立场、取向及路径[J].当代教育科学,2014,(23):22-24.

生影响的最活跃因素是教师和学生之间、学生和学生之间的交往互动。在前文的学校量化调研中可见，对学生民族团结意识影响最大的并非思政教师，而是班主任，对学生民族团结意识产生影响的是全体教师。涂尔干的两种类型团结对民族团结教育课程实施具有极大的启示作用。在民族团结课程实施过程中，通过集体意识和规则可以把相对同质性的人联结在一起，如学校班级的建立等。班集体的建立初期必然是机械的团结，后期通过师生之间、生生之间学习生活角色的高度分化可以使成员相互之间产生依赖，使异质性的成员有机团结。在学校环境中，教师和学生之间的关系既是教育者和被教育者的关系，也是相互影响的关系，教师和学生作为相互依赖的群体，教师的一举一动都受到学生关注，也促成学生与教师之间的团结。因此民族团结教育课程实施必须动员全体教师参与，不论学科不论角色，充分发挥教师在民族团结教育活动中重要的教育资源作用，发挥教师对学生的知识传授、情感互动、理想引领、交往倾向等多种因素的影响，发挥全员灵魂工程师的角色，主动积极地参与到民族团结教育课程实施的过程中，才能真正推动民族团结教育课程实施落到实处。

2. 全程育人原则。 民族团结教育不是一朝一夕就能见到效果的，它需要在较长的时间内，持续地给予受教育者以影响。在调研中我们发现的被动教育模式，时紧时松，有些甚至密集地将教育课程设置在民族团结教育月中，这样的课程难以起到真正的教育作用。民族团结教育课程从广义上来说，是铺设了一条"跑道"，让学生在跑道上行进的过程中，随时随地受到有目的有计划的教育影响。这条"跑道"从时间长度上来说，从学生跨入校门直至毕业，从广度上来说，不论课堂内外，都是民族团结教育课程实施的场域。

3. 全方位育人原则。 全方位育人是从广度上覆盖学校各项教育活动，涵盖课堂教学、制度管理、学生管理、社团建设、少年宫活动、党团队活动、校园文化建设、学风建设、校风建设、感恩教育、节庆活动、社会实践等等平台，都应该将民族团结教育课程实施纳入其范围，让民族团结教育覆盖到学生学习、活动、日常生活的方方面面。

（二）知情意行统一原则

民族团结教育课程实施是一项教育实践活动，实践活动的品性要求知行统一。认知是民族团结意识形成的内在依据，也是判断是非曲直的标准，没有正确的民族团结认识就难以形成正确的思想倾向和习惯行为。在民族团结课程实施过程中需要搭载课堂渠道，进行民族团结知识、民族政策知识等的传递，这些知识的认知能够建立正确的认识基础。人是感情动物也是社会动物，人类从事社会活动不可避免地伴随着情感参与。共同的民族情感是维系民族团结的纽带，在民族团结教育课程实施中，情感教育是最生动的部分，因此必须注重感情纽带的建立和维系，通过交往互动建立有机团结的社会基础。意识是调解行动、克服困难的心理活动，民族团结教育的目的之一就是要建立民族团结意识，这一意识的建立能够调动主观能动性，自觉地调节交往互动倾向，形成克服困难，维护民族团结的自觉行动。行动是民族团结意识的外显行为，具有强烈民族团结意识的人能够自发地做出维护民族团结的行动，这是民族团结教育追求的终极目标。民族团结教育课程实施应该综合采用多种实施路径，从知情意行全方位提升民族团结意识，推进民族团结教育课程有效实施。

（三）民族团结教育与公民教育相结合原则

民族团结教育课程受到工具理性的影响，一段时间以来局限于教育的民族属性，就尊重差异来谈民族团结，就民族视域来谈团结教育，导致民族团结教育课程走入误区，简单引入西方的多元文化理念，一味强调"文化添加"文化身份认同和对"多元文化"的尊重，这一课程设计取向导致课程一味强化56个民族之差异而一定程度上弱化中华民族之一体。习近平总书记在党的十八大后对民族工作的论述以铸牢中华民族共同体意识，铸牢中华民族共同体为核心，强调了在民族团结工作中强化"共同体"的积极意义。本研究将民族团结教育课程定位为公民课程的重要组成部分，正是基于对前期偏误的认识。从民族团结课程培养文化包容性和多元文化鉴赏能力的角度，需要在民族团结教育课程中开展民族优秀传统文化教育，但不论出于什么目的和原因开展任何形式的教育活动，决不能偏离民族团结教育属于公民教育这个范畴，割裂公民教育对民族团结教育的包容关系，任何违背公民教育，影响公民意识建构的教育形式都是违背民族团结教育课程价值追求初衷的。因此民族团结教育课程实施必须把握民族文化教育与公民教育相结合的原则。

（四）多样性和统一性平衡原则

当今世界绝大部分国家都是多元文化的国家，多元文化社会面临的一大问题就是，如何让自己的国家既能包容公民多样性，又能让公民形成一套共有的价值观、理想和目标。[1]大多数国家都存在着文化、民族、种族、语言以及宗教多样性。这些国家都必须处理多样性和统一性的平衡问题。多样性和统一性平衡可以更好地团结少数族群，保障他们的权力，但是统一性不足，又容易导致国家分裂。[2]我国是统一的多民族国家，多元一体格局决定了进行民族团结教育课程实施必须保持多样性和统一性平衡。费孝通老先生的多元一体格局理论对中华民族的认同与56个民族的民族认同的逻辑关系进行了论述，有创见地厘清了两类认同的包容关系；习近平总书记提出的"以铸牢中华民族共同体意识为主线"，为民族团结教育课程实施提供了在方法论意义上的方向指引，为新时期民族团结教育课程实施如何把握多样性和统一性平衡提供了标尺。

（五）及时的反馈与调节原则

拉尔夫·泰勒的目标模式阐明，预设的课程目标决定了教育教学活动中的一系列趋向，最终都趋向于目标的实现。民族团结教育课程实施的过程就是将课程方案付诸实施的动态过程，这一过程由众多主体参与，发生着复杂的

---

[1] Jamesa.banks.多元文化国家的多样性及公民教育[J].湖南师范大学教育科学学报,2013,(3):5-11.
[2] Jamesa.banks.多元文化国家的多样性及公民教育[J].湖南师大教科学报,2013,(3):5-11.

相互作用，这就决定了民族团结教育课程实施是一个复杂的动态系统。在这一系统中，要确保民族团结教育课程实施在最佳的状态下运行，就应该引入反馈与调节环节，以不断地从反馈信息中获得修正的动力和方向。本研究前文已阐明，实然的民族团结教育课程实施陷入困境，与民族团结教育课程实施的评价机制缺失有极大关系，因此应然的民族团结教育课程实施应该秉持及时的反馈与调节原则。这一原则呼唤课程设计和教育行政部门出台科学合理的民族团结教育课程实施监测与评价体系。

三、民族团结教育课程实施的应然路径

根据《学校民族团结教育指导纲要（试行）》的要求，"中小学要设置专门的民族团结教育课程"，学校民族团结教育"要通过课堂教学、专题教育活动和实践活动等多种方式，把民族团结教育贯穿到小学至高中教育阶段的教学、育人全过程中[①]"。专门的民族团结教育课程，即本文定义的民族团结教育专项课程；课堂教学即融于各学科教学的民族团结教育课程；实践活动即学校日常开展的各类活动课程。

（一）课程范式的转型与重建

民族团结教育课程在学校实施中显现出来的问题既有实施层面的问题，亦有设计层面的问题。民族团结教育课程在设计阶段显然过于重视民族团结教育专项课程，且专项课程与融于学科课程的民族团结教育部分、活动课程三项分立，三者缺乏联系，导致实施过程中学校民族团结教育课程有名无实，缺乏整体规划，实施效果人尽如人意。因此，要将民族团结教育课程三项分立的内容进行有机联系与整合，以转变民族团结教育课程三项分立，实施路径断裂的窘迫境遇。

---

① 教育部办公厅国家民委办公厅关于印发《学校民族团结教育指导纲要（试行）》的通知[J].小学德育,2009,(1):4-7.

1. 整体课程范式的转型——课程观的嬗变

整体课程范式是在分科课程与经验课程的冲突和融合过程中，基于对"学生作为完整的人"的认识，而从系统的、整体的课程价值角度来解决课程问题的方法论。整体课程范式视域下的课程以促进学生全面发展为核心目标，课程内容涵盖为学生全面发展所能提供的一切知识和经验，课程设计与课程问题研究的方法与思维模式超越学科藩篱，强调各学科课程之间相互关联，课程的部分与整体之间有机关联，课程共同体之间紧密相关，秉持共同的课程信念和价值观对待课程问题[1]。整体课程范式课程观即是以整体课程范式的方法论认识课程现象、解决课程问题、实践课程教学的观念与理念。

（1）课程目标的选择

整体课程范式的基本目标是促进每个学生的全面发展，在处理学生、社会、学科知识三者关系时，把知识的学习和掌握作为学生成为完整的人、获得全面发展的基本途径和手段，把社会发展的需要看作是学生发展的方向，有机整合学生、社会、学科知识三者的发展需要[2]。

实然的民族团结教育课程目标选择突出了国家和社会的需要，而对青少年的需要关照不足。在民族团结教育的价值追求中，不仅要考虑国家发展的追求，还应关注和顾及青少年本身的发展追求[3]。拉尔夫·泰勒提出，"任何单一的信息来源，都不足以提供能让学校为教育目标作出全面且理智的决定的基础[4]"，课程目标的来源，应来源于对学习者本身的研究、来源于对当代校外生活的研究、来源于学科专家的建议，然后以哲学和学习心理学为选择依据，来确定最终的课程目标。

通过三个来源的系统考察，将学习者本身、国家与社会的需要、民族团结知识有机整合，以我国建立民族政策依据的马克思主义哲学、教育哲学和

---

[1] 傅敏.论学校课程范式及其转型[J].教育研究,2005,(7):38-43.
[2] 傅敏.论学校课程范式及其转型[J].教育研究,2005,(7):38-43.
[3] 欧阳常青.论民族团结教育的价值、属性及其实践路径[J].民族教育研究,2019,30(3):46-53.
[4] [美]拉尔夫·泰勒著.课程与教学的基本原理[M].罗康张阅译.北京:中国轻工业出版社,2014:5.

学习理论为筛子,筛选出符合哲学价值,适合学生学习的目标内容,方能获得明智的民族团结教育目标。

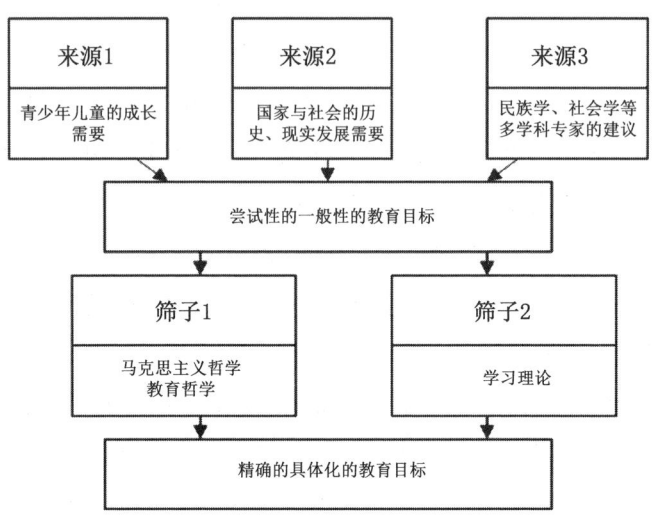

图 7-1　民族团结教育课程的目标来源

(2) 课程内容的组织

整体课程范式的课程观期望提供给学生的课程是相互联系、彼此协调有致的整体,构成每门课程的部分与部分之间、部分与整体之间彼此关联,课程连续体作为一种整体存在于每一部分之中,课程整体与部分之间全息相关[①]。

民族团结教育课程的内容非常丰富,整体课程范式视域的民族团结教育课程内容应将民族文化、地域文化、中华民族文化进行有机整合;直接经验与间接经验相互整合;个人经验与社会经验相互整合;在内容的架构上,应从整体设计各学科课程中的民族团结元素、专项课程的内容、活动课程的内容,使各部分有机相连,各部分内部相互关联,形成融合互洽的有机整体,

---

① 傅敏.论学校课程范式及其转型[J].教育研究,2005,(7):38-43.

体现知识、能力、情感的整体性。

(3) 课程实施

整体课程范式下的民族团结教育课程强调课程设计到实施的整体性、平衡性和动态性。在课程实施中以整体的课程观来建构开放、动态的课程实施系统。民族团结教育课程的纵向体系与横向体系相互协调,课程实施主体相互关联,教学相长。学习者的知识与能力、过程与方法、情感与价值观各向平衡发展。

(4) 课程评价

整体课程范式下的课程评价不是终结性评价,而应是注重过程全要素平衡的动态评价。以整体的视角对课程的背景、课程实施过程中的输入要素、课程实施的过程、课程实施的成果进行整体评判,各评价环节之间相互关联,互为反馈主体,从而促进课程系统不断优化。

2. 整合课程——民族团结教育课程的理想形态

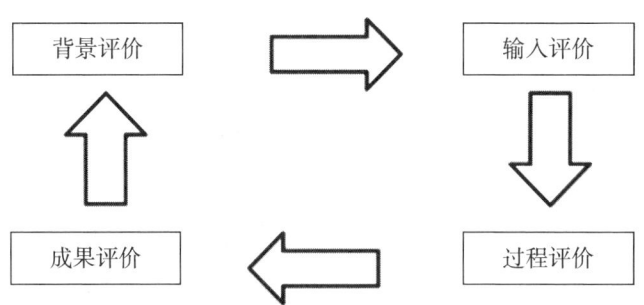

图 7-2 整体课程范式下的课程评价系统

英国教育社会学家伯恩斯坦区分了两种类型的教育知识代码,一是集合代码,另一种是整合代码,由此将课程分为两类:集合型课程和整合型课程。集合型课程分类严谨,知识通过明显分离的学科等级组织和分配,具有高度分化和相互隔离的分科课程特征。整合型课程知识组织分类弱,学科间的分化松散,但整体可以被统整起来。这是依据知识的社会学特征进行的分类,充分考虑到了知识的社会学特征①。整合课程思想最早可以追溯到19世纪的齐勒计划和帕克计划。20世纪上半叶，以杜威为主要代表人物的进步主义教育运动提倡儿童本位教育观，倡导课程整合，主张以活动、专题作为课程的组织中心，并采用问题解决的方式进行学习。同一时期，还有改造主义教育学派的问题中心课程观，主张以问题为中心设计课程。整合课程实质上是一种采用各种有机整合的形式，使学校教学系统中分化了的各要素及其各成分之间形成有机联系的课程形态，它是一种新型的课程形态②。它以社会问题为组织中心，打破学科界限，整合课程内容，试图融合学科课程造成的知识、认知的分裂③。其实质是在整体课程范式指导下，对相互分割又彼此关联的学科课程、活动课程中知识、技能、情感态度与价值观的解构与系统重构。

民族团结教育课程的内容涵盖广泛，从知识内容上来说，有民族知识、历史知识、地理知识、民族政策、民族基本理论等；从教学形式上来说，有课堂教学、主题活动等等。民族团结教育课程应该秉持从整体的课程目标，分化到不同课程形式完成分目标，通过整体的课程实施，最终建构为民族团结意识。

(1) 学科课程知识的整合

中小学界线分明的学科课程承担着不同领域的学科内容，但每一种学科都蕴含着丰富的民族团结元素。品德与社会课程中在不同阶段均有民族知识、民族政策知识；历史课程尤其是中国历史，传递在不同历史时期中华民族的历史交融；地理课程中有国家不同地区的人口分布，民族分布等知识。这些知识散在于各学科内容中，但整合起来即能构筑起民族团结所必需的相关知识体系。

(2) 与地方课程、校本课程的整合

基础教育课程改革的重要内容之一就是改变了一本通行全国的课程权力

---

① 靳玉乐.国家精品课程系列教材·课程论[M].北京:人民教育出版社,2012:126.
② 黄甫全.整合课程与课程整合论[J].课程.教材.教法,1996,(10):6-11.
③ 韩雪.课程整合的理论基础与模式述评[J].比较教育研究,2002,(4):33-37.

过于集中的课程管理体制，实行了国家课程、地方课程、校本课程三级课程管理体制，以增强课程对地方、学校和学生的适应性。我国幅员辽阔，各民族大杂居小聚居的分布格局决定了不同地域有不同的政治、经济、文化和历史沿革，同时不同地域又有地区独特的民族性特征。民族团结工作需要结合当地的政治、经济、文化和历史沿革以及当地的民族特色设计课程。因此，民族团结教育课程必须具有鲜明的地域特征，这也就决定了民族团结教育从课程设计到实施必须考虑地域因素，三级课程这一国家课程政策为民族团结教育课程的地方适应性提供了很好的搭载平台。地方课程的开发必须将民族团结要素融入其中，充分吸纳地方民族团结教育资源，充分考虑地方民族分布特点，针对性地开发地方课程。民族团结活动课程的设计和实施主体是学校，活动课程形式多样，方式灵活，学校可以根据本校的校本特色因地制宜地设计民族团结活动课程。

(3) 情感情意的整合

语文课通过家国情怀培育，塑造强烈的爱国主义等情感。历史课通过丰富的史实，建构中华民族的历史认同；地理课通过人文地理知识的教授，建立疆域边界，认识民族分布格局；理科课程建立辩证唯物主义科学世界观，培育学生科学理性；艺术课程通过多姿多彩的艺术形式，建构对中华文化的艺术认同；品德与社会课程传递公民观念、法制观念，提升社会实践的合作与交流能力。

(4) 全人的整合

通过上述学科课程的教学，在不同时期向成长中的学生提供建构民族团结意识必备的材料、技能、情感、观念，当这些内容合理地集成在学生内心世界，就能建构起学生整体的某种"统觉"，最终达成我们期望的民族团结观念和意识。

整合课程以内在的价值整合观念，使教育教学系统中分化了的各要素及其各自成分之间形成有机联系。它不是多学科知识的简单拼接和叠加，而是代表了一种价值取向，注重"完整人格"的培养，强调知、情、意、行的统摄，追求受教育者、知识、社会的统一①。整合课程的这些特征正是民族团结教育课程社会性、实践性、复杂性特征的完整解决方案。民族团结教育课程的整合课程既是对民族团结学科课程取向的一种反叛和解构，也是新的民族团结教育课程重构。

基于整体课程范式的民族团结教育整合课程，追求民族团结教育从点状向结构化换边，从局部割裂向整体综合转变，合理架构课程的框架，结构化设计课程布局，帮助学生从点到面，从"零散"到"立体"地接受系统民族团结教育，实现意识的再增长、能力的再增长、自我的再增长，为学生的终身发展奠定坚实基础。

3. 基于核心素养建构民族团结教育课程

"核心素养"赋予了传统的"基础素养"以新时代的内涵，是当代公民素养的高度概括，凸显了学校教育的根本目的和课程教学的改革方向②。未来中国教育，需要核心素养这把钥匙解开困扰基础教育多年的枷锁。我国核心素养框架的提出，关注学生发展，强调培养适应现代社会所需的能力，强调课程整合，关注"促进人的全面发展、适应社会需要"这一根本要求③。我国2016年发布的学生发展核心素养，是学生面临当代社会发展需求和挑战，应必备的品格和关键能力。这些素养要为适应终身发展和社会发展而培养，涵盖文化基础、自主发展和社会参与3大方面，包括人文底蕴、科学精神、学会学习、健康生活、责任担当和实践创新6大素养，继而细化为18个要点④。

民族团结教育作为学校教育的一个组成部分，自然而然地应该纳入核心素养培育的框架之中。文化基础方面，人文底蕴素养包含了人文积淀、人文情怀、审美情趣。人文积淀、人文情怀和审美情趣的培育必然提升对中华文化的高度认同。科学精神素养中，理性思维、批判质疑、勇于质疑素养的培

---

① 张文芳.整合课程理念下教学实践的转变[J].教育理论与实践,2012,32(8):57-58.
② 钟启泉."核心素养"赋予基础教育以新时代的内涵[J].上海教育科研,2016,(2):1.
③ 辛涛,姜宇,王烨辉.基于学生核心素养的课程体系建构[J].北京师范大学学报(社会科学版),2014,(1):5-11.
④ 牛瑞雪.基于学生发展核心素养的课程整合与创生[J].当代教育科学,2018,卷缺失(2):86-88,92.

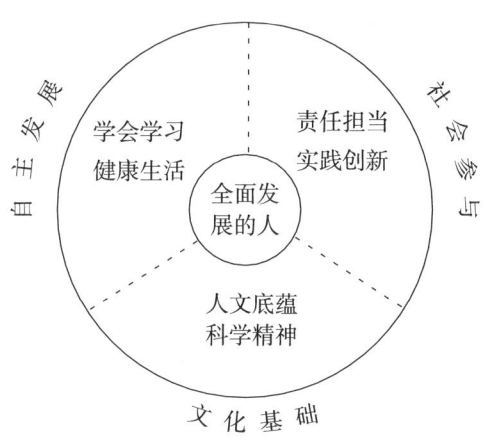

图 7-3 中国学生发展核心素养框架

育,建构科学的世界观、价值观,必然使学生远离极端和低级趣味,建立科学的世界观。社会参与方面,责任担当板块包含的社会责任、国家认同、国际理解素养必然提升学生的社会责任感、法制意识和公民意识,具备国家意识,了解国情历史,认同国民身份。国际理解素养的提升将帮助学生尊重世界多元文化的多样性和差异性,积极参与跨文化交流。中国学生发展核心素养框架的提出,为民族团结教育课程提供了核心素养视域的解决方案,不论是在课程设计还是课程实施的过程中,基于核心素养的课程实施和教学必将助推民族团结教育课程达到新的高度。

(二)民族团结教育课程结构与模式建构

基于整体课程范式的民族团结教育课程运用整体课程范式的基本观点和思维方式,在学校原有课程元素的基础上对民族团结内容进行整体设计和整体建构,在课程形态上呈现三种符合学校现有实践形式的课程,即民族团结教育专项课程、融于学科教学的民族团结教育课程和活动课程三种形态。

1. 民族团结教育专项课程

民族团结教育专项课程,是指以专门的一门学科课程系统地传授民族团结知识,进行民族团结教育的课程形式。这一专项课程以"国家规定列入地

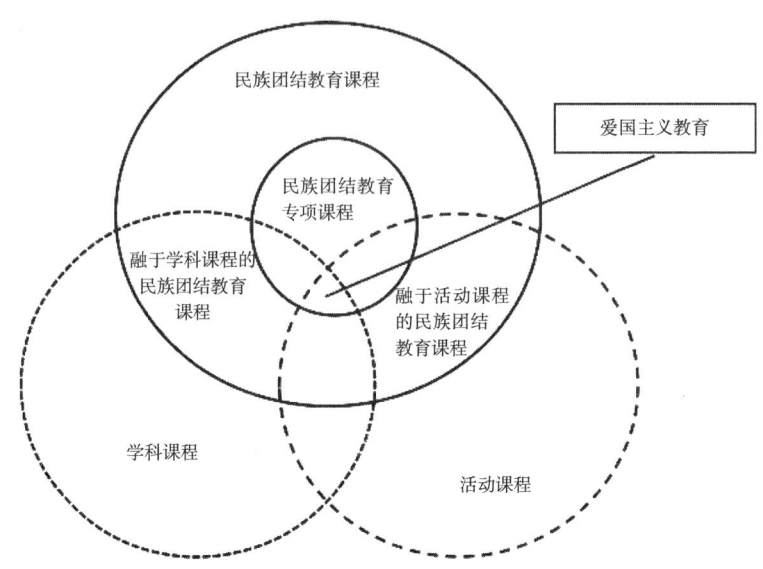

图 7-4 基于整体课程范式视域的民族团结教育课程

方课程实施"的形式①，结合地方民族团结需要，纳入地域性民族知识，在公民教育的范畴内系统化开展民族团结教育。这一课程注重民族知识、政策知识的系统传授，强调系统性。在整体课程范式下设计的民族团结教育专项课程注重与学科课程、活动课程内容之间的衔接，在整体上形成纵向螺旋递进，横向相互关联的整合课程。

(1) 与《道德与法治》《历史与社会》课程有机结合

民族团结教育属于公民教育的范畴，而我国公民教育的主要承载学科是《思想品德（道德与法治）》课程与《历史（历史与社会）》课程。因此从学科属性上来说，将民族团结教育与思想品德、历史课程相结合，在知识体系和知识类型上有着天然的相容性，在课程实施上具有便利性和适切性。

《学校民族团结教育指导纲要（试行）》将民族团结教育专项课程性质定

---

① 教育部办公厅国家民委办公厅关于印发《学校民族团结教育指导纲要（试行）》的通知[J].小学德育,2009,(1):4-7.

位为"国家规定列入地方课程实施的专项教育",其初衷是凸显民族团结教育课程作为国家课程的刚性要求,同时以"三级课程"体制中的地方课程来增强民族团结教育课程的适应性。但在具体实施中各地为凸显"专项"而编制

表 7-1 中小学思想品德课程性质基本理念及设计思路

学段	课程性质	课程基本理念	课程设计思路
小学[①]	以儿童社会生活为基础,促进学生良好品德形成和社会性发展的综合课程	帮助学生参与社会、学习做人是课程的核心;儿童的生活是课程的核心;教育的基础性和有效性是课程的追求	以家庭、学校、家乡(社区)、祖国、世界为五大领域;社会环境、社会活动、社会关系等为主要因素,一条主线,点面结合,综合交叉,螺旋上升。
初中[②]	以初中学生生活为基础、以引导和促进初中学生思想品德发展为根本目的的综合性课程	帮助学生过积极健康的生活,做负责任的公民是课程的核心;初中学生逐步扩展的生活是课程的基础;坚持正确价值观念的引导与学生独立思考、积极实践相统一是课程的基本原则	学会正确处理与自我、与他人和集体,以及与国家和社会的关系;每一板块涉及道德、心理健康、法律和国情等方面的具体内容
高中[③]	以立德树人为根本任务,以培育社会主义核心价值观为根本目的,是帮助学生树立正确的政治方向、提高思想政治学科核心素养、增强社会理解和参与能力的综合性、活动型学科课程	坚持正确的思想政治方向;构建以培育思想政治学科核心素养为主导的活动型学科课程;尊重学生身心发展规律,改进教学方式;建立促进学生思想政治学科核心素养发展的评价机制。	必修课程包括四个模块,"中国特色社会主义","经济与社会""政治与法治""哲学与文化";基于必修课程的实践体验需求,嵌入社会实践活动。选择性必修课程设置"当代国际政治与经济""法律与生活""逻辑与思维"三个模块

---

① 中华人民共和国教育部. 全日制义务教育品德与生活课程标准[S]. 北京师范大学出版社,2011.
② 中华人民共和国教育部.义务教育思想品德课程标准[S].北京师范大学出版社,2011.
③ 中华人民共和国教育部.普通高中思想政治课程标准[S].北京师范大学出版社,2017.

学科教学性质的"专项教材",质量良莠不齐,编写体例与思想政治不相容却交由政治教师实施,导致该课程"悬置"或应试化实施。因此,本研究认为,要使民族团结教育专项课程落地,必须改变"做课程给人看"的功利做法,充分考虑学校课程结构特点和组织特点,把民族团结教育专项课程与《道德与法治》《历史》课程有机整合,根据各学段内容将民族团结教育内容进行有机嵌入。

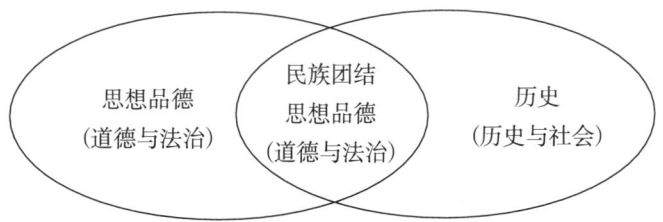

图 7-5 民族团结教育专项课程"嵌入式"设计构想

(2) 民族团结教育专项课程的嵌入相关课程的设计思路

我国中小学自 2012 年起筹备思想政治(道德与法治)、语文、历史三科统编教材的编制工作,2017 年 9 月起,全国中小学起始年级统一使用统编教材,2019 年 9 月实现三科"统编教材"在全国中小学全覆盖①。鉴于民族团结教育专项课程与思想政治课程、历史课程的相关性,民族团结教育专项课程设计必须参考《道德与法治》《历史》课程的编写设计思路,以实现课程在整体上的相容性,便于实现嵌入式教学实施。

我国《品德与社会》课程在基础教育新课程改革之后,改变了过去长期形成的"政治课以政训、说教为主的传统模式",充分考虑了成长中的儿童发展的需要。小学《品德与社会》课程以儿童的社会生活为基础,定性为"促进品德形成和社会性发展的综合课程",以"家庭、学校、家乡(社区)、祖

---

① 胡莉英,高德胜.小学道德与法治课程校本化实施的基本路径[J].上海教育科研,2020,(1):57-60.

国、世界为五大领域"①，涵盖"社会环境、社会活动、社会关系等主要因素"，以"一条主线，点面结合，综合交叉，螺旋上升"的设计思路呈现课程内容。这些改变体现了对儿童成长需要的尊重，正是民族团结教育课程应该学习、吸收和借鉴的课程设计思想。民族团结教育专项课程应该定位在嵌入式课程的角色，中小学思想政治课程的内容以广大中小学生的生活为主要依据，以中小学生在社会交往中渐次扩大的同心圆模式逐渐展开课程内容的组织模式，符合青少年的认知规律，这是民族团结教育专项课程应该遵循的内容组织模式。

因此民族团结教育专项课程设计的思路应遵循从感性到理性，从认知到内化的规律。在民族团结知识的组织上依照学段按照启蒙—常识—理论的原则由浅入深渐次展开；在认知的逻辑上应该遵循自我—学校同学—社区—国家—世界的原则②。

表7-2 民族团结教育专项课程嵌入思想政治课程内容设计

内容板块	思想政治课内容主要内容	民族团结教育专项课程内容嵌入知识	
小学	我在成长	知道邪教的危害、反对邪教	知道青少年不得参与宗教活动的要求
	我与家庭	知道家庭对社会和个人成长的意义	了解家庭的跨民族、跨文化交往交流故事
	我与学校	知道学校的办学宗旨、师生构成	了解身边同学的民族特点，懂得包容差异
	我的家乡	知道家乡是祖国的一部分	了解家乡的民族组成，知道56个民族是祖国大家庭的成员

---

① 义务教育品德与社会课程标准(2011版)[Z].北京师范大学出版社,2011:1-2.
② 韦兰明.民族逻辑论纲[J].民族教育研究 7-45.

续表

内容板块	思想政治课内容主要内容		民族团结教育专项课程内容嵌入知识
小学	我是中国人	了解家乡的民风、民俗，自觉抵制不良风气和各种迷信活动	了解家乡各民族在文化艺术、科技方面的特色和成就
		知道我国是有几千年历史的文明古国，萌发民族自豪感；	了解中华民族多元一体的传统，知道法律是高于一切习俗的社会规范
			了解56个民族对中国的贡献，知道中华民族是56个民族的统称；
	走进世界	知道近代列强对中国的侵略，知道我国是统一的多民族国家。	了解家乡各族人民共同抵御外侮的历史；
			了解我国56个民族的地域分布及特点，理解维护民族团结的重要性
		了解我国不同地区的差异，理解和尊重不同地区人们的生活方式	了解家乡民族的生活习俗、传统节日和文化遗产；了解家乡民族对祖国的贡献历史。
		比较一些国家、地区、民族不同的生活习俗、传统节日等，了解多种文化的差异性和丰富性，对不同民族和不同文化的创造持尊重和欣赏的态度	知道如何尊重身边的民族习俗
			了解世界的民族、宗教冲突；理解维护民族团结的重要性
		体会和平和美好、了解战争给人类带来的苦难，热爱和平	

2. 融入学科教学的民族团结教育课程

民族团结作为一种社会文化，与中华文化紧密相连，也始终是中华文化的组成部分。因此不论如何分科，任何一种学科的文化内容都必然承载中华

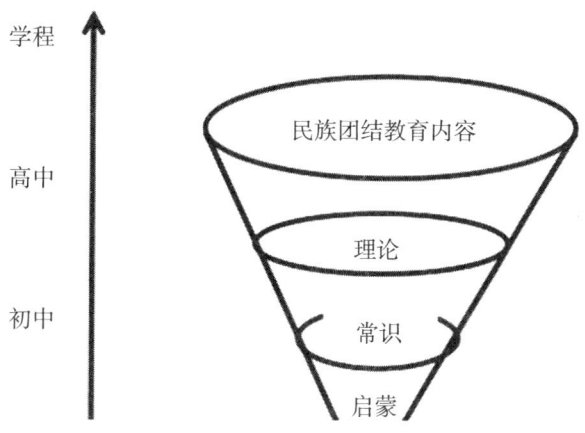

图 7-6　融于学科教学的民族团结教育课程

文化，其中必然含有丰富的民族团结文化元素。因此，融于学科教学的民族团结教育课程不是体现在具体的某门学科中，也绝非某门学科中的某一部分，而是广泛渗透于整个课程群的所有学科之中。

作为整合课程的民族团结教育课程是跨越学科界限、超越学科藩篱的课程。这样的课程应该是个人中心的、建构主义的、以主题呈现的超学科的整体课程。民族团结教育课程作为整体课程之整合是理念整合、知识整合、知情意行整合，这样的整合实际上是一个整合到分散再到整合的过程。在课程的设计理念上不再考虑单设专题课程，而是整体地横向考虑民族团结教育需要的内容，分散在各个学科课程、活动课程中，纵向地规划不同学程在不同学段应该承载的民族团结教育要素，当学习者在整体的学习过程中潜移默化和系统地接受、内化这些元素后，在受教育者身上整合出完整的民族团结素养，外显为民族团结行动。

这样的课程需要在各学科课程设计初期，从民族团结教育的需要出发，分解出不同学科应该承担的分学科内容，分散在学校各项课程中。当前，语文、历史、政治等教材推进部编统一教材，这一做法正是对意识形态统整的需要，民族团结教育课程作为意识形态教育的一部分，其课程特征具有整合课程的诸多特点，应该纳入成为国家意识形态统整的一部分，在各学科课程编订中予以统整规划，按学科分科、按学程分步实施。

表7-3 民族团结教育课程内容的分科整合

课程名称	课程内容	民族团结分目标	认同建构维度
品德与社会	我的健康成长，我的家庭生活，我们的学校生活，我们的社区生活，我们的国家，我们共同的世界	公民意识、合作意识、爱国意识、世界观、价值观、人生观、民族观	国家认同、中华民族认同、中华文化认同、社会主义制度认同、领导认同
历史与社会	中国古代史，中国近代史，中国现代史，世界史	辩证唯物主义历史观，国家意识，中华民族融凝史、历史认同、国家认同	历史认同、中华民族认同、国家认同
语文	中国文化，文学艺术	家国情怀	国家认同、中华文化认同、中华民族认同
地理、生物、物理、化学、数学、外语	地理知识 科学知识 数学知识 外国文学	国家意识，家国情怀 建立科学世界观，远离宗教迷信 树立求真意识，远离宗教迷信 文化边界意识，世界眼光	国家认同 科学共同体认同 科学共同体认同 国家认同
体育与健康	体育，健康	健康意识，合作意识	文化认同、民族认同、国家认同
艺术	音乐、美术	中华文化、民族文化	文化认同、民族认同

把民族团结教育课程作为整合课程，将课程内容按照现有中小学传统学科分学科进行合理分配，每门学科都承担民族团结教育课程的教授任务，这样既有利于民族团结教育课程内容得到学科知识的有效承载，也解决了民族团结教育课程作为专项课程硬挤入中小学课程系列难以执行，民族团结内容与学科教学二元分立的问题。

3. 民族团结教育活动课程

活动课程与学科课程一起构成了学校的正规课程，在学校课程结构中具有不可或缺的地位。对活动课程与学科课程关系，一直以来有主次论、从属论、并重论等观点。从民族团结教育课程的实践性特征来看，活动课程特别适合搭载民族团结实践，且与学科课程是相辅相成的关系，因此活动课程与学科课程在民族团结教育课程的目标实现上具有同等重要的地位。

靳玉乐在《课程论》一书中将活动课程分为社会实践活动课程、主题式活动课程、班级活动课程、科技文体活动课程。民族团结社会实践活动旨在沟通学校、社会和家庭之间的联系，其主要形式有社会调查、参观访问、考察访问、社区服务与社会实践等。主题式活动课程一般设计一个主题，设置一个活动，以民族团结为线索组织课程内容。班级活动课程包括主题班会、团队会等等，利用主题研讨等方式，深化学生对民族团结必要性的认识，提升民族团结意识。科技文体活动包括体育锻炼、科技活动、艺术活动等等。

（三）民族团结教育课程实施的实践路径

在课程结构上，民族团结教育课程在整体上分为显性课程、隐性课程。显性课程部分由三个部分组成，学科课程、地方课程、活动课程，兼顾了国家课程、地方课程、学校课程三个层次课程的特点，以地方课程体现民族团结教育课程的地方适应性，以校本活动课程体现学校对课程的调适。

在学校实践层面上，民族团结课程搭载国家课程、地方课程、学校课程三级课程在学校统整实施，既体现出了民族团结教育课程作为国家课程的刚性要求，也利用地方课程和学校课程的灵活性，体现出地域差异和校际特色。

在民族团结教育课程在内容分配上，按照学科课程、专项课程、活动课程由课程设计者统整设计，分三个序列纵向规划民族团结教育课程内容。如此设计的民族团结教育课程既符合学校课程设置的特点，也能充分发挥各类课程的长处和优势，实现多角度、多方位育人的目的。

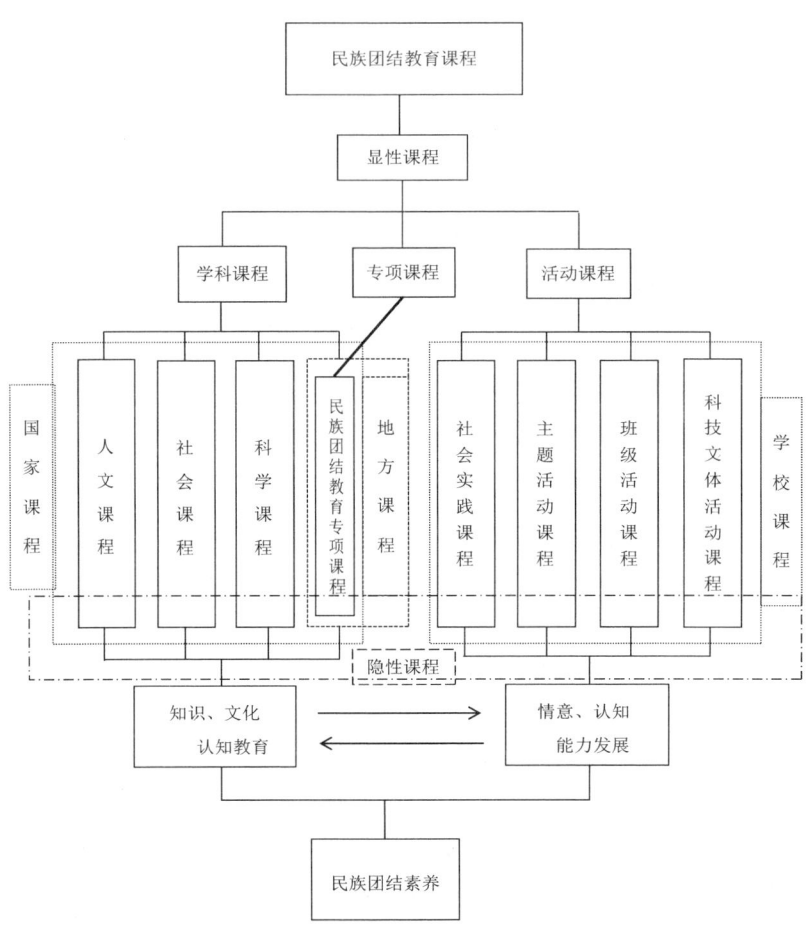

图 7-7 民族团结教育课程实施路径拓扑图

第八章 学校民族团结教育课程实施的基本模式

不论设计多么精致的课程,最终都需要靠学校的组织和教师的实施才能让课程真正落实到实践中。对于民族团结教育课程这样一个多路径、多学科参与的非常规课程,学校的组织和各部门的协作更显重要。

一、搭建校内民族团结教育课程实施体系

(一)建立联系紧密的课程实施管理机构

从学校的组织传统来看,我国中小学校普遍采取的是校级领导、中层管理部门、年级部的科层化行政管理体制,在教科研工作中由学校分管副校长—教研处—教研组—备课组—教师,而德育工作则是分管副校长—德育处—年级部—班主任的管理模式。由于三类体系各自按照传统的模式运营,当民族团结教育课程这样一个超越部门和体系的课程到达学校实施层面时,由于民族团结教育课程的跨学科性、跨部门性,使得各管理部门之间协调不畅,就会出现"悬置",或者出现"真空地带"。

因此为避免民族团结教育课程在实施中出现"三项分立"的窘境,需要学校建构起联系紧密而非各自为政的课程实施机构。充分发挥校长作为最高课程领导的资源分配、信息分享、人员调配、课程管理优势,建立以校长为首,分管副校长相互协作,德育处、教务处、教研处相互协作的课程实施共

同体，建立定期信息沟通机制，以整体课程范式的课程观管理和实施民族团结教育课程。

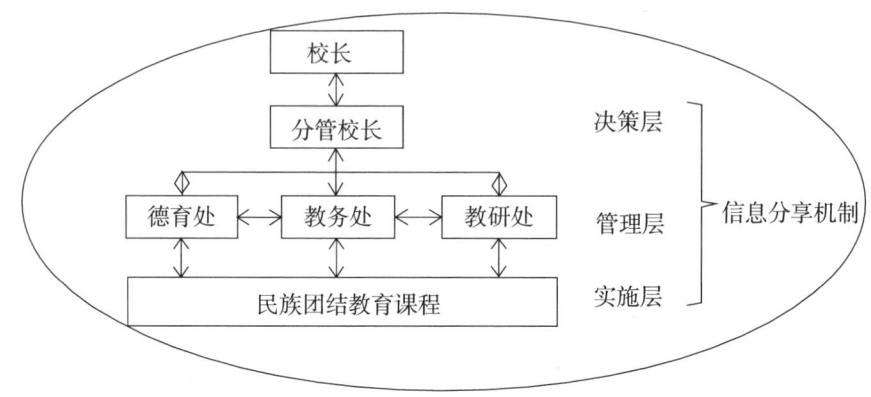

图 8-1 "紧密型"民族团结教育课程实施共同体

（二）营造全员育人的教师文化

课程实施的主体元素有课程、教师、学生，在所有元素中最鲜活最具温情的是人与人之间的"关联"。卡尔·马克思对人的本质定义是：人的本质不是单个人所固有的抽象物，在其现实性上，它是一切社会关系的总和"，存在主义哲学家布伯在希伯来大学的课程典礼上指出："在对人的本质这一问题的揭示过程中，这一课程表明：即非以个人也非以通过集体开始，而是仅仅以通过人与人之间的关联的现实开始，这一人类的本质才能被把握"。这两个哲学家对人的描述，都强调人与人之间的"关联"和人的社会性，人只有在社会交往中形成社会关系，人才是完整的人。在教与学的过程中，教师和学生是课程实施的主体，教师和学生之间的"关联"建构着人的本质。布伯关在《人与人之间》提到，"通过关联，教学可以达成它想要实现的一切：首先，教师自己的性格和学术兴趣的某些方面可以流到学生之中，为他们树立一个蕴含的榜样；其次，通过面向全体学生，教师发现学生试图要做什么，成长为什么样的人，如果教学计划是有价值的，教师会给学生以饱满的支持和指导"。①在中国的教育哲学中,教学相长,亲其师信其道,都是对教师和学生主体"关联"并相互建构的描述。

课程实施过程中,教师和学生作为相互作用的两个主体,通过教与学的行为时刻产生着影响。教师作为成熟的社会人,除了传授学科知识以外,教师的人生观、世界观、价值观不时通过教育教学的过程有所流露,并被学生在潜移默化的过程中吸纳,接受或者抗拒。从这一意义上来说,但凡与学生发生社会关系的所有人都将对学生产生影响,学校生活是学生成长过程中的最重要环境,教师作为学生心目中的人生导师,一言一行都在对学生产生着重要影响。

在笔者成长经历中,小学时候一次满分被教师在全班表扬的场景记忆犹新,并时刻警醒自己的言行。因为数学考试又得了满分,老师在全班表扬:"*** 又考了 100 分,看看你们,人家还是个 * 族"。在老师的表扬中,我听出了对我这个个体成绩优异的肯定,同时也深刻感知到在教师心中对 * 族的负面刻板印象——* 族孩子一般成绩较差,所以个体成绩优异成为被特别表扬的典范。这是一个鲜活的例子,虽时隔多年,当时之情景犹在眼前,并时刻警醒自己作为一名教育工作者的言行——无意间的言行可能瞬间激活学生的民族身份,形成抗拒的交往态度,影响到受教育者民族观的建构。因此,民族团结教育不仅关系着课程,更关系到课程的执行主体——教师对学生的影响。不论什么学科,不论在学校中从事什么角色,只要与学生发生关联,教师的民族团结意识和维护团结言行都将是学生民族团结意识建构过程中的重要因素。

(三) 建构嵌入式的校园各民族师生交融格局

民族团结教育课程不仅是在课堂、活动层面上进行知识传递、认知教育、情感教育,还有非常重要的一方面,是要在日常的学习生活中去实践、感悟。

---

① 石中英.教育哲学[M].北京:北京师范大学出版社,2007:147.

"族群"作为一种"假象的人类共同体①",往往成为人与人之间交流和互动的"壁垒"②。"交往、交流、交融"是习近平总书记促进民族团结进步的路径,这三者具有层级性,没有"交往","交流"便难以发生,没有"交流","交融"便无从谈起。

不论是米德还是哈贝马斯的交往互动理论都将"交往"作为一切互动的基础,涂尔干将社会团结划分为"机械团结"和"有机团结"也阐明,社会团结是在机械团结的基础之上,向有机团结逐步关注的观点③。在一所学校当中,过多地以民族作为分类标准,进行分班、分工,必然在组织上强化某种狭隘的民族意识,也阻碍了各民族交往交流交融的互动渠道。

在一所以促进民族团结为基本价值导向的学校中,除却语言、文字、接受能力等客观条件难以实施同班教学的情况外,应竭尽所能地利用一切机会搭建各族师生嵌入式学习、工作的和谐环境。本研究认为,建构嵌入式的各民族师生交融校园格局是提高民族团结教育课程实施效果、从根本上推进民族团结的最有效举措。

二、民族团结教育专项课程实施的基本模式

(一)民族团结教育专项课程的师资

民族团结教育专项课程是民族团结教育课程的主干课程,对于民族团结教育课程的整体教育效果具有非常重要的意义。《学校民族团结教育指导纲要(试行)》指出"各级各类学校的校长、政教主任、团队工作者和思想品德课教师及相关学科教师,都可以承担民族团结教育的教学工作",这一模糊的规定无助于明确民族团结教育专项课程的师资,反而使学校产生一种"谁都可

---

① [美]本尼迪克特·安德森.想象的共同体[M].上海:上海人民出版社,2011:1-4.
② 马戎.试论"族群"意识[J].西北民族研究,2003,(3):5-17.
③ 贾春增.外国社会学史[M].北京:中国人民大学出版社,2000:116.

以教"的认识。而基于学校各类人员的实际情况，校长、政教主任担任民族团结教育专项课程教学是一种理想，在笔者调研的样本学校中没有一所学校有学校中层以上领导担任这一课程教学的案例，结合他们的工作状况，也不可能承担教学工作任务。另一方面，民族团结教育专项课程有一定的专业性，学科背景多样的人员承担此课程的教学必将降低课程的专业深度。

民族团结教育专项课程设计为嵌入式课程，在思想品德（道德与法治）课程和历史（历史与社会）课程中嵌入实施，其师资必然是思想品德（道德与法治）教师和历史（历史与社会）教师，既解决了民族团结内容的搭载载体，也解决了民族团结教育专项课程长期以来师资"悬而难决"的窘迫。

（二）课程的支持机构与课程管理

民族团结教育专项课程嵌入实施，尽管与思想品德（道德与法治）课程和历史（历史与社会）课程浑然一体，但为确保教师对嵌入的民族团结教育课程内容有效、高质量地实施，还需在课程实施过程中提供必要的支持和管理。前期民族团结教育专项课程将教材发放给思想品德教师，由教师自主决定如何实施，导致课程悬置的教训仍需吸取，并在加强过程管理方面进行改革。

我国中小学的行政架构一般以行政管理和教科研管理来实现对学科课程的管理。教务处是学科课程的实施管理机构，教研处是学科课程的教科研支持和管理机构。因此，民族团结教育专项课程的过程管理应由两个部门互相配合进行。教务处负责落实民族团结教育课程的教材、资料、师资、课时安排，将嵌入课程内容列入对应课程的教学计划中，指定时间和进度统一实施，确保嵌入课程得以落实。教研处负责为嵌入式课程的有效、高质量实施提供专业指导，搭建教师专业交流平台，组织开展嵌入课程的经验交流，为教师成长和课程发展提供专业支持。

《学校民族团结教育指导纲要（试行）》规定，民族团结教育课程必须保证"小学和初中阶段每学年10—12个学时的教学活动时间，高中阶段普通高中每学年8—10个学时的教学活动时间，中等职业学校每学年12—14学时的教学活动时间",应该予以保留。课时安排是课程得以实施的基本保证,学校课程管理部门应该加强过程管理,确保课时得到有效落实和合理分配。

(三) 民族团结教育专项课程的教学模式

《道德与法治》部编教材的每一课都由"运用你的经验""探究与分享""相关链接""拓展空间"四个活动形式组成,体现了对儿童经验的尊重。民族团结教育课程的嵌入实施,亦应与其保持一致,即课堂组织形式应包含三个模块。

1. 从生活走进课堂

"从生活走进课堂"来源于杜威"教育即生活,学校即社会[①]"的思想,是新课改以来我国基础教育课程最大的转变,体现了对儿童经验的关照。民族团结教育专项课程尽管作为学科课程,但应改变以往传统学科课堂以学生被动接受的教学模式为主,采用说教、训诫等方式进行的教学模式,而应充分结合学习者的生活实际,创设生活情境,发挥教师主导和学生主体的作用,激发学生的学习欲望,使民族团结教育专项课程更具亲和力和实效性。

2. 探究与分享

以学生已有的经验认知、真实的困惑、矛盾、冲突为突破口,在课堂中通过教师的引领,深入地探讨课程知识如何在生活中实践,既能增强课程对学生现实生活的指导性,也能很好地激发学生参与课堂,参与课堂中的生命互动。在民族团结教育专项课程的教学中,教师应充分研究学生的已有经验,以学生的生活经验为起点,承认、接受不同学生的生活体验和经验,力图使学生通过表达、交流、分享,引导学生个体进行反思、调整和扩展[②]。

3. 实践与拓展

课程具有实践性才能凸显课程的实践价值。从生活进入课堂,经历在课堂的探究与体验,最终要在社会生活和实践中应用,我们的教育才能真正起

---

① [美]杜威著.民主主义与教育[M].王承绪译.
② 范小江.使用好部编《道德与法治》教材的几点建议[J].中学政治教学参考,2017,(2):7–8.

到对学习者的实践指向作用。民族团结教育课程关注学生已有经验，还需对学生已有经验形成指导和调整，最终关注学生在实践中的体验和表现。因此，民族团结教育课程专项课堂还应坚持课堂的开放性原则，将课堂向课外延伸和拓展。通过课后实践活动的设计，深化对民族团结知识的认知，丰富民族团结情感，从而促进民族团结意识的内化与认同，实现民族团结素养的提升。

三、融于学科课程的民族团结教育课程实施的基本模式

学科课程是工业社会不断细化、分化的社会分工的产物，各学科知识是人类在对客观世界的认知中获取的经验。从课程角度来看，学科课程是从知识的认识论角度对人类经验的分割和细化，学科分化也是人类在知识不断增长的时代，认识和学习科学知识的必然策略。实用主义教育学家杜威认为，课程中的各个科目都有"内在价值"和"外在价值"，各学科知识天然地承载着对人类社会和自然界的认识、看法和价值观导向，不同学科中蕴含着丰富的民族团结元素，对于整体建构民族团结意识具有非常重要的意义。

人文科学学科时常也被称为人文学科，它与自然学科相对，其根本目的不是为了获取对象的知识，而是要探寻人的生存及其意义、人的价值及其实现问题，并由此来表达某种价值观念以及价值理想，并为人的行为确立某种价值导向。中小学人文学科包括语文、历史、地理等科目。

（一）把握学科课程的民族团结教育内容

1. 语文课程

语文学科从功能上来说，不仅是教授祖国语言文字的学科，也是提高思想文化修养，提升语文素养，奠定学生全面发展和终身发展基础的学科。在义务教育小学语文课程标准前言中指明，语文课程"着力培养学生掌握和运用祖国语言文字的能力，提高文化品位、审美情趣和思想道德修养""语文学科坚持以人为本，为弘扬民族精神、增强民族创造力和凝聚力，发挥积极作用，为学生终身发展奠定基础"。对语文学科的这一定位，明确了语文学科

通过人文性特点，提高文化品位，培育审美情趣和思想道德修养，在学习过程中弘扬民族精神，增强民族创造力和凝聚力，具有鲜明的民族性和文化性课程特征。国家对语文学科非常重视，2019年起中小学语文教材改版，增加了大量人文性内容和承载中华文化的诗词内容，这一改变既有通过增强语文学科人文性来抑制语文学科在应试教育文化下的狭隘工具性课程观，也有通过增强人文性来加强中华传统文化教育的意愿。

语文课程作为传递中华传统文化的人文学科，自然地承载了提升文化素养，建构中华文化认同的功能，在课程内容的安排上，有大量的篇幅在增强语文素养的同时传递着培育家国情怀的内容。如部编教材七年级第二单元和第四单元，第二单元的导读中提到："家国情怀，是人类共有的一种朴素情感，它意味着热爱祖国的大好山河，热爱家乡的土地人民，愿意为保家卫国奉献自己的一切……它是国家和民族的精神凝聚力。这个单元所选的都是表现家国情怀的作品，能够激发我们的爱国主义情怀。第四单元导读中"本单元所选的文章，从不同角度展现了中华美德以及时代对这些美德的呼唤。阅读这些课文，可以陶冶情操，净化心灵，是人追求道德修养的更高境界。"

典型的课文有初中语文《驿路梨花》《老山界》等。《老山界》描述1934年红军突破敌人封锁线，翻越老山界的情形。文中描写了红军翻山途中遇到了瑶族老乡，红军严整的军纪，帮助老乡的行为得到了少数民族老乡的认可，老乡用仅剩的米给红军熬粥吃，体现了红军深得民心，各族人民鼎力相助解放事业，为共同目标而努力奋斗的情怀。在本文的教授中，教师秉持创生的课程实施观，不仅通过课堂教学实现了语文学科必需的工具性目标，更深挖了文章背后隐含各族军民齐心协力，共同奋斗建设伟大祖国的家国情怀。有些老师还在课程完成之后，引导学生观看电影《冰山上的来客》并撰写观后感，进一步将这种家国情怀延伸到新疆这个地域空间，进一步加强了各族学生对解放军的认同和对来之不易的幸福生活的珍惜。

通过调研访谈发现，在语文学科的教育教学中，仅仅秉持忠实的课程实施取向的教师，在完成课程工具性目标的基础上也尝试浅层次地挖掘课程隐含的人文素养目标，而具有较强烈的民族团结意识的教师会在完成课程三维目标的基础上更深层次结合学生特点突破情感、态度价值观目标，对学生多个层面的认同角度加以提升，创生取向课程实施能够更好地实现课程目标，从而为学生民族团结意识提供基础认知，奠定情意基础。

2. 历史、地理等社会学科

钱穆所作的《国史大纲》第一页就有这样的一段话：当信任一国之国民，尤其是自称知识在水平线以上的国民，对其本国的以往历史，应该略有所知。所谓对其本国以往历史略有所知者，尤必附随一种对其本国以往历史之温情与敬意。[①]梁启超指出，史学者，学问之最博大者而最切要者也，国民之明镜也，爱国心之源泉也。[②]两位大师对历史学科的描述充分显示了历史学科在政治、文化认同中的重要作用。

习近平总书记说，历史是了解昨天、把握今天、开创明天的教科书，体现了习近平总书记对历史学科的高度重视。对中小学教育来说，历史学科的功能是要通过学科教学建构学生辩证唯物史观，也就是马克思主义历史观，同时能够间接地建构国家观、民族观、文化观等。

历史学科从史学学科角度记录了中国和世界在历史发展的进程中渐次展开的系列史实，但历史学科不仅仅传递历史知识，传递的还有历史发展的必然性，建构具有中华民族情怀的历史观。中国历史就要传递从古代到近代再到现代，中华民族从自在到自觉再到自为，从多元发展到融凝一体的历史必然性，要传递中国人民选择道路和选择领袖政党的历史必然性。在这一传递过程中，必然建构出学生的马克思主义历史观、国家观、民族观和文化观。地理学科在传递地理知识的同时，让学生了解国家疆域和政区，了解人口和民族分布，传递热爱祖国美好山河的爱国主义情怀。

一段时间以来，新疆分裂势力通过歪曲新疆历史抹黑党的领导，产生了比较恶劣的社会影响，造成了部分人员的认同扭曲。2017 年《新疆若干历史

---

① 王锐. 现代中国需要怎样的历史教育——钱穆的历史教育论表微［J］. 北京大学教育评论，2019,17（3）：147-163,191.
② 梁启超. 新史学［A］.吴松等点校.饮冰室文集点校·第 3 集［M］. 昆明：云南教育出版社，2001：1628.

问题座谈会纪要》颁布，2019年《新疆若干历史问题白皮书》发布，体现了党和政府对新疆历史问题的高度重视，这也敦促历史教育工作者正视历史知识在学生意识形态教育中的极端重要性。

杜威认为，学生在学习过程中，要将自己的经验与所学知识相互发生作用，建构出新的经验，历史是学生生活在时间上的延展，地理是学生生活在空间上的延展，只有将历史和地理学科知识与学生经验发生联系，这样的学习才是有意义的。不论是什么民族身份的学生，在学习历史、地理学科知识的过程中都会逐渐建构课程设计者期望的马克思主义"五观"，教师在实施课程的过程中必须秉持创生的课程实施取向，关注学生的前知识和前认知，通过历史、地理学科的教授，让学生的经验与学科知识有机融合，引导学生建构正确的"五观"。

3. 艺术学科

艺术是人类文明的重要组成部分，艺术的感受、想象、创造等能力，已经成为现代社会需要的综合型人才所不可缺少的素质[①]。义务教育阶段艺术课程虽然开设音乐、美术分科课程，教授不同的艺术形式，但艺术学科的艺术素养具有共通性。在义务教育艺术课程标准前言部分中，定义艺术学科为一门综合课程，中小学艺术学科继承和发扬中华民族的诗、歌、舞、画等精神文化遗产，让学生在丰富的艺术和人文情境中快乐学习，增长艺术能力，培养健康的审美观念和审美情趣，为学生人格完善奠定基础。

艺术是人类在长期的生产生活中，从生产生活场景中升华出的"符号化"的表现形式。中华文明源远流长，在发展的历程中形成了诗歌、戏剧、演唱、书画等多种艺术形式，这些艺术的传承既能提升学生的审美情趣，更能让学生从中感受到文化和艺术的美丽，从欣赏美到认同美，发展到对中华文化的认同。艺术教材在编订时充分考虑中华文化的多元性，以传统艺术为主体，辅以各民族文化元素。

在艺术课程的实施过程中，教师对本土文化元素的适时引入可以丰富课

---

① 艺术课程标准[S].北京师范大学出版社.2001:2200

第八章　学校民族团结教育课程实施的基本模式　255

程内容，同时引导学生建构跨民族的艺术欣赏能力。如在听课过程中美术课程的建筑艺术单元，美术教师出示了一系列建筑图片。其中就有几幅 A 市建筑的新旧图片对比。

图 8-2　新旧火车站对比

图 8-3　新旧南门对比

教师利用建筑艺术课堂，恰当地引入新旧地标建筑对比，给学生形成强烈的视觉冲击，形成对新中国成立以来新疆经济社会日新月异发展的自豪感和对祖国强烈的归属感，从而形成对社会主义道路和党的领导的认同。教师采用的图片来自互联网，图片有不同的来源标识，恰切的教育资源引入，创生了一堂生动的思政艺术课。

综上所述，学科课程是人类认识世界的知识的分化，都承载着一定的人类社会规范、对自然界的认识、看法和价值观导向。每门课程都蕴藏着丰富的民族团结元素，应鼓励教师坚持创生的课程实施取向，创造性地开展教育教学工作,在完成学科固有的教学目标的同时,达成民族团结教育课程所赋予的民族团结教育目标。

(二) 坚持意识形态再生产的创生取向实施课程

《现代汉语词典》对意识形态的定义是:"在一定的经济基础上形成的,人们对于世界和社会的有系统的看法见解,哲学、政治、艺术、宗教、道德等是它的具体表现。意识形态是上层建筑的组成部分,在阶级社会中具有阶级性。"[①]中共中央办公厅、国务院办公厅印发的《关于加强和改进新形势下大中小学教材建设的意见》强调,教材体现国家意志,是学校教育教学的基本依据,教材建设是国家事权[②]。这一表述强调了教育作为国家机器意识形态再生产工具,在意识形态塑造方面具有重要作用。

意识形态概念是18世纪90年代法国学者特拉西创立的。马克思在《德意志意识形态》一书中,揭示了资产阶级意识形态的阶级性、虚假性和为资产阶级统治合法性辩护的本质,同时指出无产阶级也需要意识形态教育。[③]我国由于秉持马克思主义哲学的传统,一直以来非常重视意识形态建设工作,并特别重视教育对意识形态的塑造。其实,自教育社会化以来,教育从来都是一定社会为培养未来公民,进而塑造未来社会的重要事业,或称"工具",没有一个国家不重视教育对意识形态的建构。阿普尔在《意识形态与课程》一书中对意识形态、霸权、学校的选择性传统、课程、知识诸要素之间的关系进行了分析,揭示了文化在学校课程里的再生产过程。国家将符合自己利益的知识合法化,这些知识将不容置疑地作为课程知识得以传递,而学校有"选择性传统",选择那些符合统治阶级利益的知识,经过筛选、过滤、强化、弱化等一系列方法来传递某种意识形态。阿普尔的这种表述是对学校通过教育进行意识形态塑造的过程描述,也是教育对意识形态再生产方法的刻画。

---

① 赵长林. 论教科书的意识形态功能[J]. 聊城大学学报(社会科学版),2016(4):116-121.
② 赵长林,孙海生.教科书与意识形态再生产——对1949—2018年相关研究的回顾与省思[J].课程.教材.教法,2019,39(1):34-39.
③ 安德鲁·文森特. 现代政治意识形态[M]. 袁久红等译.南京:江苏人民出版社,2005:4

民族团结教育课程在各学科课程设计之初，通过学科专家对知识的选择和组织，有意识、有计划地搭载不同学科知识成为课程内容，或隐含于课程内容，学校通过筛选、添加、过滤，强化、弱化等手段对这种意识形态进行创生性的传递，这是民族团结教育课程在学科课程中得以实施的有效途径。

四、民族团结活动课程实施的基本模式

活动课程与学科课程一起构成了学校的正规课程，在学校课程结构中具有不可或缺的地位。对活动课程与学科课程关系，一直以来有主次论、从属论、并重论等观点。从民族团结教育课程的实践性特征来看，活动课程特别适合搭载民族团结实践，且与学科课程是相辅相成的关系，因此活动课程与学科课程在民族团结教育课程的目标实现上具有同等重要的地位。

靳玉乐在《课程论》一书中将活动课程分为社会实践活动课程、主题式活动课程、班级活动课程、科技文体活动课程四类。民族团结社会实践活动旨在沟通学校、社会和家庭之间的联系，其形式主要有社会调查、参观访问、考察访问、社区服务与社会实践等形式。主题式活动课程一般设计一个主题，设置一个活动，以民族团结为线索组织课程内容。班级活动课程包括主题班会、团队会等等，利用主题研讨等方式，让学生深化民族团结必要性的认识，提升民族团结意识。科技文体活动包括体育锻炼、科技活动、艺术活动等等。

活动课程的设计形式非常灵活，可以根据学校实际情况进行组织，但是活动课程化的关键必须凸显"课程"的计划性和目的性。必须明确活动课程的活动是载体，目的是关键和核心。

（一）学校民族团结教育活动课程的类型

1. 以促进交往交流交融为目的的活动课程。 促进各民族个体交往交流交融是加强民族团结的社会基础，这在各地学校中已经达成普遍共识，因此此类活动课程在各地学校开展非常普遍，但也存在活动形式僵化，活动内涵肤浅等问题。

以促进交往交流交融为目的的活动课程一般适合开设在族群相对封闭的地区和学校，如由于所在社区特质或者学校性质等原因，可能存在单一民族较多，在日常的教育教学中由于管理模式导致族群之间存在相对隔离的情形。一般表现为民族学校和汉族学校，还有部分学校存在民族班、汉族班的建制等等，在这样的学校开展促进交往交流交融活动非常有必要。

开设活动的对象可以是长期的也可以是短期的，形式可以是联谊活动、文体活动等。如研究场域中非常生动的"你到我家吃馓子，我到你家吃月饼""民族团结***""***交友"等活动，通过各民族师生参与同一项文化类、竞技类等活动，让各族师生为共同的目标而合作、交流，从而促进交往交流交融。

米尔顿·M·戈登将社会结构区分为两个层面，"初级群体"和"次级群体"。初级群体成员之间的相互接触是个体之间的，非正式或"民间"的，是比较亲密且通常是面对面的，这种关系牵涉到个人人格的所有方面，而不仅仅是人格的某些部分。家庭、儿童游戏群体、社会小集群等属于初级群体。与此相对，"次级群体"中人们的相互关系通常是官方的（非个人的）、正式的或偶然的、不亲密的，而且是局部性的，在某些场合是面对面的，而有些场合则不是。戈登将社会区分为两种层次，主要阐明的是，初级群体的接触是亲密而全方位的，如所谓"闺蜜"；而次级群体成员之间的交往是官方的、正式的，只能展现部分人格的，如一般工作往来中的交际。从交往交流交融三个层次上来说，初级群体是"交融"的，而次级群体是"交往"的[1]。做这样的区分有助于我们从更深层次理解交往交流交融。

基于交往交流交融目的开展的这类活动形式灵活，组织方式多样，深受师生欢迎。但这类活动的效果一般不是深层次的，因为通过组织形成的这种交流和交往往是以"结对子"等方式建构的一个"次级群体"，而这一"次级群体"成员之间的交往往往停留在"官方的、正式的、浅层次的"交往和交流上，当然这样的交往交流是交融的基础，但如何促进这些"次级群体"向

---

[1] [美]米尔顿·戈登.美国生活中的同化[M].马戎译.南京：译林出版社,2015:73—85.

"初级群体"转换，或者在"次级群体"中形成"初级群体"，则是这样的活动需要考虑的深层次问题。

2. 以了解民族团结知识为目的的活动课程。民族团结知识分为民族知识、历史知识、社会知识等，这些知识不仅在课堂中得以传授，还存在于社会生活中。如参观民族团结成果展、考察博物馆、访问民族团结先进个人等，除了走出去学知识，还可以请进来。当前全社会都非常重视民族团结工作，在各行各业涌现出了一大批民族团结的先进个人和集体，每一个先进个人和集体背后都有很多感人的事迹，通过主题班会、主题讲座、演讲等形式邀请这些先进个人和集体来和学生进行交流，也能极大激发学生的民族团结热情。

3. 以促进认同为目的的活动课程。促进认同包括对国家的认同、对文化的认同、对中华民族的认同、对社会主义的认同、对党的领导的认同等。这一类活动课程又可以分为校内的和校外的，校内的诸如升旗仪式、各种典礼等，可以用仪式符号和仪式感来增强认同，也可以通过参观、考察等方式增强学生自豪感，以形成对国家、民族等的认同。

4. 以促进对当代经济社会了解，溶解民族边界为目的的活动课程。全球化和市场化促进了社会结构的转型，在社会生活中处处可见各民族成员通过经济生活融合一体的场景。通过参观、考察社会经济发展过程中展现的民族交融场景，可以很好地让学生感受到在当代开放的市场环境下，只有秉持包容开放的民族观和合作态度参与社会生活，才能在当今社会有更好的发展。如前文提到的，研究场域中提到"馕文化产业园""大巴扎"就是民族产业搭载市场化的快车，进而走向世界的典范。参观、考察这样的企业和市场既能开阔学生眼界，也能极大地提升学生对民族文化的自豪感，提升对国家、对社会的认同，融化民族边界。

5. 以增进文化认同促进文化互鉴为目的活动课程。文化是促进民族团结各要素中最重要的因素，开展以增进文化认同、促进文化互鉴为目的的活动课程，以非常温和的文化因素促进民族团结，具有润物无声的效果，且此类活动因为文化形式多样，文化内涵深厚，深得师生喜爱。以增进文化认同为目的的活动课程最常见的是各类文娱活动。少数民族文化灿烂多彩，中华文化内涵深厚，各种文化形式都是中华民族共同的财富。在学校广泛开展各类文化活动，促进对中华传统文化的认同，促进对各民族文化的了解，提升鉴赏水平，促进文化交融是促进民族团结工作的重要方式。其基本形式包括：节庆活动、文艺晚会、文化艺术节、书法展、绘画展、手工艺制品展、民族食品展、服装展、时装表演等。

（二）民族团结教育活动课程的设计

教育是有计划、有目的的实践活动[①]，民族团结教育活动课程应力戒随意性和低效、浅层次的活动，在活动课程中充分体现教育性目的。

1. 整体设计，分步实施

民族团结教育活动课程应秉持以校为本，因地制宜原则，由学校整体设计，分步按计划实施，整体推进。民族团结教育活动课程的质量重在设计，因此在设计阶段应由学校最高课程领导——校长，以及组织教务处、教研处、德育处以及一线班主任、教师等广泛参与，邀请相关专家、家长提供参考意见。在实施过程中根据实施效果和问题不断进行修订。

表 8-1　学校民族团结教育活动课程模块设计构想

模块内容	具体内容
促进交往交流	建立互助小组，了解彼此，了解民俗，了解家庭，建立家庭互动，系列联谊活动
促进文化认同	传统节日，传统民俗，饮食文化，中华传统文化，艺术鉴赏，各民族文化，系列传统文化活动，参观文化场馆
促进历史认同	参观博物馆，参观烈士陵园，参观北庭都护府遗址，参观千佛洞，观看系列历史影片
促进国家认同	升旗仪式，庆祝国庆，演讲活动，征文活动，观看爱国主义影片
了解社会	了解同伴，了解社区，了解当地经济发展，参观考察民族产业的现代发展
榜样示范	评选民族团结先进个人，演讲活动，民族团结先进事迹表彰，邀请榜样讲座

---

① 胡德海.教育学原理[M].北京:人民教育出版社,2013.268.

2. 主题辐射，逐步深化

主体辐射式的设计有助于丰富民族团结教育活动课程的内容，将与主题相关的若干教育内容按层级排列，逐步辐射、深化[①]。如表8-2对小学民族团结教育活动课程饮食文化主题和艺术鉴赏主题活动课程进行的设计构想。

表 8-2 小学民族团结教育活动课程主题深化设计构想

年级	中华饮食文化主题	艺术鉴赏	实践活动
一年级	饺子、月饼	剪纸、灯笼	了解小伙伴
二年级	馕，烤肉	京剧文化	了解学校
三年级	汤圆，腊八粥	麦西莱普、花儿、黑骏马、安塞腰鼓	了解社区，参观各族特殊儿童教育学校
四年级	烤包子，大盘鸡	诗词、书法	参观大巴扎，八路军办事处遗址
五年级	制作奶茶，烤肉	钢琴、二胡、民族乐器	参观馕产业园，参观兵团博物馆
六年级	制作月饼，包饺子	茶文化、玉器文化	参观新疆博物馆、考察 高昌故城、交河故城、柏孜克里克千佛洞、北庭都护府遗址（选）

（三）民族团结教育活动课程的实施

1. 民族团结教育活动课程的资源

活动课程具有形式不拘一格，灵活多变的特点，同时还具有开放性的特点。因此，民族团结教育活动课程的课程资源应不限于学校范围内，而应在广阔的社会空间内充分挖掘可资利用的课程资源。如，各地的历史文化遗迹、民族团结先进集体、民族产业园区、博物馆、烈士陵园，社会名人等，还可充分动员家长参与课程建设，吸纳学生家庭作为课程资源。在当今信息技术

---

① 吕立杰,袁秋红.校本课程开发中的课程组织逻辑[J].教育研究,2014,35(9): 96-103.

高度发达的条件下，网络课程资源极度丰富，在充分鉴别、选择的前提下，可以充分利用共享性、广泛性特点，吸纳网络资源作为课程资源。

总的来说，课程资源可以分为校内课程资源和校外课程资源。校外课程资源根据与学校关系紧密程度，可分为家庭课程资源、社区课程资源、地区课程资源，还包括国家课程资源、世界性课程资源等。民族团结教育活动课程应以开放的课程态度，吸纳广泛的课程资源，以丰富课程内容和提高课程的质量与吸引力。

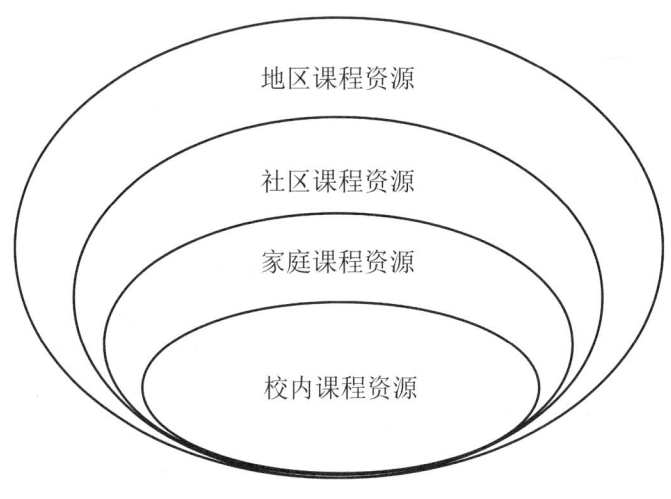

图 8-4　课程资源结构示意图

2. 民族团结教育活动课程的组织

民族团结教育活动课程既属于民族团结教育课程的范畴，也属于学校德育课程和综合实践活动课程的范畴。因此，在课程的组织上，根据现有学校各管理部门的职能分工，应在校长、分管副校长的领导下，将主要的计划、组织实施工作交由学校德育处来负责，年级部、班主任负责具体实施。

五、重视隐性课程的教育作用

隐性课程有时也被称为"潜在课程"，是和正规课程相对而言的一种课程形式。在民族团结教育课程中，学科课程与活动课程是以外显的形式存在于学校课程序列的，而隐性课程相对于外显的课程形式来说，表现得比较"隐秘"，在校园中，校园文化、制度文化、校风、学风、班风等一系列隐性的因素也对学生的身心产生着不可估量的作用。隐性课程近年来越来越受到学者们的关注。

隐性课程具有隐含性、依附性、持久性、非量化性等特点，其内容一般包括社会背景、物质环境、师生互动、校园（班级）文化等。[1]结构-功能主义强调道德规范及社会一致性价值学习的重要性，并将学校的学习历程视为完成这些规范和价值的"社会化"过程。现象-诠释学学者更强调关系意义上的诠释、沟通和创造，偏重于研究师生对话、生生对话形成的经验。社会批判理论学者通过探讨课程对社会阶层的不平等结构、意识形态、经济、文化等在生产机制，揭示出课程中隐含的价值观、信念和规范的隐性功能。吉克跃林等提出了民族团结进步隐性教育"4S"课程体系的概念，认为民族团结隐性教育包括，前提——精神层面；条件——环境层面影响教育；保障——制度层面隐性教育；途径——第二课堂层面影响教育，这是对隐性课程比较完善的一种研究方式。[2]在民族团结隐性课程领域，当前的研究比较倾向于重视校园物质环境、校园文化活动、校风等。

(一) 校园物质环境

校园物质环境是学校隐性课程的一个组成部分，主要包括主题建设、环境布局、基础陈设等。随着办学条件的不断提升，学校物质环境越来越朝着个性化、内涵化方向发展。校园物质环境可以通过校训石、民族团结林、校标、雕塑、文化墙等形式，通过添加民族团结元素，用符号化的语言产生隐性的教育影响。如，有些学校的校标符号中，用抽象的符号表达了各民族师

---

[1] 靳玉乐.国家精品课程系列教材·课程论[M].北京:人民教育出版社,2012:249.
[2] 吉克跃林,张立辉,刘毅.民族高校民族团结进步隐性教育"4S"课程体系构建[J].西南民族大学学报(人文社会科学版),2014,(11):196-200.

生融合于一个集体的文化隐喻；有的学校在校园文化墙上展现不同民族特征的青少年以昂扬的姿态生活在国旗下；有的学校通过"美美与共，知行合一"的校训来体现中华民族多元一体，中华文化多元融合的美好寓意。

（二）校风（班风）

每一所学校都有着自己独特的校风，每一个班级都有着自己独特的班风，这是学校师生群体社会性格的一种集体表达。在校园中塑造一种各民族师生平等包容，交往交流交融的校风、班风对于学生形成积极的、包容的、开放的跨民族交往态度具有极大的促进作用。相反，在一所民族成员壁垒森严，处处呈现出以民族身份划界的交往圈的校园，就会潜移默化地强化学生的民族身份，培养出具有狭隘民族意识的学生。民族团结的校园校风、班风取决于学校的正面引导以及在行政建制、日常工作中打破民族界限，通过组织结构的跨民族建构拆分民族区隔，建立一种"公民化"的交往交流环境，对于营造良好的民族团结校风、班风具有积极的促进作用。

（三）制度文化

制度文化是组织意愿的一种体现形式，通过管理、激励、保障等制度构筑起来的制度文化能够以组织手段引导师生朝着期望的方向发展。如，建立"混班混宿混餐"制度促进交融；建立民族团结进步集体创建制度；建立民族团结个人评选奖励机制等等。制度文化是官方主流文化的体现形式，体现一个组织的官方意愿和发展趋向，当制度文化包容开放，既体现对主流文化的不断强化，也体现对非主流文化的包容和发展关照，就能够激励非主流文化群体在保留自身文化的基础上积极接受主流文化，反之可能对主流之外的学生造成挫伤，因不被承认的文化存在而产生自卑感和疏离感。

虽然隐性课程具有隐含性和非量化性等特点，但在实施民族团结教育课程过程中有意识、有计划地合理安排隐性课程因素，可以起到"春风化雨，润物无声"的教育效果。

第九章 民族团结教育课程实施的实践案例

理想的民族团结教育课程实施应该体现民族团结教育课程的价值追求，既能体现民族团结教育课程对个人发展的关怀，还能体现对未来社会发展需要的建构，是能够让社会、国家、个体的利益得到协调的教育，是充满人性解放和差异尊重的教育。不同模式的民族团结教育课程其目的、方式和意义各有不同，但有一点必须是共通的，那就是民族团结教育课程应该避免形式化、教条化和内容空洞的说教式教育。学校作为民族国家建构未来社会公民民族团结意识和观念的重要场域，应该充分运用内外部条件，积极进行民族团结教育课程实施的设计。

基于对民族团结教育课程基本模式的探索，研究者于2016年9月开始在D校开展民族团结教育课程实施探索，经过2年多的实践探索，D校民族团结教育课程实施渐成体系，现将课程实施中，相对符合民族团结教育课程价值追求的案例进行整合，就学科课程、活动课程中的案例呈现如下。

一、融于学科教学的民族团结教育课程实践案例

（一）历史课程之中华民族起源

1. 人教版历史七年级上册《远古传说》课程实录

现场实录	点评
观课日期：2018 年 9 月 21 日班级：D 校 7 年级（*）班 授课教师：D-LS-01 进入方式：提前与教师沟通，课前 2 分钟进入教室	
师：同学们知道史前时期是什么意思吗？ 生：就是有史书记载以前 师：大家说得很对，史前时期就是有史书记载之前，我们也称之为远古时代。关于远古时代，大家了解些什么？ 生：盘古开天辟地……女娲补天…… 师：对，大家了解很多，远古时代的历史，除了考古发掘之外，古代神话与传说也是值得注意的方面，和可靠的历史材料相印证，能够从另一个角度了解远古历史 师：同学们我们中国人常常自称什么？ 生：中华儿女……华夏儿女……炎黄子孙…… 师：对了，孩子们，我们都是中华儿女、华夏儿女、炎黄子孙，你们知道"炎黄子孙"这个名称是怎么来的吗？今天我们学习《远古传说》，大家就知道我们为什么自称为炎黄子孙 教师给出问题：大约在五六千年前，我国大地上分布着许多部落。相传，黄河流域的炎帝部落和黄帝部落最为有名。华夏族的形成与炎黄部落有着密切的联系，可究竟谁的功劳最大？谁才是真正的华夏之祖呢？ 生：引导学生经过激烈的争论，可以知道无论是炎帝还是黄帝都对华夏族作出了巨大贡献。	学生回答非常热烈，提到了盘古开天辟地、女娲补天、女娲造人、牛郎织女等等…… 教师收回主题，用"炎黄子孙"引出新课 教师设疑，炎帝、黄帝谁是华夏之祖？

续表

现场实录	点评
师：距今约五六千年前，炎帝部落和黄帝部落是黄河流域分布的部落中最为强大的两个。这两个部落后来结为联盟，并打败了东方的蚩尤部落。此后，中原的部落就推举黄帝为部落联盟的首领；他们不断发展壮大，渐渐形成日后的华夏族。 师：华夏族由错居杂处的众多民族，在不断交往、交流过程中逐渐融合而成。 （课件展示：中国古代地图、炎帝画像，《白虎通》记载的传说："神农因天之时，分地之利，制耒耜，教民农耕"） 师：炎帝又号称神农氏。传说他姓姜，生下来是牛头人身。他刚做首领的时候，人们主要靠采集、狩猎为生，经常挨饿。想到人们今后的生活，炎帝愁得整日寝食难安。后来经过仔细观察，他发现自然界的植物有一定的生长规律，于是他想，如果能分辨出哪些果实能吃，哪些果实不能吃，将那些能吃的果实采集起来，春天把它们埋入地下，秋天就会结出果实。这样一来，人类的生存问题不是解决了吗？于是他不辞辛劳，翻山越岭，尝遍百草。据说，他在尝百草、定五谷的过程中，有时一天就中毒达70多次，最后终于知道了哪些东西可以吃。传说中炎帝首先教人选择土地的干湿、肥瘠、高低，教人观察气候，选择五谷的类别，并制作劳动工具。所以后世把炎帝称为中华原始农业的创始人。 师：农业真是炎帝发明的吗？那么这个传说有没有真实成分呢？ 生：应该是吧，要不然怎么能成为神农氏 老师总结：农业的发展确实经历了传说中的这样一个过程，原始农业的确是由采集发展来的。正是由于人们在长期的生产、生活中发现了某些植物的生长规律，在住处附近驯化和栽培这些植物，才出现了原始的农业。远古时候的任何一件发明或改进，都是积累无数人力，经历漫长岁月摸索的结果，绝不是一个人短时的功劳。但是，后人在追述历史时，总爱将一些发明创造集中附会在他们的杰出代表身上。除炎帝外，黄帝也是这样。	教师强调华夏族是众多民族融合而成 播放多媒体动画介绍炎帝 教师绘声绘色地讲述炎帝故事

续表

现场实录	点评
师：传说黄帝创制历法，指导人们根据季节的变化播种、收割。他还发明铜车、车船、加工谷物和蒸煮食物的用具等。（课件展示：黄帝画像和传说中黄帝的发明） 小结：炎帝发明了农耕，推广了用火，建立了原始部落，使人民安居乐业。黄帝发明了舟、车等文明成果，二者齐头并进，共同开创了华夏早期文明，为中华民族的兴起和发展作出了不可磨灭的贡献。 后人尊称炎帝和黄帝为中华民族的初祖，并以"炎黄子孙"自称，主要缘于他们对中华早期文明所作的贡献。 师：同学们，我们中华民族悠久的历史就是从这里开始的，"我们都是华夏儿女，炎黄子孙"！ 此时，播放《黄帝颂》，画面显示黄帝陵"华夏儿女对黄帝陵的祭拜"，渲染课堂的现场氛围，营造本课的情感基调，不仅增强了学生对中华人文始祖的敬仰感恩之情和民族认同感，也使学生认识到国家统一、认祖归根是炎黄子孙的共同心愿。	播放多媒体动画，介绍黄帝 教师亲切地"我们都是华夏儿女，炎黄子孙"瞬间拉近了和学生的距离

2. 案例评价与分析

在本节课的设计上，教师首先理解了民族团结教育课程的目标要求：增进对中华民族的认同和历史、文化的了解。课程文件的任务要求：不断增强中华民族的向心力、凝聚力，理解了民族团结教育课程文件的内容要求"了解中华民族的历史演变"之中华民族的源头，"知道中华各族人民凭借勤劳、勇敢和智慧共同开拓了祖国的疆土，发展了祖国的经济和文化"，结合本节课的内容，教师精心进行了课程创生。

在课堂教学中，教师很好地把握了本课"人文初祖"的设计意图，在完成知识与技能、过程与方法目标的同时，在情感态度价值观维度，通过有意识地渗透炎帝、皇帝之间的战争和联盟，传递了一个自远古以来华夏大地就在不断地发生着交互与融合；华夏族是中华民族的先民，黄帝是中华民族的初祖，从而使学生感受到中华民族悠久的历史，产生同为炎黄子孙的亲近感。

培育了学生对祖国和中华民族悠久历史的认同,增强了民族自豪感。教师在教学过程中教态良好,与学生的感情互动、目光互动丰富,亲和力极强,在课程结束时,笑嘻嘻地对全体同学说"我们都是华夏儿女,炎黄子孙"瞬间将全体学生的心拧到了一起。

(二) 富含爱国情感的历史课程之中华民族融合发展

1. 人教版历史课程七年级下册第18课《统一多民族国家的巩固和发展》课堂实录

现场实录	点评
观课日期:2018年3月29日 班级:D校7年级(*)班 授课教师:D-LS-04 进入方式:提前与老师沟通,课前2分钟进入教室	
一、新课导入:播放歌曲《爱我中华》 师:欢迎大家和我一起走进今天的历史时空。课前一曲优美的歌曲把我们带入了一个五彩缤纷,绚丽多彩的大家庭。我听见好多同学都在跟着唱,大家知道这首歌是什么名字吗? 生:《爱我中华》 师:听了这首激昂的歌曲,哪位同学愿意与大家分享一下自己的感受? 生1:这首歌雄壮有力,慷慨激昂,体现了中华民族的崛起与中华人民对祖国强烈的热爱与赞美之情。 生2:这是一首爱国主义精神的歌曲,讲述了五十六个民族聚集在一起,成为一个大家庭。每当我听到这首歌,我都心潮澎湃。五十六个民族,就像五十六朵花,共同缔造了美丽的中国,作为一名中国人,而感到非常自豪。 师:是呀!同学们都说得很好,我们伟大的祖国是由56个民族组成的大家庭,自秦汉开始,我们多民族的祖国就是统一的大家庭,近两千年的历史里,各民族充分的交往融合,到清朝鼎盛时期,我们的多民族国家得到空前的巩固和发展。清政府采用什么策略使这个大家庭紧紧维系在它的周围?让我们带着这些问题一起走进《统一多民族国家的巩固》!	课程导入,播放歌曲,教师与学生跟唱《爱我中华》 教师的引课语言非常精炼,但包含丰富信息,不经意的几句话就将多民族自秦汉以降的交融史带进了课堂

续表

现场实录	点评
二、清朝前期维护统一多民族国家的措施(板书) 1. 出示清朝疆域图 　师：同学们，清朝前期，我国统一多民族国家进一步巩固和发展，祖国现在版图基本奠定。（展示版图）上一节课我们学习了沙俄入侵我国东北康熙帝两次打败沙俄，收回雅克萨；戚继光抗击东南沿海倭寇。我们这节课根据探究的需要，我们要把大家分成三个大组，新疆组、西藏组、台湾组。对新疆感兴趣的同学加入第一组，对西藏感兴趣的同学加入第二组。对台湾感兴趣的同学加入第三组。 　下面我们进入今天的第一环节：新疆组、西藏组大比拼 环节一：自主学习，掌握新知 　师：请大家仔细快速阅读课本 109—110 页内容，结合地图完成下列任务，并整理在小卡上： 　任务 1：绘制清朝疆域简图，标明新疆、西藏、台湾。 　任务 2：简单归纳整理清朝加强对新疆、西藏、台湾统治的措施。完成的同学以 OK 手势向老师示意。历时 4 分钟。 　生：自主学习 　师：同学们很快都完成了任务，下来我们四人组顺时针交互，检查完成情况，对不完整的地方快速补充，并把你们中间最好的张贴在黑板上。 　生：交互，补充，张贴四人组推选的小卡。 　师：我们各请一组同学展示其他组准备补充点评。 　师：首先我们请台湾组同学展示。 　生：台湾组展示，并对照简图讲解。（投影其小卡） 　1. 1661 年郑成功收复台湾 　2. 1683 年设置台湾府 　3. 1885 年台湾建省…… 　师：台湾组同学总结得很清楚，下面我们请新疆组同学展示清朝政府对西北地区的管理措施 　生：新疆组同学 1 展示，并对照简图讲解。（幻灯机投影其小卡。）	清朝疆域图的广阔疆域引发学生窃窃私语，有学生义愤地说，原来 * 国占了我们那么多地方 按课程内容分成三个组 学生活动设置为新疆组、西藏再次埋下伏笔 学生合作，迅速地完成任务 台湾组展示 新疆组合作总结了清朝对西北地区的统治措施

续表

现场实录	点评
"我发言""我倾听"。清朝加强对新疆地区管理的措施有： 1. 平定回部大小和卓兄弟叛乱 2. 设置伊犁将军 3. 设立驻藏大臣 生：（西藏组、台湾组点评）新疆组同学绘制简易地图与中国地图很相似，并能基本总结归纳出清朝对新疆地区的管理措施。但也有一些错误，设立驻藏大臣不属于新疆地区。 师：新疆组同学的画图、总结归纳都比较好，西藏组的点评非常到位。我们给予鼓励。 生：鼓掌（二、三，二、三节奏） 师：其他同学还有补充的吗？ 生：新疆组总结措施遗漏了一点，就是康熙帝平定噶尔丹叛乱，粉碎了准噶尔部割据势力。 师：好，非常好。两个同学合起来完整的归纳了清朝对新疆的管理措施。下面我们有请西藏组代表展示。 生：西藏组展示，并对照简图讲解。（幻灯机投影其小卡。）"我发言""我倾听"。清朝加强对西藏地区管理的措施有： 1. 册封达赖和班禅制度 2. 1727年设立驻藏大臣 3. 制定"金瓶掣签"制度 学生：（新疆组、台湾组点评）西藏组同学绘制简易地图很清楚，并能完整总结归纳出清朝对西藏地区的管理措施。非常好。 师：发言和点评的同学都非常好，我们给予鼓励 生：鼓掌（二、三，二、三节奏） 环节二：合作探究，时事点评 师：清政府采取了多种措施维护了我们这个统一的多民族的国家，特别是新中国成立以后，在党的领导下，各族人民团结、平等、共同发展。但是也出现了一些不和谐的声音，请看材料： 材料一：中央电视台新闻联播关于新疆暴恐事件的新闻。	西藏组总结清朝政府对西藏的统治措施 合作探究，时事点评，以史为鉴

续表

现场实录	点评
材料二：西藏拉萨也爆发了严重暴力犯罪事件，2008年3月14日，一群不法分子在西藏自治区首府拉萨市区的主要路段实施打砸抢烧，焚烧过往车辆，追打过路群众，冲击商场、电信营业网点和政府机关，给当地人民群众生命财产造成重大损失，使当地的社会秩序受到了严重破坏。 材料三：经调查这些暴力犯罪事件都是有组织、有预谋、精心策划煽动的，是由境内外"藏独""疆独"分裂势力相互勾结制造的。有少数的极端分子，固执地认为是汉族群众侵占了他们的领土。甚至有不法分子伙同各方的分裂势力，妄图把新疆、西藏从中国分割出去。 师：看了上述材料，我们非常气愤，我们青年学生应该从自身出发，对这些错误认识进行坚决的抵制，那我们今天的任务是：阅读材料，结合我们学过的知识，合作完成： 1. 用历史的史实驳斥"藏独""疆独"的错误认识。换句话说就是"用史实论证西藏、新疆自古以来就是中国的领土" 2. 如何看待新疆、西藏暴力打砸事件（可以结合材料从事件的性质、目的、影响等方面分析） 3. 作为中学生，从自身出发你应该如何对待"藏独""疆独"等不法活动？（你可以把国家发生的这些事情看作自己家里发生的，如果自己家里的兄弟姊妹被别人唆使进行破坏，你会怎么办？） 师：带着这些问题，结合你课前的预习，我们以八人学习小组为单位进行探究，把你们的探究成果展示在大卡上。计时7分钟。以倒数十个数结束。 学生合作探究 师：首先请第一组展示 第一组学生代表：我们组合作学习的成果是： 1. 新疆自古以来就是中国的领土，主要史实有： 西汉时，公元前60年，设置西域都护府，标志着新疆正式归属中央政权。	教师出示阅读材料 学生的发言积极踊跃，罗列了新疆自古以来就是祖国不可分割的一部分的史实

续表

现场实录	点评
唐朝时：唐太宗、武则天先后分别在西域设立了安西、北庭都护府，加强对新疆的管理。 2. 从材料中我们可以看出"新疆事件"的性质：严重的暴力犯罪事件；目的：分裂国家，破坏统一。影响：给当地人民群众生命财产造成重大损失，使当地的社会秩序受到了严重破坏。 3. 作为当代中学生，我们应该从自身做起，坚决反对分裂，维护民族团结，祖国统一。 我的发言就到这里，同学们还有什么补充的吗？ （学生点评） 生：组合作讨论成果显著，论证史实清楚完整，对事件的分析正确，只是在自己做法这方面有点口号化，能实际点就更好了。 师：第一组的展示形式很好，内容充实。同学们的点评也很到位，我们对他们的精彩发言给予鼓励。 生：鼓掌（二、三，二、三节奏） 第二小组学生代表：我们组合作学习的成果是： 1. 西藏自古以来就是中国的领土，主要史实有： 唐朝时，文成、金城公主入藏，唐玄宗时，尺带珠丹上书汉藏"和同为一家"。 2. 从材料中我们可以看出"西藏事件"的性质：犯罪事件；目的：阴谋分裂祖国。影响：破坏了国家的安定团结，不利于和谐社会的发展。 3. 作为当代中学生，我们应该努力学习，用我们的历史知识驳斥"藏独"分子的错误言行，从自身出发与各少数民族和谐相处，维护民族团结。 （学生点评） 生：第一组合作讨论成果显著，对"西藏事件"认识清楚，方法措施切合实际。 师：第二组论证历史事实正确，但不完整，应该还有"元朝设宣政院加强对西藏的管理"。"西藏事件"认识非常好。我们给予鼓励。	学生踊跃发言，总结了文成公主进藏、尺带珠丹上书等史实，对"藏独"充满愤慨

续表

现场实录	点评
学生：鼓掌（二、三，二、三节奏） 　（小结）师：这节课我们自主学习了解了清朝加强边疆统治的具体措施，并通过合作探究对当前我们社会上出现的"疆独""藏独"事件有了正确的认识，也有力地驳斥了他们的错误言论。 　我希望我们能用自己学到的历史知识服务于社会，更希望我们大家像热爱自己的家庭一样热爱我们的国家。（再次齐唱《爱我中华》）	

2. 案例评价与分析

《统一的多民族国家的巩固和发展》是部编版七年级下册第三单元第5课，也是七年级历史学到的最后一个朝代。学生有了一定的历史认知，但是还不全面。老师在上课时采用了多种方法来引导学生加强对统一的多民族国家的发展和巩固的认识。首先歌曲创造情境进入本课，其次采用分组的办法展示的方式来增强历史知识的直观性和趣味性，充分调动学生的智力因素和非智力因素，达到良好的教学效果。对新疆、西藏和台湾的地理方位通过同学们动手的方式手绘地图，增强了他们的对统一的多民族国家的认同。通过时事热点结合历史培养学生论从史出，明辨是非的能力，自觉树立维护民族团结和祖国统一的思想。

从上述两个课例中，两位教师既是有心人也是优秀的教育者，《远古的传说》课程本身就有让学生了解中华民族"人文初祖"的设计在其中，课堂教学是教师与学生互动的实践过程，仅仅传授知识的"教"只能让学生达到"了解"的层次，但是老师在课程教授过程中，扫视全场，一句温暖的"我们都是炎黄子孙"瞬间让冰冷的知识变得热血沸腾，既拉近了师生之间的距离，也让学生从"我们"和"炎黄子孙"中产生了强烈的认同感和归属感，这种师生之间自然流动的情感引起的情感共鸣，其效果是任何缺乏情感的机械式讲授所无法达到的。《统一的多民族国家的巩固和发展》教师精心设计了引入环节和最后的小结环节,用视频和歌曲激发学生的民族认同和国家认同,既与课程主题"统一的多民族国家的巩固与发展"相呼应,又能恰切地进行民族团结教育。

随机听取的这两课都是创生取向的课程实施典范,从访谈到进入课堂实际感受,研究样本中的教师能够很好地理解课程文件的要求,并在教育教学的过程中实际加以运用,创生地实现了民族团结教育的目的。学科课程中蕴藏着丰富的民族团结教育元素,这些元素与学科知识相融于一体,当老师具有敏锐的民族团结教育意识,就能够发现蕴藏在学科知识中的教育元素,经过合理的组织,经过课堂情境中的互动,可以达成润物无声的教育效果。因此,在学科教学中,需要教师具备较强的民族团结教育意识,较强的实践性能力,来对学科教学中的民族团结教育课程通过调试和创生,实现民族团结教育的目的。

(三) 关照多元文化元素的语文课堂

1. 人教版语文二年级下《传统节日》课堂实录

现场实录	点评
观课日期:2018年4月17日 班级:A校2年级(*)班 授课教师:A-YW-02 进入方式:课前2分钟进入教室,稍有突兀	班级48个孩子,一半多是维吾尔族
师:同学们,大家喜欢过节吗? 生:(异常热烈地)喜欢 师:老师也和大家一样喜欢过节,下面老师播放一段节日的音乐,大家猜一猜,是什么节日,看哪个小朋友猜得对……播放《春节序曲》 学生兴高采烈地举手,老师点了一名维吾尔族小男孩回答——春节 师:阿不都许库尔回答得特别正确,是春节 师:谁来说说,你为什么喜欢春节呀 学生争先恐后地举手,老师点了第一排的一个小女孩	教师播放欢快的《春节序曲》 学生争先恐后地回答,气氛热烈

续表

现场实录	点评
生1：过春节我可以吃好吃的，穿漂亮的衣服，还有红包（学生们气氛热烈，有的开始小声交流） 生2（小男孩）：过春节我可以和爸爸妈妈在一起，还有爷爷奶奶，特别开心 师：两位同学说得很好，老师再叫一位小朋友（靠墙坐着一个维吾尔族小女孩，慢慢地举手，眼光有些闪烁），老师敏锐地看到，随机鼓励地看着她：古丽巴哈尔，你能说吗？（身后有个小男生小声地嬉笑：你们又不过年）小女孩怯生生地说：我也喜欢过春节，爸爸妈妈给我做很多好吃的，还给我买礼物（小女孩回答的时候特别强调"也"，） 师：古丽巴哈尔说得特别好，春节是我们中国人共同的节日，是中华民族最隆重的传统节日，我们不管是哪个民族，只要是中国人，没有不喜欢过这个节日的。中国人民过春节已经有4000多年的历史了。（老师的肯定让小女孩瞬间自信起来，回过头得意地瞪了小男孩一眼） 师：4000多年，就是我们爷爷奶奶的爷爷奶奶都过，祖祖辈辈都过的节日，这样的节日我们叫"传统节日"（多媒体展示春节，贴窗花、放鞭炮、贴春联，板书：传统，带拼音，带孩子们认读） 师：今天我们来了解更多有趣的节日，请大家先自己读一遍课文，圈出不认识的生字，借助拼音将生字读熟 （多媒体展示生字） 贴窗花 元宵节 祭扫 赛龙舟 艾香 乞巧 传统 满堂 牛郎 月饼 赏菊 大街小巷 组织学生开火车读生字，然后齐读课文 师：课文中一共有几个传统节日？ 生：春节、元宵节、清明节、端午节、七夕节、中秋节、重阳节 教师逐一多媒体展示节日图片，引导学生讲述每个节日的活动和特点 师：今天我们课文给大家介绍了这么多传统节日，孩子们，咱们还知道哪些课文中没有的传统节日呢？	教师敏锐地发现学生的不自信，用眼神鼓励 多媒体展示春节的画面，课堂气氛热烈 展示生字领读 教师展示各节日的图片

续表

现场实录	点评
（生短暂沉默，随即开始喊，古尔邦节、肉孜节，古丽巴哈尔把手高高地举了起来） 师：古丽巴哈尔你来说说 生：古尔邦节和肉孜节，古尔邦节我们会穿特别漂亮的衣服，走亲戚，做好多好吃的互相拜年，肉孜节我们宰羊，做抓饭、烤包子，还有烤肉…… 师：对，古丽巴哈尔说得特别好（多媒体展示古尔邦节，少数民族的服饰、舞蹈、美食）还有同学补充吗？ （几个维吾尔族同学纷纷举手） 生：这两个节日我们都去祭扫，还有会给亲戚送馓子 （孩子们纷纷举手，老师点了最后一排一个虎头虎脑的小男孩） 生：这两个节日我都会到维吾尔族邻居家拜年，他们有好多好吃的（兴高采烈） 师：同学们说得特别好，咱们新疆人还有两个传统节日，古尔邦节和肉孜节，我们每年比内地多放五天假呢是不是呀。古尔邦节和肉孜节的时候，我会到我的维吾尔族朋友家做客，和你们一样吃很多好吃的。（孩子们兴高采烈，维吾尔族孩子脸上充满了自信和骄傲） 师：今天的课特别有意思，我们的同学们知道得真多，上课也很积极，今天上课我们讲了九个传统节日，咱们中国是有56个民族的大家庭，我们还有很多传统节日呢，老师给大家布置一个今天回去的作业。老师说两个传统节日，大家回去以后让爸爸妈妈帮你们查资料，了解一下泼水节、火把节，下节课我们看哪个同学讲得最好。下课……	扩充地域性传统节日 教师绘声绘色地介绍自己在古尔邦节的走亲访友，特别强调自己有亲密的维吾尔族朋友 课后拓展布置了解泼水节、火把节

2. 案例评价与分析

《传统节日》这节课是人教版二年级下册第三单元的第2课，这节课通过介绍中华民族的传统节日来进行中华文化常识教育，进而增进青少年儿童的中华文化和中华民族认同。在课堂上的A-yw-4是一个特别有民族团结教育意识的教师，她的班级有48个孩子，维吾尔族孩子有27个，在这节课的学习中，她特别关照了维吾尔族学生对传统文化的适应和认同。在介绍春节时，面对小女孩的不自信，她特别鼓励孩子发言，并强调"春节是我们中华民族的传统节日，我们都过春节"。考虑到班级孩子的民族组成和文化多样，她在介绍完课文中的传统节日后，增加了教学环节，介绍了古尔邦节和肉孜节，并特别强调这是我们新疆人的传统节日。在授课中特别有亲和力地谈到古尔邦节和肉孜节自己会到维吾尔族朋友家做客，用描述自己的民族团结行动来传递对多元文化的尊重和认可。课的最后，还布置了让学生了解"泼水节""火把节"等节日文化作为课堂的延伸，充分发掘教材设计《传统节日》的设计意图——进行中华文化的认同教育，同时根据面对的学生和课堂突发情境进行了调适和生成，使传统文化的范畴得到了拓展，更达到了对学生进行多元文化教育和民族团结教育的目的。

班克斯在《文化多样性与教育》一书中列举了十种多元文化教育的范式，民族附加、自我概念发展、文化落后、语言、种族主义、激进主义、遗传、文化多元主义、文化差异、同化主义[①]，并倡导如果试图促进"教育平等"，帮助所有学生获得能够在文化上十分不同的社会和世界中有效发挥作用所学的知识、态度和技能，就必须使用多因素范式来指导教育改革与实践。在本课例中，课程实践者在课程实施中，如果秉持忠实取向，可能使课程的文化适应性略显不足，同时因学生之间的交往互动排斥性导致部分学生心理上产生文化剥夺感，从而形成文化、心理束缚。在课例中的 A-yw-4 教师采用了民族附加（或称为文化添加）和多元文化教育范式，根据班级学生的文化组成，调适地增加了民族文化元素，扩充了课程的文化包容性，很好地完成了课程的知识要求。

---

① [美]詹姆斯 A.班克斯著.文化多样性与教育——基本原理、课程与教学(第五版)[M].荀渊等译.上海：华东师范大学出版社,2010:88-89.

二、基于活动课程的实践案例

(一) "九同"融情式校园文化课程案例

基于交往互动理论、涂尔干社会团结理论，D校在研究者主导下推进了全面混合编班的结构编排，实施"九同"融情式校园文化课程。

D校是一所完全初中，59个教学班，在校学生2821人，其中维吾尔族学生1770人（62%），汉族学生844人（29%），回族学生162人（5.7%），在研究者主导下，于2016年开始混班试点，2017年实施新七年级（起始年级）混班，目前已完成全部在校班级混班教学。学校推行"歌舞同台、就寝同舍、进餐同桌、娱乐同享、语言同学、学习同步、节日同庆、校园同护、困难同度"的九同情感共融校园文化课程。

在校园社会交往中，生生之间最重要的交往场域是教室、宿舍、餐厅，因此"九同"校园文化课程的重点在于混合编班、混合住宿、混合用餐。在混合编班的基础上，基于各班不同民族学生学习现状，成立学习小组，每个小组尽可能由不同民族学生组成，学习上的"比学帮超"让所有同学打破本已淡薄的民族界限，日日相处，时时交流，时时互助，共同的目标，共同的荣誉凝结成牢不可破的同学情谊，搭建成了一个"知识分子亚社会①"。宿舍是学生班级官方文化以外的一个世界，在这个世界中，学生之间的交往是全方位的，用米尔顿·M·戈登的"初级群体"和"次级群体"的概念②，在初级群体中的人们交往是全方位的，展现全部人格的，而次级群体中的人民交往往往是官方的，展现部分人格的。宿舍这个空间孩子们之间喜怒哀乐，无一不在彼此之间发生，也只有在这样的初级群体中才能真正实现感情的互融。

---

① ［美］戈登著，马戎译.美国生活中的同化[M].译林出版社,2015:63.
② ［美］戈登著，马戎译.美国生活中的同化[M].译林出版社,2015:73—78.

涂尔干的社会团结理论将社会的团结形式区分为"机械团结"与"有机团结"①，这个概念和戈登的"次级群体""初级群体"本质上是类同的。在"次级群体"中，人和人之间的关系是"官方的""组织的""初步的""浅层次的"，但因为官方组织的合法性和强制性，人和人之间的关系处于"机械团结"层面；而在"初级群体"中人和人的接触是全面的，互相之间因为社会关系中的被需要而"有机团结"，这种团结产生的凝聚力更为强烈，个体的人格和个性得到充分展示。

D校"九同"融情式校园文化课程以学生生活、学习结构的互融为基础，营造"九同"校园文化，消融了不同民族学生之间因差异而生成的隔膜，通过结构的调整，让学生在日常的学生、生活中因社会性交往需要而彼此需要，成为该校所有民族团结教育课程形式中最核心的校园文化课程。

（二）浸润式文化引领课程案例

D校以文化为引领的浸没式教育旨在让学生沉浸在浓厚的中华传统文化氛围中，在对悠久中华文化认同的基础上，根据地域、生源特点融入各文化元素，通过文化适应、文化传承、文化融熔、文化创造实现文化认同和文化共生。

1.弘扬传统文化的课程

D校每周三下午安排两节课的社团活动时间，全校学生全员参与，每学年初开展麦西来普扫盲，全体师生人人会跳麦西来普。以社团活动为平台，实施传统文化课程，包括京剧、书法、国画、剪纸等。民族文化课程包括麦西来普、民间乐器等。

以书法社团为例，书法社团吸纳具有书法功底和书法爱好的教师，以社团形式招募学生，每周三下午进行课程，在校园中处处可见墨迹，墨宝，营造出浓厚的文化氛围。

---

① ［法］涂尔干.社会分工论[M].渠东译.北京:生活·读书·新知三联书店,2000.222

图 9-1 学生书法课程现场

细微之处,展现教育韵味。D 校在学生活动长廊等处摆放了 5 个书法练习小桌,以石板为纸,以清水为墨,置字帖、毛笔于桌上,因地制宜地一摆,看似随意,却在细微之处彰显教育者精心"设计"之韵味,学生运动、休闲、闲聊之际,有意无意地就开始写写画画,描描摹摹,进而喜爱书法,认同书法,不仅认同文化,亦有飘逸洒脱之美。

2. 各族文化交融鉴赏课程

在平日社团课程的基础上,D 校充分利用 5 月之花艺术节、元旦、春节、中秋、国庆等节庆假期,开展大型文艺汇演等。在组织此类活动时,注重以中华传统文化为主色调,辅以麦西来普、民族服装秀等各色优秀民族文化元素,使多元文化交相辉映,文化大餐,饕餮盛宴引人入胜。

文化是人类区别于其他动物的根本标志,雅斯贝斯说:"如何使教育的

图 9-2 学校文化互动鉴赏课程

文化功能和对灵魂的塑造功能融合起来，成为人们对人的教育的反思的本源所在①。"文化是一个族群的基本生活方式和群体认同的重要基础。因此聚焦于文化间互动现象的涵化，是深化民族团结教育研究的重要视角"②浸没式文化引领课程旨在通过课堂文化教学、文化活动课程体验等，让学生认识和欣赏中华传统文化，进而认同中华文化；文化交融鉴赏课程中各族文化的显性在场，通过多民族文化共生场域的建构，对各族师生的心理与行为进行形塑，为促进跨民族的互动与交流发挥文化润物无声的凝聚作用。

（三）爱国主义教育活动课程案例

1. 常规爱国主义教育活动。 D校每日升降国旗，要求全校师生在升降国旗期间，在全校任何位置的师生都肃立唱国歌。周一举行全校升国旗，国旗下讲话；每学期举行一次"我为祖国唱赞歌"活动，用歌唱的形式歌颂祖国，全校师生人人会唱《我和我的祖国》，不时就有学生在行进中哼唱此歌。

图9-3　爱国主义教育课程——我为祖国唱赞歌及升旗仪式

2. 爱国主义教育基地参观学习。 D校每年清明节组织七年级学生前往烈士陵园扫墓，举行"缅怀革命先烈，继承革命精神"祭奠革命先辈活动。与其他学校开展扫墓活动不同的是，D校的祭扫烈士墓活动有三个步骤。

---

① ［德］卡尔·雅思贝尔斯.什么是教育［M］.邹进译.北京：生活·读书·新知三联书店，1991：1
② 常永才，John W. Berry. 从文化认同与涵化视角看民族团结教育研究的深化——基于文化互动心理研究的初步分析［J］.民族教育研究，2010（6）：18

(1) 提前半个月开展烈士事迹教育，通过 1 节主题班会介绍烈士陵园的设立初衷，介绍烈士陵园中烈士的事迹，第 2 节班会课进行向烈士学习演讲。

(2) 在有了前期充分的教育基础后，认真筹备祭扫仪式、敬献花圈等程序，于清明节前后组织学生前往烈士陵园祭扫。在祭扫仪式中，D 校学生庄严肃穆，现场令人动容。

(3) 回到学校后，D 校每年组织学生代表前往 D 校毕业生烈士遗属家中看望烈士遗属，经过前期教育铺垫，前往烈士遗属家中探望烈士遗属的孩子无一不热泪盈眶地与烈士遗属拥抱，拳拳之情溢于言表。回校后由学生代表在课间操或升旗仪式上向全校学生讲述烈士身边的故事，分享看望烈士遗属的感受，现场真情动人。

图 9-4 爱国主义教育基地研学课程

（四）社会实践活动课程案例

1. 参观历史文化场馆。新疆博物馆馆藏内容主要有五项陈列：古代文物，充分反映新疆各个历史时期、发展时期的文物资料，是新疆历史上各族文化交融的证据；新疆陈列，馆藏了大量各民族的建筑艺术、生产工具、服饰、生活和文化用品，是民族文化交融的成果；新疆干尸，其中有欧罗巴人干尸，唐高昌左卫将军张雄干尸，证明着各族人种在古代西域的交融；新疆革命文物；中华古机械国宝展等。D 校每年例行利用十一期间，组织学生前往新疆博物馆参观考察，文物是会说话的证据，证实了历史上新疆这片热土上，发生丰富的文化交融。回校后，学生撰写考察笔记，由班主任和语文教师逐篇批阅，利用班会课进行分享交流。

2. 研学活动。 D校每年组织一个年级学生依托青少年实践活动基地，开展研学实践活动。研学活动内容非常丰富，其中就有大巴扎研学、馕产业园研学、汗血马基地研学等项目。各族师生在研学中既增强了合作实践的能力，也增进了友谊，研学的场域经过认真筛选，如大巴扎是民族风情与现代商业气息非常浓厚的场所，既能感受民族文化的现代化进程，也能感受现代都市生活和商业气息；馕产业园是民族食品产业化、现代化、商业化的典范，实地参观充分感受民族食品走向全国、走向世界的过程。

（五）主题式活动课程案例

1. 民族团结主题活动课程。 D校在学年初有计划地将民族团结表彰活动、民族团结大宣讲活动、夸夸我的小伙伴、民族团结故事会、"中秋合家欢"等活动以校历形式进行规划，常规性地进行民族团结教育活动。

图 9-5　班级民族团结主题活动课程

"中秋合家欢"活动由餐厅备好食材，全校师生以班级为单位，教师携家属参与，共制月饼，各族儿童与教师子女亲如一家，共度佳节，感受厚重的中秋文化。

2. 班级活动课程。 以班级为单位的活动，形式多样，频度高，组织形式灵活，学生参与度高，且因班主任是权威的德育教师和学生心目中的行政管理者,班级活动深受学生重视,学生融入度高;从另一层面来说,在当前班级授课制的教育教学组织活动中,班级是学生校园生活中最主要的社会空间。班级活动课程在形式上最频繁的是每周一次的班会课,班主任也会依据班级一段时间的班级建设需求,劳逸结合地开展一些班级内的文体活动。

图 9-6　班级活动课

3. 班会实录

班级特点:50 名学生,其中 32 名维吾尔族学生,13 名汉族学生,3 名回族,2 名柯尔克孜族学生。

班会目的:开学初,维吾尔族学生大部分来自喀什,习惯于使用维吾尔语交流,汉族、回族学生来自本地,不懂维吾尔语。班级融合不佳,整体上以语言为区隔分为两个明显的阵营,界限分明。

过程节选:

教师:今天我想给大家讲一个故事,有一个家庭,有夫妻小两口和媳妇的公公婆婆一起生活。女主人的丈夫以及她的公公婆婆是浙江人,女主人和她深爱的丈夫是大学同学。在女主人和丈夫结婚以后,他们和女主人的公公婆婆生活在一起。可是公公婆婆呀,喜欢用方言对话,女主人呢,不懂浙江方言,听不懂他们说什么。女主人和她的丈夫因为是同学,他们俩英语水平不错,平时就喜欢用英语对话。久而久之,他们就互相起了猜疑,女主人猜疑,公公婆婆用方言说话是故意不让自己听懂,肯定再说一些自己的坏话。而婆婆也猜疑,儿子是自己的儿子呀,怎么总是和媳妇用自己听不懂的英语说话，是不是在给儿子说自己的坏话。有了这样的猜疑之后，他们之间的关系就越来越紧张了，家里的气氛越来越沉闷。严重的时候，一家人正在吃饭，公公婆婆一用方言说话，儿媳妇就不开心地借故离开。儿媳妇和儿子一用英语交流，婆婆就故意摔东西摔门，表达自己的不开心。眼看着一个幸福的家就要拆散了，同学们你们想想，问题出在哪里？该怎么解决呢？

老师抛出问题后，全班炸开了锅，热烈地讨论起来。

半分钟后，有同学举起了手"老师，我觉得最主要还是他们互相猜疑"有同学举手补充"老师，让他们都说普通话"……

老师："我想，大家都发现了问题的根本原因，就是因为方言和英语两种不同的语言，让本该互相交流和谐相处的家庭产生了隔阂，同学们说得很好"。

故事接下去确实是这么发展的，在儿子发现问题的原因后，借一次吃饭的机会，公公婆婆又一次用方言交流，女主人不悦地借故离开的时候，丈夫叫住了她，说"爸妈刚才说，你今天做的饭真好吃，让爸爸多吃点"浙江方言中"吃"是"晒"，而儿媳妇认为婆婆嫌她做的饭不好吃，在说"脏话"。儿子解释完以后，提了个建议，在一个家里，我们用对方听不懂的话交流，就会让另一个听不懂的人感觉到你是故意在"隔离和疏远"自己，甚至产生误会，我们以后都用普通话交流。建议立即得到了两位老人和自己爱人的支持。从此以后，这个家就开始互相理解，互相尊重，最后越来越温馨了。

同学们，你们听了这个故事有什么感受？

进行到这里的时候，孩子们意识到了老师的用心，陷入了短暂的沉默。

班长举起了手："老师，您的故事里的那个家，其实就是我们班，我们班现在因为语言不通，同学们也有了隔阂，这是不应该的，我建议，我们班以后所有同学都用普通话交流"一石激起千层浪，同学们纷纷响应……

哈贝马斯的交往互动理论认为，以语言为媒介的谈话沟通方式在人的交往互动中具有中心地位。在学校民族团结教育课程实施和现实生活中，语言往往成为交往互动中最难跨越的障碍。针对班级中出现的以语言为障碍的隔阂现象，老师敏锐地发现了问题，找到了问题的根源，巧妙地用一个小故事教育学生,促成了学生对通用语言重要性的理解,彰显了教育智慧。

(六) 科技文体活动课程案例

1. 科技课程。 D校以少年宫、创客实验室为平台大力开展科技创新活动,引导各族学生从小爱科学、学科学、用科学、讲科学,培育科学精神,远离低级趣味和愚昧迷信。

2. 通过广播操、田径、球类等体育活动,增强各族青少年体质,在培养全面发展的青少年儿童的同时,逐步提升团结合作精神、团队精神。A市教育局、体育局每年举办A市教育系统田径运动会、民族团结趣味运动会,以及校园篮球、足球等项目比赛,吸引各族青少年儿童积极参与。在学校层面上,大部分学校组织的体育竞技活动还将"结对子"班级活动纳入其中,既强健体魄增加了集体凝聚力,也以体育活动为桥梁搭建各族青少年儿童交往交流交融的平台。

图 9-7 校园体育活动课程

活动课程被进步主义所推崇,活动课程打破传统的学科中心主义和严格的知识逻辑结构之间的界限,强调以学生的兴趣、动机、需要及能力为基础,以学生的活动经验为中心组织实施教育活动。在杜威看来,"教育即生活""教育即生长""教育即社会""教育即实践",教育的根本要义是让儿童"在做中学",学会生活,认识社会。民族团结教育活动课程应该让学生:(1) 在活动课程中学会认知,认知文化,认知社会,认知他人; (2) 在活动课程中学会协作——在一个团队、一个集体中，要完成活动，需要不分民族的每一个成员齐心协力；（3）在活动中学会理解——无论你是谁，我们共同组成了中华民族大家庭，我们是相亲相爱的一家人。

D校是研究者开始研究本课题后，于2016年9月开始实践的民族团结教育课程场域，在全校"九同"校园文化的基础上，各族师生同在一片蓝天下，同在一个校园中，同为一个奋斗目标，同为一个荣誉而战，共享和谐校园，共鉴中华文化，不必刻意"冠名"，不必刻意说教，任何活动、任何课程都在时时刻刻实践民族团结。

马戎教授有过这么一段话，"我希望我们中国各族成员们有一天能够并排站在一起，以同等的自豪并毫无顾忌地说：'我是一个藏族人，（或者是）一个维吾尔族人，一个蒙古人，一个朝鲜族人，一个彝族人，一个满族人，一个汉族人'"，"我是一个中国人"，最后，"我是一个人"！[①]D校的民族团结教育课程实施的目标，就是塑造这么一群人！

---

① 马戎. 知识分子在社会族群结构和族际交往中的角色——读戈登《美国人生活中的同化》[J].社会科学战线,2013,(7):193-203.

第十章　民族团结教育课程实施的策略与方法

国内外学者普遍认为，在课程实施中选用恰当的课程实施策略，是课程实施取得成功的关键。富兰将课程改革分为三个阶段：（1）启动或发起阶段；（2）课程实施或最初使用阶段；（3）制度化或常规化阶段。[①]民族团结教育课程自2008年开始课程化发展的变革，已经走过了初期的启动或发起阶段，当前面临的诸多困境集中体现在课程实施过程中。因此，我们不仅需要关注民族团结教育课程的设计和开发，更需要关注民族团结教育课程实施的过程，采取科学合理的实施策略与方法，才能使民族团结教育课程取得更好的效果。

一、民族团结教育课程实施的策略

（一）课程实施策略的分析与抉择

课程实施策略受到国内外课程实施研究者的广泛关注，各种实施策略种类繁多。

1. 钦与本恩认为，关于整体的实施策略有以下三种[②]：

（1）实证—理性策略。这一策略认为人是理性的，只要通过宣传教育，

[①] 尹弘飚,靳玉乐.课程实施的策略与模式[J].比较教育研究,2003,(2):11-15.
[②] 尹弘飚,靳玉乐.课程实施的策略与模式[J].比较教育研究,2003,(2):11-15.

让实施者相信革新是合乎理性的,课程实施者就会服从,从而开始自觉地实施课程。这一策略比较重视课程实施者的实施能力,以及主观上对改革要求的迫切程度。这一模式的关键在于使课程实施者充分认识改革的必要性,还要同时对他们进行培训,这样才能增加课程实施者的效能。这一策略的代表案例就是"研究—开发—推广"(RD&D)模式。

(2)权利—强制策略。这一策略要求课程实施者顺从管理者的意愿。这一策略往往通过课程管理者利用制度优势,或者通过法律、行政命令迫使课程实施者顺从,强调相对强势的权力和制度推动。

(3)规范—再教育策略。这一策略认为课程实施者具有理性与智能,但与第一种策略不同的是,第一种策略认为人的理性是个体的、纯心理的现象。而规范—再教育策略认为人的理性是社会和文化的产物,既课程实施者的理性受到他所处的社会环境、人际交往的影响,并因此会引起行为的变化。这一策略比较强调对课程实施者的人性关怀,认为课程实施不是纯技术的、行政的,而应该关心教师对课程实施的认同、情绪和理解。

2. 麦克尼尔从课程改革的发起层面——国家的、地方的、学校的变革研究起,总结了三种课程实施策略,既自上而下策略、自下而上策略和自中而上策略。[①]

(1)自上而下策略。这一策略强调以国家和地区的意志为中心,自上而下实施过程中课程实施权由中央总揽,强调中央集权,层级关系清晰,自上而下强调一致性,课程管理者与实施者在关系上是领导与服从的关系。该策略的技术性很强,要求实施中的因素与变革完全一致,否则这种技术性的变革难以维系和推进。自上而下策略又分为两种常见的推广模式。调查与发展模式和多因素模式。调查与发展模式主张以大学、科研机构等研制的课程计划或产品进行传播和推广。多因素模式主张在课程实施过程中,将政治、经济、文化等多方面的因素考虑在内,关注课程实施中社会、教师以及技术的变化等。

---

① 马云鹏,唐丽芳.课程实施策略的选择——课程改革中一个不可忽视的问题[J].比较教育研究,2002,(1):16-20.

(2) 自下而上策略。这种策略主张以地区或教师关心关注的问题作为起点推进变革。先帮助教师分析和识别问题，然后帮助教师分析产生问题的原因。在这一帮助过程中使教师的领悟力和能力得到提升，通过理论帮助和问题的分析，激发教师以实际行动面对改革。这种策略典型的模式是综合发展模式，这一模式以教师为课程实施主体，从教师关注的问题为出发点开始改革，能够激发教师参与课程实施的欲望与热情，但同样面临一些问题：时间问题，教师的转变不能一蹴而就，需要通过长期的学习与培训；教师的工作负担，这种策略需要教师之间的大量的沟通、互动；改革者的驾驭能力，需要改革者具备理论与实际相联系，并充分引导教师启发教师的能力。

(3) 自中间向上的策略。这是基于对前两种策略的扬弃而产生的，从而选择了一条中间路线。这一策略认为，自上而下的策略过多依赖外部奖赏，自下而上策略要以教师或教师群体具有改革倾向为前提，但是一般学校的文化都比较保守，主动变革的可能性极小。这一策略包括几种因素：①为教师提供校外信息，诱导教师参与变革②鼓励教师思考运用信息③通过教师交流合作促进新观念传播④向校内外宣传推广新思想。

3. 民族团结教育课程实施策略的抉择

钦与本恩的观点为分析课程变革现象提供了一个分析框架，但是由于他的理论起点是人性论、政治学方面的不同假设，因此往往过于抽象，理解和运用比较困难。与其相比，麦克尼尔的课程实施策略更加贴近具体的教育情境，对课程实施策略的选择更具有指导性。①

对于国内相比之下更为认可的自上而下、自下而上以及自中间向上的策略，各有其短长。自上而下的策略目标清晰一致，设计统一，推进高效，但是这种课程实施策略的发起者是上层，自上而下的实施需要进行一系列的宣传，组织教师参与培训，同时由于自上而下的同一性，缺乏地方适应性的考虑。民族团结教育课程是一门复杂的具有地域性特征的课程，自上而下推进难以兼顾地方适应性。当前的民族团结教育课程以《学校民族团结指导纲要

---

① 尹弘飚,靳玉乐.课程实施的策略与模式[J].比较教育研究,2003,(2):11-15.

(试行)》的颁布为起点，自上而下推进，实际上采取的就是自上而下的实施策略，当前民族团结教育课程面临的困境不能不吸取为下一步变革的教训。

自下而上的课程实施策略从策略提出的本意上来说，能够激发学校、教师、学生参与的积极性，但是一方面民族团结教育课程具有较强的统一性和政治性，学校层面的实施很难保证课程价值导向不发生异变；另一方面学校和教师被固有的学校保守文化所影响，激发其主动发起变革的难度很大，而且这种变革由下而上，难免在课程的价值追求和意识形态导向方面不能做到全面统一，存在一定的风险。

自中而上的课程实施策略主要针对学校，对学校提出要求，使学校成为课程实施的主体。考虑我国学校管理中行政化取向相对比较浓厚，校际和区际差异较大的现实情况，将民族团结教育课程的实施主体定位为学校，仍然存在较大的实施阻力。综合来看，三种课程实施策略各有优点，又难免存在局限性。在我国新课程改革推进过程中，国内学者对各种课程实施策略进行研究后，更多建议倾向于采取弹性的课程实施策略。新课程改革在教育部统一组织和领导下，有步骤有计划地逐步推进，整体上看似乎符合 RD&D 模式，但新课程改革通过国家、地方、学校三级课程管理体制赋予地方、学校、教师一定的自主权，对课程实施进行了调适。吸取新课程改革的成功经验，综合采取多种策略与模式，因地制宜地采取富有弹性的实施策略与模式是民族团结教育课程实施策略的必然选择。

(二) 富有弹性的实施策略与模式探索

富兰认为，任何课程实施至少涉及五个层面的变革：(1) 学科内容或材料；(2) 组织结构；(3) 角色/行为；(4) 知识与理解；(5) 价值内化。[1]通过对当前民族团结教育课程实施影响因素的分析，当前民族团结教育课程实施面临的困境的原因遍及以上五个因素。RD&D 模式对于前三者的变

---

[1] M.Fullan, A.Pomfret.ResearchonCurriculumandInstructionImplementation(J).ReviewofEducational Research,1977,47(1):335-397.

革十分有效，但是对于知识与理解、价值内化的促进成效不大。相比之下兰德变革模式能够弥补 RD&D 模式的不足，但是这种模式主张关注教师的需要与能力，为课程实施带来很多不确定因素。因此，民族团结教育课程实施需要吸纳新课程改革成功的实施经验，综合各种策略与模式的优点，建构弹性的策略与模式综合推进。

1."自上而下"与"自中而上"相结合的课程实施策略

基于对"自上而下""自下而上"和"自中而上"三种课程实施策略优缺点的分析，结合民族团结教育课程的国家课程、政治性强等特点，本研究认为，在国家课程管理层面上，民族团结教育课程宜采用"自上而下"和"自中而上"相结合的总体实施策略。

"自上而下"的实施策略针对民族团结教育课程的顶层设计，由教育部牵头修订课程方案，将民族团结教育课程统整、分化，按照"一横三纵"的课程结构，拟定课程结构体系，以国家课程自上而下的路径搭载民族团结教育课程的知识内容，确保民族团结教育课程在指导思想、价值追求和基本知识架构上的同一性和统一性。同时对地方课程和活动课程的开设模式进行顶层设计指导，留出地方和学校进行课程计划调适的空间。

"自中而上"的实施策略主要针对地方课程的设计开发和学校课程的设计开发。这一策略兼顾地方、学校对课程内容的地方性内容补充，并且可以充分调动学校参与民族团结教育课程体系的建设。确保了地方性内容和资源的融入，也使得课程建设队伍得到充分的扩充，能够扩展课程实施的责任主体，调动各层次人员参与的积极性。

2."先实验后推广、分步实施"的综合推进模式

借鉴基础教育新课程改革的成功经验，本研究认为，民族团结教育课程实施的成败关系区域民族关系和青少年民族观建构，且具有不可逆性，不能不谨慎待之。同时我国各省区面临不同的地方特色，不同的经济发展水平，需要综合考虑课程实施的复杂性。因此，在新的课程计划草案拟定后，应先采取先实验后推广、分步实施的综合推进模式。在内地发达城市进行实验，总结成功经验，这一选择基于对当地民族问题不突出这一客观现实，通过实验获取经验后逐步推进到少数民族地区。由中央一级的课程管理部门控制课程实施的进程与质量，掌控课程实施的稳妥性。

3. 建立专业支持系统

课程改革是一项系统工程，不仅仅是学校一个系统能够完全承担课程实施的任务。因此需要调集相关专业力量进行专业的支持。在地方课程和校本课程的设计实施上，地方和学校是实施场域，拥有课程执行者的大量资源，但是缺乏理论支撑，不可避免地走入地方课程和校本课程设计与实施表面化和肤浅化的迷途。这就需要国家课程管理部门调集专业支持力量对课程实施进行专业支持。如，通过行政和经济支持，鼓励师范院校和基础教育课程研究中心承担民族团结教育课程的研究和指导任务，调动各级地方教研部门广泛参与民族团结教育课程的专业指导。

4. 持续开展多层级大规模的课程实施培训

依托"国培计划""区培计划"等现有的培训资源，采取自上而下和自下而上相结合的方式进行课程实施培训。在层级上包括国家、各省、各市县、各学校组织的培训，参训人员应包括政府行政长官、教育行政人员、课程管理人员、教科研人员、校长、学校中层干部、教师等。培训形式应因地制宜，多样化开展，主要包括集中面授、网络培训、工作室、专题研讨等。时间跨度应有计划性，切忌虎头蛇尾，导致课程实施"一阵风"现象。

（三）建构一体化的课程实施支持体系

作为一门社会性课程，民族团结教育课程有效实施需要综合的一体化的课程支持体系和适宜的生长土壤。学校不能独立于社会而存在，民族团结教育课程的发展离不开适宜的社会环境，离不开广泛的社会支持和理解。由于应试教育、学科文化课程在我国一直居于主导地位，因而对于民族团结教育作为一门独立的课程走入课堂，在实施之初，教育行政部门、校长、教师等对其认识不到位，使得民族团结教育课程的实施困难重重。观念决定行动，因此为了促进民族团结教育课程更合理、更有效地实施，需要通过有效途径让社会成员了解新形势下民族团结的重要性，让他们对民族团结教育的观念发生改变。尤为重要的是，让教育行政管理人员、家长、教师及学生乃至全社会认识到全球化背景下积极的、反思性的民族认同关乎国家的命运，亦涉及个人的未来。因而，作为民族团结教育最主要载体的民族团结教育课程，有着不可替代的重要作用。所以，只有获取了来自政府、社会、教育行政部门及家庭的理解、认同与支持，提升了教师民族团结教育意识和能力，才能认识到眼下的民族团结教育应是全民族的事情。只有上升到全体民族成员教育，才可能达到我国当下民族团结教育对青少年的培养目标，使他们成为具有清晰的、积极的、反思性的文化身份认同、民族认同，以及国家认同，乃至全球认同的未来人、世界人，成为民族国家具有反思意识和实践能力的新一代合格的民族成员。因而建构一个全社会广泛支持的支持体系对课程实施有效推进是必不可少的。

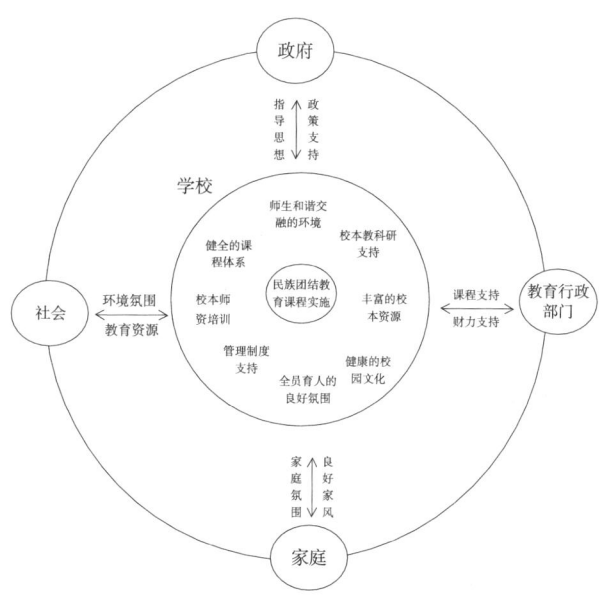

图 10-1　一体化民族团结教育课程实施支持体系

二、民族团结教育课程实施的推进策略

（一）建立有利于民族团结教育课程实施的外部支持系统

"蓬生麻间不扶自直，白沙在涅与之俱黑"，学校不可能独立于社会而存在，它只是社会大环境中的一个小空间，学校工作时时处处受到社会环境的影响。民族团结教育来源于社会需要，服务于社会，也无时无刻不受社会民族团结大环境的影响，社会是学校工作的怀抱，社会支持是学校民族团结工作的外部保障。

1. 营造浓厚的民族团结社会氛围

学生是社会人，学生的民族团结意识受社会的影响，同时学校民族团结教育必然以学生进入学校时所拥有的民族团结前知识和前思想认识为基础。在民主平等团结的社会环境中生活的学生，将拥有健康积极的民族观和健康积极的家庭，这样的学生本身就具有良好的民族团结意识，其拥有的前知识和前认知都将是积极接受学校民族团结教育的基础。

2019年9月27日，全国民族团结进步表彰大会隆重召开，习近平总书记在大会上的讲话充分体现了党和国家对民族团结工作的高度重视，也为民族团结工作指明了路径。他从九个方面对我国民族团结工作作出了高度概括，总结了新中国成立70年来民族团结工作取得的成功经验，并提出了五个方面的要求，强调了要以社会主义核心价值观为引领，构建各民族共有精神家园；高举中华民族大团结的旗帜，促进各民族交往交流交融；依法治理民族事务，确保各族公民在法律面前人人平等。[1]习近平总书记的讲话高瞻远瞩，体现了党和国家对新时期民族团结工作的高度重视，同时也体现了党和国家对解决民族问题，加强民族团结的认识达到了新的高度。近年来，新疆维吾尔自治

---

[1] 《人民日报》评论员.各民族共建美好家园共创美好未来论学习贯彻习近平总书记全国民族团结进步表彰大会重要讲话(之三)[J].中国民族,2019,(10):27.

区在民族团结工作中积极作为，取得了巨大的成就，2019 年 11 月，A 市通过全国民族团结进步城市创建验收，这是对民族团结工作成绩的极大肯定。

2. 行政的推动，政策的保障

（1）嵌入式的居住格局。习近平总书记指出交往交流交融是推进民族团结进步的有效路径。各学校所处的社区环境决定了学校周边的社会氛围，也决定了生源中的民族组成，同时也决定了学生在学校之外是否能够拥有跨民族的交际实践。在调研中发现，越是单一民族居多的学校，民族团结教育的意识越淡薄，越是多民族混合就读的学校，越具有强烈的民族团结意识。嵌入式的居住格局为学生提供跨民族交往交际的社会环境，也从根本上淡化单一民族聚居可能产生的狭隘民族意识。A 市采用各种合理手段，积极主动地打造各民族嵌入式居住格局，极大地促进了全社会各民族交往交流交融的良好氛围。

（2）公民平等的法治环境。民族工作历来有一个认识悖论，那就是族群平等还是公民平等。马戎教授提出的"民族去政治化"具有很强的社会现实意义。在一个人人平等的法治环境中，人人履行公民义务，人人受法律保护的公民权利，人人以公民身份参与社会生活，这是民族团结的社会基础，也是开展民族团结教育的最佳法治环境。我国以宪法这一根本大法的形式从法治化角度奠定各民族平等的法律地位，以民族区域自治为基础之一建构了具有中国特色的民族政策，取得了非凡的成就。但不可否认，在政策实施过程中还有诸多不尽合理的现象存在，还需要政府、社会不同层面共同努力，健全和发展民族平等、公民平等的法治环境，为民族团结奠定坚实的法律保障。

（3）良好的国家通用语言文字环境。哈贝马斯认为，交往行动的主要沟通媒介是语言，把语言理解成所有社会制度都依赖的一种元制度具有重要意义，因为社会行为形成于日常的语言交往中。各民族交往交流过程中，国家通用语言文字的广泛使用可以消除各族交往交流交融的语言障碍。在调研中发现，语言有时成为交往交流的障碍，也就成为推进民族团结工作的障碍，这一点在新疆表现得尤其突出，长期以来由于语言沟通障碍，加之形成的"少数民族干部管少数民族的事"的惯性，造成了沟通的障碍和交往上的语言鸿沟。2016年以来，新疆在学校教育及社会教育层面大力推广国家通用语言，在全疆中小学校推行国家通用语言文字全覆盖，实施国家通用语言文字授课加授本民族语文的教学模式[①]，扩大了国家通用语言文字的适用范围，普遍提升了国家通用语言文字使用水平，为公民个人更大范围参与社会活动、跨民族交往交流交融提供了便利，这一成功经验值得借鉴。

（4）科学的民族团结举措。民族团结工作自下而上产生需要，自上而下推动开展。民族团结也作为当代中国治国理政的国策，以行政手段自上而下得以推动。学校作为社会机构的一部分，纵向上接受教育行政部门对民族团结工作的管理和指导，横向上受到所在区域街道、社区的管辖和推进。各行政部门科学的民族团结举措既能推动学校民族团结工作良性发展，也能为学校民族团结工作提供必要的指导。2014年9月，习近平总书记在中央民族工作会议上指出，民族工作面临新的阶段性特征，"民族地区经济加快发展的势头和发展低水平并存，国家对民族地区支持力度持续加大和民族地区基本公共服务能力建设仍然薄弱共存，各民族交往交流交融趋势增强和设计民族因素的矛盾纠纷上升并存，反对民族分裂、宗教极端、暴力恐怖斗争成效显著和局部地区暴力恐怖活动活跃多发并存[②]"，这是对我国民族团结工作准确全面的判断，我们应该认清民族团结工作长期性、复杂性的特征，建立合理、科学的促进民族团结工作举措。在调研中，各方对学校过于频繁的行政指令和牵强附会的推进举措不仅不能有效推进民族团结，还可能产生不良的负面影响。

（二）改善民族团结教育课程实施的条件

1. 教育行政部门的支持

教育行政部门是学校民族团结工作的直接管理部门，也是开展民族团结教育工作的指导部门，承担着提供政策支撑、资源支撑、专业支撑的重

---

① 李晓霞.新疆各民族交往交流交融70年回顾[J].新疆社会科学.2019.(4):23—32.
② 张珍.边疆民族地区大学生民族团结教育存在问题及对策[J].高教论坛,2015,(5):32-35.

要职能。

(1) 教育政策支持

①民族团结教育课程作为一门国家要求列入地方课程实施的课程，列入各学校现有课程体系必须具有强制性和规范性。教育行政部门需要提供政策支持，以制度化的方式确保课时、师资等能够落到实处，以确保课程在学校有时间、有空间得到有效实施。当前，承担民族团结教育课程的教师在学科归属上处于空当，在教师职称评审的学科设置上并没有民族团结教育课程这一专业，影响了教师承担民族团结教育课程的积极性。因此，对承担民族团结教育课程的教师，从教师培养、待遇、职称晋升等方面予以明确，才能确保专项课程师资得到保障。

②合理调配生源。大杂居小聚居的民族分布格局往往导致聚居区民族成分分布不均衡，学校发展亦不均衡，从而使学校之间、区域之间产生差异。尽管当前不断推进教育均衡化和标准化，但是区域学校民族分布不合理，客观上限制了各族师生的交往交流交融。因此，还需教育行政部门提供各民族师生均衡分校的生源配置政策，为各民族师生接受平等教育，大范围交往交流交融提供政策支持。

(2) 师资支持

①为教师提供具备民族知识素养的培养渠道。在现有的师范生培养体系中上没有专门化的民族团结教师师资培养体系，要在培养体系中增加该类教师，并在所有师范类专业教师中增加民族团结知识教育，以提升师范生的多元文化知识和民族知识。

②提供民族团结在职培训。原有的培养体系并没有把民族团结教育作为必备的素质之一，因此各学科教师本身具备的多元文化知识、民族知识良莠不齐，这就要求在在职继续教育培训中增加民族团结知识培训，并强化知识技能考核，确保每一名教师都能拥有必备的多元文化知识和民族知识。

③提供教师专业化成长的教科研体系。当前的基础教育科研部门一般按照学科设置，为各学科课程提供教学研究的服务和支持，但对民族团结教育课程的专业化指导和专业化科研体系尚未建立。只有建立民族团结教育课程

的教学科研体系，激发广大教师开展教育科研，才能使民族团结教育课程走向专业化，走向可持续发展的道路。

(3) 教育资源支持

①提供科学可行的正式课程。官方正式课程是学校开展民族团结教育的基本依据和蓝本，当前学校开展民族团结教育课程依据的尚为2008年颁布的《学校民族团结指导纲要（试行）》，多年未更新的课程文件的指导思想、课程目标均与当前党和国家的民族团结要求产生了差距。在教材的编订上，缺乏与教材配套的教辅资料和教师用书。民族团结教育的课程目标是对民族团结教育目标的具体化，这一阐释的过程往往受课程设计者的"五观"影响，秉持不同的国家观、民族观、文化观、课程观、价值观的人员就会编制出不同的课程文本。民族团结教育课程必须与时俱进，体现党对国家、民族问题的最新观点。习近平新时代中国特色社会主义思想中，总书记提出了"构建人类命运共同体""构建中华民族共同体"的理论，这一理论是党对全球问题、民族问题的认识达到新高度的最新论断，民族团结教育课程不应站在单一国家角度论述民族问题，而是眼界更加开阔地站在构建人类命运共同体的高度设计课程，回应时代对民族团结教育课程的新要求。

②提供丰富的课程资源。民族团结教育课程的复杂性导致课程实施过程中，仅靠教师原有知识体系难以驾驭课程，所以丰富生动的课程资源是开好民族团结教育课程的必要条件，教育行政部门需要主动作为，为民族团结教育课程提供丰富的课程资源，帮助教师更好地完成课程教学。当今信息化发展给予网络课程资源库以极大的条件支持，教育行政部门可依托网络条件，建构可供全国各地选用的网络课程资源库。在教育内容上可以选择一些生动活泼的民族、民俗知识，历史上脍炙人口的民族团结故事，以及民族节日、民族风情、民族服饰等方面的知识，以供教师在教育教学中选用，并进行深度加工。

③提供专业的课程指导。当前基础教育科研部门配备有各学科教研员，对各学科教育教学提供专业化指导，对课程实施情况进行专业化的诊测，有效保证了各学科教育教学工作的有序开展。在当前的基础教育科研部门尚无

专门的民族团结教育课程教研员，缺乏对民族团结教育课程的专业化指导。教育行政部门应该明确教育科研部门的职责，要求各学科教研员在对教师的教育教学进行指导时，还必须结合学科特点，对民族团结教育进行指导。配备专门的活动课程教研员，对学校活动课程开设进行指导。配备民族团结教育课程教研员，对学校开展民族团结教育课程进行专业指导。

（4）建立科学可行的民族团结教育课程评价督导机制。教育行政部门应结合各地实际，结合 CIPP 评价指标体系，对民族团结教育课程的实施进行全方位多元化的评价，并及时反馈各系统存在的问题和改进建议，以有效促进民族团结教育课程实施。

2. 学校的支持

（1）搭建各族师生交往交流交融的平台。接触是交往的前提，交往是交流的开始，交流是交融的基础。习近平总书记推进各民族"交往交流交融"的要求切中了民族团结的社会基础。在调研中，各族师生同处一校，单独编班。从操作层面来看便于分层、分特点开展管理，但人为隔离了各民族师生交往的社会群体，产生群体隔阂，甚至产生消极的刻板印象。因此在学校管理过程中，循序渐进地推进各族师生混班混宿混餐，可以建立交往交流交融的平台，增加各族师生跨民族交往的机会，为各族师生建立深厚的友谊，从机械团结走向有机团结提供帮助。

（2）营造全员育人的良好氛围。多年来的分科管理机制导致学校德育课程和学科课程二元分立，学科课程注重学科知识传授，重应试轻育人；德育课程从学科课程中割裂出来，重形式轻内涵。国家基础教育中长期发展规划明确指出，立德树人是教育的根本任务，但这在当前的应试教育体系中尚处于理念层面。必须坚持全员育人，坚持各学科教育共同推进，才能使民族团结教育课程真正得到落实。

（3）推进民族团结进步创建。模范具有榜样示范的作用，对成长中的青少年具有正向的引导作用。当前，民族团结进步创建工作自上而下全面开展，营造了全国范围内争创民族团结进步的良好局面。学校也应在传统的评优评先机制中增加民族团结进步评价体系，通过民族团结进步班级、民族团结进步年级、民族团结进步个人的评选引导广大师生积极开展民族团结进步创建，以创建促进步，营造全校园共创共建民族团结集体的浓厚氛围。

(4) 开展民族团结教育课程科研。民族团结教育需要专业化引领，需要专业化成长和促进。学校现有的教育科研体系分为学科教科研和德育教科研。为推进民族团结教育课程的顺利实施，不断提高民族团结教育的质量，推进民族团结教育内涵发展，必须建立学校民族团结教育科研体制，引导广大教师开展教育研究，总结成功经验，提升教育技能。

(5) 健全民族团结教育课程体系。在当前民族团结教育课程"课程化"的要求下，民族团结教育课程逐步科学发展。但在学校课程体系中，民族团结教育课程尚处于单列的尴尬境地，既不属于学科课程，也不完全属于德育课程。根据前期调研总结的经验，民族团结教育课程应由三部分组成，即民族团结专题教育课程、民族团结学科课程、民族团结活动课程。不同的课程形式在实施中必须，统一部署，统一规划，有机融合，相互影响，为学生搭建出增长民族团结知识和多元文化知识，提升跨文化合作交流能力，建构科学人生观、世界观、价值观，建构马克思主义国家观、民族观、宗教观、文化观、历史观的课程"跑道"。

(6) 营造"平等团结互助和谐"的校园文化。作为校园隐性课程，校园文化越来越受到重视。民族团结教育不仅要进行多元文化知识教育、民族知识教育，更重要的是要建立民族团结意识，建构中华民族共同体意识。"平等团结互助和谐"的校园文化能够以潜在的、内隐的方式对学生的身心产生影响，形成"春风化雨，润物无声"的教育效果。

(三) 提升教师民族团结教育素养

不论什么样的课程，都无法规避教师这个关键因素在课程实施中发挥的重要作用。国内外关于课程实施影响因素的研究，不论从哪一个视角出发，都将教师列为影响因素之一，足见教师在课程实施中承担的举足轻重的作用。民族团结教育课程不论如何设计和实施，都无法跨越教师群体民族团结素养不高这个现实问题的阻碍。因此提升全体教师民族团结教育素养应该成为推进民族团结教育课程实施的重要举措之一。

1. 重视教师课程创生能力的培训

民族团结教育课程具有多元性、地域性、实践性等复杂性特征，同时民族团结教育课程实施不仅是知识的传授，更多是情境性的交往互动与实践。民族团结教育课程实施的主体——教师，不仅仅是某一个学科的教师，或某一个角色，而是在校园中与学生发生交往互动的全体成员，这就对教师的能力提出了更高的要求。一方面需要教师具备较强的敏锐性和洞察力，善于捕捉在教育实践中的民族团结教育契机；另一方面还需要教师具备很强的民族团结教育实践能力，在捕捉到教育契机后，合理地运用教育手段在与学生的恰当交互中达成教育目的。对学科教师来说，要能敏锐地发现学科知识与民族团结教育相结合的契机，采用调适的、创生的课程实施取向进行教学。对于民族团结教育活动课程组织者，要能以民族团结教育课程的价值追求为导向，结合活动课程的要素，精心地设计和驾驭课程，让活动课程不仅热热闹闹、调节身心，还能让学生从中收获民族团结教育对个体成长的终极关怀，在活动课程中得到丰厚的民族团结经验。这些要求，需要教师具备丰厚的知识储备，具有较强的民族团结教育意识，具备较强的教育实践能力，具备较强的课程创生能力，这样才能在教育实践中创生出能走入学生心灵的生动课程。教师的需要，就是培训的目标。在教师培训中，针对学科教师的培训，应不仅仅局限于学科教学能力的提升，而应该将学科知识与民族团结教育结合，以提高教师的课程调适和创生能力。

2. 重视教师培养中民族团结素养的培育

我国现代教育体系发展以来，中小学校以分科课程为主的课程设置模式根深蒂固，分科教学的需求决定了师资培养机构、师范院校也以学科作为专业划分的依据，注重教师培养中学科教育素养的培育和提升。这客观上导致了在师资培养方面重专业知识而轻民族团结教育素养的价值取向。师范类院校开设的必修课程中绝大部分课程是学科专业知识，民族知识、民族理论知识、民族政策知识等内容作为公共课程的一部分，既没有得到培养机构的重视，也没有得到受教育者的足够重视。当前民族团结教育课程实施中，教师面临的民族团结教育素养短板应该引起教师培养部门、机构、师范院校的高度重视。提高未来各学科教师的民族团结教育素养可以通过三种路径来实现：其一，在师资培养机构、师范院校中强化民族团结教育素养的培育，增设针对性课程，拓宽未来教师的知识面，完善知识结构，提升民族团结素养。其二，在实习实践环节尽可能安排学生到民族地区进行支教跟岗，了解和感受民族地区民族团结教育的需求和需要，增强民族团结教育的实践能力。其三，在教师资格证的获取标准上，增加民族团结教育素养的考核标准和水平检测。综合以上三方面举措，力求未来教师具备较高的民族团结素养，以解决在工作岗位上面临的民族团结教育素养不高的困境。

3. 加强在职教师的民族团结教育培训

教师培训是推进民族团结教育课程实施的基本保证。教师培训作为一种外在的知识补全和能力提升，在促进教师从观念到积极参与民族团结教育的行为转变、了解并认同民族团结教育课程的基本理念与目标、认识民族团结教育课程开设的必要性、增强教师对民族团结教育课程实施的信心与适应性方面具有重要的实践意义。目前绝大部分中小学教师都是单一学科出身，教师在知识结构和民族团结教育的能力上存在严重不足，这就需要教育行政部门高度重视在职教师民族团结教育能力提升的培训，完善在职教师培训机制，提高教师民族团结教育素养。

首先，必须站在民族团结教育"全员育人"的高度，扩展民族团结教育培训实施的对象，不仅仅限定在思想品德教师这一单一学科上，而是要对全体在职教师开展全面的民族团结教育培训，提升对民族团结重要性的认识，补全民族知识、多元文化知识、民族政策知识、民族理论知识等知识结构上存在的缺陷。

其次，建立系统化的培训体系，将民族团结教育培训有目标、有计划、有评价地列入继续教育课程序列。研究者本人参与过多次继续教育培训，在研究场域继续教育培训中，民族团结教育已经进入了培训机构的视野，这是一个可喜的开始，但是还没有将民族团结教育以必修课程的形式纳入教师培训课程体系，多采用专题讲座形式开展，邀请高校或研究机构的讲师以个人研究的专长或喜好开展讲座，缺乏知识的系统性和连贯性。缺乏评价机制，培训内容乏味，政策性、说教性强，教师参训态度普遍消极，培训效果不佳。

再次，采取多样化的培训模式，将培训与研讨研修相结合；观摩参观学习与专家指导相结合；校外教研与校本研修相结合；定期集中培训与分散培训相结合；通识类培训与专题培训相结合的方式开展培训。民族团结教育课程具有极强的实践性、差异性，每个学校面临的民族团结教育问题都具有差异，每个教师的成长背景、专业背景也有差异，在教育教学中面对着复杂的学生群体产生的多样化教育契机也有差异。仅仅采用单一的知识授受模式培训必然难以满足教师差异化的需求。

4. 促进教师民族团结教育经验的交流与合作

民族团结教育课程集复杂性、实践性、差异性等诸多特征为一体；民族团结教育课程的实施者——教师来自不同专业背景，从事不同学科的教学，担任学科教师、班主任等等不同的角色；民族团结教育课程的受教育者——学生来自不同的家庭、不同的文化、不同的民族，其已有的知识和认知、情意基础千差万别。民族团结教育课程实施的环境——大到社会，中到学校，小到班级具有不同的政治、经济、文化差异，这些差异性的因素纠集在一起，决定了民族团结教育课程实施过程中必然面对着复杂的个性化问题，这为民族团结教育课程实施的教师形成了较大的挑战。

美国课程专家霍尔从心理学视角透视课程实施，提出了"关注为本采纳模式"简称CBAM，针对教师对课程革新的关心发展阶段提出了关心发展阶段（SoC）模型，认为教师对课程方案的关心发展包括七个阶段，（意识、信息、个人化、操作、结果、合作、再聚焦）七个由低到高的发展层级，从心理学的情感维度描绘课程实施对课程实施革新关注的变化过程[①]。这一模型对于了解教师面对革新过程中发生的心理变化具有很强的指导意义。民族团结教育课程在实施过程中，教师作为实施者，其实施课程的关心程度决定着实

---

① [美]霍尔,等.实施变革:模式、原则与困境[M].吴晓玲译.杭州:浙江教育出版社,2004.70.

施课程的水平。从霍尔的关心发展阶段中我们可以发现，教师从对课程的采纳和实施七个阶段中到达高级阶段，会产生合作与交流的需要，这一需要在调研中也多次被提及。民族团结教育课程实施中的复杂性，决定了教师面对复杂问题时，难以以个人的知识水平和方式方法进行圆满的解决，在工作中遇到困扰时需要群体的智慧共同面对，在情感上需要通过交流与合作来形成共识和共同追求，在课程实施氛围上需要通过合作与交流来强化教师对课程实施的持续关注。

基于上述合作与交流需要，民族团结教育课程的管理者和组织者应该积极搭建教师民族团结教育经验的交流与合作平台，促进教师在民族团结教育经验上的合作与交流，促进教师观念转变，经验共享，能力提升。

第十一章 结论与建议

中华民族自古就有包容的胸怀，天下大同、和而不同的思想自古有之，不同历史时期，中华各民族都在神州大地上书写了建设祖国的壮丽诗篇。新中国成立70年以来，我国始终把民族团结工作当作提升国家内聚力，提高国家软实力，维护祖国统一领土完整的基本国策，把维护国家统一和民族团结作为各民族最高利益。伴随着国际形势风云变幻，20世纪80年代以后，形形色色的民族主义浪潮再度涌起，西方国家在完成自身建设之后，瞄准发展中的多民族国家不断地利用民族问题制造矛盾，不断挑动民族这个敏感的神经，对我国民族团结进步的大好局面产生了不良影响。在当前我国改革开放进入深水区的关键时期，民族问题格外受到关注。

教育对未来社会的调控和建构，以及对未来国家公民的塑造作用历来受到世界各国的重视。我国历来非常重视对青少年和儿童的培养，并将基础教育的目标设定为：培养合格的社会主义建设者和接班人。为了增强全体国民的民族团结意识，铸牢中华民族共同体意识，我国自新中国成立以来就在学校教育中以各种形式开展民族团结教育。在中小学实践场域中，民族团结教育走过了自在到自为的发展历程，当前，民族团结教育课程正走向从教育规范到课程规范的科学化发展道路。然而自2008年《学校民族团结教育指导纲要（试行）》颁布以来，民族团结教育课程虽然取得了一定的成效，但尚未取得预期的理想效果，课程实施面临困境。为了探析民族团结教育课程从设计到实施的整个过程中出现的问题，本研究结合理论与实践，聚焦民族团结教育课程实施过程，深入课程实施场域，分析了民族团结教育课程实施的影响因素，提出了改进民族团结教育课程实施的策略与方法。

一、研究的结论

本研究聚焦民族团结教育课程实施的过程，通过理论与实践相结合、一般与特殊相结合、量化与质性相结合的研究范式，通过民族团结教育课程本体、课程实施现状、课程实施影响因素等的研究，提出了民族团结教育课程实施的应然取向、实践路径、实践案例以及民族团结教育课程实施的策略与方法。通过研究得到如下结论。

（一）现实的民族团结教育课程实施面临困境

民族团结教育课程在中小学实践场域中，沿着三条实践路径，以三种课程形态显现于学校课程序列——民族团结教育专项课程、融于学科课程的民族团结教育课程、民族团结教育活动课程。

本研究对民族团结教育课程文件和正式课程教材进行了文本分析，通过调查研究、课堂观察等，发现当前民族团结教育课程实施存在学校领导对课程文件知晓度不高，理解存在差异，对民族团结教育课程的实际重视程度不够；专项课程教材缺位、专项课程实际未开设、民族团结教育资源贫乏、学校课程领导能力不足、民族团结教育方法简单、教师民族团结教育素养不足、课程内涵不足等问题，使得民族团结教育课程实施难以达到理想的预期效果。

（二）民族团结教育课程实施受到多方面因素的影响

影响民族团结课程实施的主要因素包括课程本身的因素、学校的因素、教师的因素和环境的因素四方面。

1. 课程本身的因素： （1）课程方案不合理。课程设计未走出学科课程的藩篱，课程目标来源单一，过于强调国家意志而对学生需要关照不足；课程内容标准的设计不合理，知识传递倾向较强，课程方案未能及时体现民族团结教育思想的变化，课程方案时效性不强；（2）课程方案不清晰。课程目标采用普遍性目标叙写模糊，课程方案前后指向不统一，对课程实施和评价的建议模糊；（3）课程方案比较复杂。基于课程方案的地方行政措施复杂，对学校课程实施的组织要求复杂，课程内容复杂；（4）民族团结教育专项课程缺位，在实施期间交由思想品德教师自主决定授课时间和方式，实际采取了"划重点"的应试取向实施模式；当前因教材缺位，实际未开设民族团结教育专项课程。

2. 学校的因素：（1）校园文化环境中应试教育的价值导向，以及德育课程、活动课程与学科课程二元分立的校园固有文化影响民族团结教育课程实施。（2）学校行政系统对民族团结教育课程实施的投入不够。管理者对课程重视和投入不够；对民族团结教育课程认知滞后；（3）学校对课程提供的支持不足。教学、教研、德育部门管理和引领功能未有效发挥，师资培训投入不够，课程资源匮乏。

3. 教师的因素：（1）教师对课程文件的知晓度较低，对民族团结教育专项课程认可度不高，对课程评价不认同，教师的课程参与态度不积极；（2）教师的课程决策不当，往往重应试轻情感教育，采取"忠实取向"实施课程，不能很好把握教育契机。（3）教师开展民族团结教育的能力不足。欠缺必要的民族团结教育知识，民族团结教育实践能力不足。

4. 环境的因素：环境对民族团结教育课程实施产生影响，多重管理和频繁行政指令致使学校疲于应付；社会环境中区域之间发展不平衡、社会民族团结氛围、学生家庭背景、社会对课程的支持、社会价值观导向等影响民族团结教育课程实施。

（三）民族团结教育课程的本体价值追求是课程的逻辑起点

1. 民族团结教育课程的本体是先于课程现象的"存在"

我国作为统一的多民族国家，中华民族多元一体格局是祖先留给我们丰厚的遗产。民族团结教育课程进入"课程"范畴始于2008年《学校民族团结教育课程指导纲要（试行）》的颁布，但"民族团结"和"民族团结教育"在我国有着更为久远的历史。从中国古代"天下一统"到近代"中华民族"自觉与自为，再到现当代"中华民族多元一体格局理论""中华民族共同体理论"，都是中华民族团结凝聚的思想结晶。民族团结教育课程正是这一系列社会思想在教育领域的实践，民族团结思想及其发展历史奠定了民族团结课程文化和课程价值的历史基础。

2. "民族团结"之于我国具有独特的内涵与价值

对民族团结思想的回溯阐明，中国语境下的"民族团结"不仅仅是一个"政治口号""治国策略"。中华民族的"民族团结"是在中华民族多元融凝一体的历史进程中，融入中华民族血脉的优秀传统文化元素，是中国多元社会中的道德规范，是社会制度也是公民义务。民族团结教育之于我国有着深厚的历史积淀，民族团结精神始终是中华民族精神的重要组成部分，是多元一体格局形成的内在动力，自古使然。中国语境下"民族团结"的本质、内涵与价值的内在规定性是民族团结教育课程的育人价值和合法性基础。

3. 民族团结教育课程的价值体现于社会需要、儿童需要和文化传承需要

从历史航程中逐渐显现的民族团结教育课程不仅被国家、社会所需要，更是被中华民族所需要，被个体社会化成长所需要。民族团结课程因社会、个人以及文化传承需要而生成，因此民族团结教育课程的价值追求必然指向需要的最大限度满足。民族团结课程的价值追求是，通过民族团结教育课程实施实现对未来和谐社会的建构与调控、体现对青少年在多元社会中成长和发展的终极关怀，实现对社会文化的代际传递。

（四）民族团结教育课程实施应回归课程的价值本真

对照民族团结教育课程的价值追求，本研究认为，民族团结课程实施应该回归民族团结教育课程的价值本真，通过课程实施建构各族青少年的民族团结意识，实践社会对青少年发展的终极关怀。在课程实施中应彰显民族团结教育课程的人文秉性，由理想世界回归生活世界。

民族团结教育实施应坚持整体育人原则、知情意行统一原则、民族团结教育与公民教育相结合原则、多样性和统一性平衡原则、及时调整与反馈原

第十一章 结论与建议

则推进课程实施。

（五）应以整体课程范式建构民族团结教育课程及其实践路径

本研究认为，为优化民族团结教育课程实施，应以"整体课程范式"课程观实现民族团结教育课程从设计、实施到评价的范式转型与重建。在课程目标的选择上，以促进学生全面发展为追求，结合学习者、社会生活和学科专家的建议三方面作为目标的来源，通过马克思主义哲学、教育哲学、心理学的筛选得出明智的教育目标。在课程内容的组织上，实现民族文化、地域文化、中华民族文化的有机整合；实现直接经验与间接经验、个人经验与社会经验的有机整合。在课程实施中坚持以整体的课程观来建构开放、动态的课程实施系统。在课程评价上，从背景、输入、过程和成果四个维度进行整体的系统评价。

民族团结教育课程的形态不应是相互独立、联系松散的各部分的集合与堆积，而应该是在整体课程范式的视域下，以整合课程的理念组织课程内容，实现民族团结教育课程与学科课程知识的整合，与地方课程、学校课程的整合，实现情感情意的整合、全人的整合。民族团结教育课程的整体形态应该是以民族团结教育专项课程为统领，结合融于学科课程的民族团结教育课程、民族团结活动课程而形成的有机整体。

民族团结教育专项课程应以地方课程的形式嵌入《思想品德》课程和《历史与社会》课程实施，根据《思想品德》课程和《历史与社会》课程的内容，选择恰当的嵌入点，以符合上述两项课程知识体系和课程知识架构的方式嵌入式设计。

民族团结教育活动课程应整体设计、分步实施，在课程实践路径上，民族团结教育课程应兼具国家课程、地方课程和学校课程的三级课程形态，建构"三纵一横"的课程实践路径，既体现国家课程的统一要求，也充分体现出地方课程和学校课程的灵活性、地域差异和校际特色。

(六) 注重学校民族团结教育课程实施体系的合理建构

学校应通过搭建校内民族团结教育课程实施体系，建立联系紧密的课程实施管理机构，营造全员育人的教师文化氛围，建构嵌入式的校园各民族师生交融格局来为民族团结教育课程实施提供基本条件。民族团结教育专项课程应设计为"嵌入式课程"，在思想品德课程和历史课程中嵌入实施，专项课程的实施应包含从生活走进课堂、探究与分享、实践与拓展三个课堂教学板块。融入学科教学的民族团结教育课程应通过集体智慧确定各自学科中的民族团结教育内容，坚持意识形态再生产的创生取向实施课程。学校民族团结教育活动课程可组织的类型包括：以促进交往交流交融为目的的活动课程、以了解民族团结知识为目的的活动课程、以促进认同为目的的活动课程、以促进当代经济文化了解为目的的活动课程、以增进文化认同促进文化交融互鉴为目的的活动课程。活动课程的组织应突出"设计性"，坚持整体设计、分步实施、主体辐射、逐步深化原则丰富活动课程内涵。学校还应注重隐性课程的教育作用，通过校园物质环境、校风（班风）、制度文化等潜移默化地实施隐性的民族团结教育。

(七) 结构互嵌的校园组织是实施民族团结教育课程的基础

本研究进行了实践探索，在研究中呈现了学科课程和活动课程的部分实践案例，得出的经验是，基于交往互动理论、社会团结理论，在校园中推进民族团结教育课程实施最本质的方法是促进各族师生的交往交流交融，即建构无差别化、结构互嵌式的校园"九同"文化课程。打破民族边界的互嵌式组织结构是开展民族团结教育的基础。不论学科课程还是活动课程，重在有意识地设计，隐性的实施方式更具效果。

(八) 应采用富有弹性的实施策略并建构一体化的课程支持体系

本研究在理论与实践探索的基础上提出了民族团结教育课程实施的策略与方法，建议民族团结教育课程采用富有弹性的课程实施策略与模式，采用

第十一章 结论与建议

"自上而下"和"自中而上"相结合的课程实施策略，采用"先实验后推广、分步实施"的综合推进模式，建立专业支持系统，持续开展多层级、大规模的课程实施培训，建构政府、社会、教育行政部门、家庭外围支持，学校倾力合作的一体化课程实施支持体系。本研究建议，营造良好的民族团结社会氛围，推进嵌入式的居住格局，政府实施科学的促进民族团结的举措，建设各民族公民平等的法治环境，积极推进全社会的国家通用语言文字使用，从而建立有利于民族团结教育课程实施的外部支持系统。教育行政部门为课程提供政策支持，提供师资配套的政策，推进区域学校均衡发展，为教师提供培养渠道和在职培训，搭建教师专业化成长的教科研体系，为民族团结教育课程提供教育资源支持，提供课程的专业指导，建立科学可行的民族团结教育课程评价督导机制。学校应该搭建各族师生交往交流交融的平台，营造全员育人的良好氛围，建立校内民族团结进步的评价体系，积极开展民族团结教育科研，健全学校民族团结教育课程体系，营造"平等团结互助和谐"的校园文化育人环境。

民族团结教育课程的实施依赖于学校和社会的支持，但归根结底还需要教师在教育实践中将民族团结教育课程付诸实施，因此必须重视教师民族团结素养的提升。首先，需要重视教师培养中的民族团结素养培育，通过师资培养机构、师范院校强化民族团结教育素养的培育，在实习环节安排岗前教师到民族地区支教、在教师资格证获取标准上增加民族团结教育素养的考核标准和水平检测等渠道提升岗前教师的民族团结素养。其次，是加强在职教师的民族团结教育能力培训，要以"全员育人"的认识高度，将在职教师民族团结教育能力培训覆盖到各学科教师而非仅仅局限在思政教师身上，建立系统化的培训体系，采用多样化的培训模式提升在岗教师的民族团结教育能力。再次，促进教师民族团结教育经验的交流与合作，促进教师观念转变、经验共享和能力共同提升。

二、建议

(一) 尽快出台正式的《学校民族团结教育指导纲要》

2008年由教育部、国家民委联合颁布的《学校民族团结教育指导纲要（试行）》已历16年之久。试行版的《纲要》在过去十几年中对学校民族团结教育实施起到了很好的推动作用，但必须看到，试行版的《纲要》有诸多不足，而且民族团结是一个与政治、社会、经济紧密相连的社会实践活动，随着人们对民族问题的认识更加深刻，对民族团结教育有了更高的要求，理念有了更新的发展，这些都需要在民族团结教育课程的指导性文件中予以体现。国家课程管理部门应该组织专门的力量，对十几年来民族团结教育课程实施的得失进行总结，总结成功的经验，摒弃过去的偏误，在此基础上结合当前的需要，制定正式的《学校民族团结教育指导纲要》，并借当前推进部编新教材之机，逐步推进民族团结教育课程更新。

(二) 营造健康的民族团结教育课程实施生态环境

狭义的民族团结教育课程实施是在学校环境中落实课程计划的过程，学校是社会生活中的小环境，不论从行政组织还是文化各方面都受到社会环境的影响。在本研究对民族团结教育课程背景的介绍中可见，学校的民族团结工作受到多重的管理和指导。在教育部门内部受到垂直的教育行政管理，在属地上受到当地政府的属地化管理，部门多，要求杂，指导思想和追求目标不能完全统一，在当前全面推进"民族团结进步创建"的氛围下，基于不同的价值理念，学校民族团结教育工作在组织管理上形成了"多头管理""多方指导"的局面，不利于学校遵循教育规律，有计划、有目标的开展民族团结教育课程实施。

当前，国家已经意识到各级各类中小学作为基层事业单位在日常的工作、管理中所处的窘境，2019年12月15日，中共中央办公厅、国务院办公厅联

第十一章 结论与建议

合印发《关于减轻中小学教师负担进一步营造教育教学良好环境的若干意见》①，对干扰中小学校正常教育教学秩序的各类行政事务进行规范，这对中小学校来说是一缕清新的春风，但对民族团结这一全社会全面实施和推进的系统工程而言，如何协调地方政府、社区与教育行政部门、学校之间对民族团结工作推进的统一协作，还需地方政府与教育行政部门共同统筹考虑。

（三）关注中小学校长的专业发展

"（校长）干预是变革成功的关键性行动和事件"②，学校校长是学校行政工作的最高领导，具有对学校人事、组织、资源分配的决定权，从专业角度来看，学校校长是学校教育教学工作的最高组织者，具有课程领导的权威。因此，学校校长对于学校教育教学整体工作具有举足轻重的作用，对民族团结教育课程实施具有较高的课程领导权。对于一所学校而言，校长对民族团结教育课程的认识一定程度上决定了学校推进民族团结教育课程实施的组织力度；校长对民族团结教育课程的理解，往往决定了民族团结教育课程实施的计划形式和具体推进举措的科学性和合理性，并因校长对民族团结课程的理解而影响教师的理解，左右教师的具体举措。民族团结教育课程的复杂性，对校长的课程领导能力提出了新的要求，要求校长要能结合学校实际情况，清晰民族团结教育课程实施的路径，把握学校民族团结教育课程实施的宏观架构，从组织、设计、管理各方面给予民族团结教育课程实施以支持和调控，这需要校长具有较高的课程领导能力。因此，关注校长的专业发展，提高校长的专业能力，不仅对民族团结教育课程实施具有促进作用，对学校的整体工作亦具有积极的促进作用。

---

① 新华网.中共中央办公厅国务院办公厅印发《关于减轻中小学教师负担进一步营造教育教学良好环境的若干意见》[EB/OL].2019-12-15:http://www.xinhuanet.com/politics/2019-12/15/c_1125349547.htm
② [美]吉纳·E.霍尔雪莱·M.霍德著.实施变革:模式、原则与困境[M].吴晓玲译.杭州:浙江教育出版社,2004:11-17.

（四）推进民族地区基础教育均衡化发展

我国处于经济社会发展的重要转型期，各地经济社会发展水平不均衡导致教育发展的不平衡，区域之间、城乡之间、学校之间还存在较大的差异。大杂居小聚居的分布格局与教育发展均衡问题相互纠结，导致了一系列择校、择班等现象级问题的出现。这些问题一方面助推了应试教育的扭曲发展，另一方面也为教育公平的实现形成了障碍。这就需要政府和教育行政部门发挥调控作用，一方面不遗余力地推进教育均衡化发展步伐，另一方面在不均衡的现状下，利用政策调控实现生源、资源调配的相对均衡化，为学校在生源、资源结构的合理性上创设良好的条件，从而为民族团结教育课程实施提供较好的基础条件。

（五）营造全社会支持民族团结教育课程实施的氛围

民族团结教育课程的实施场域在学校，但因学生的社会性背景、学校所处社区的背景，以及民族团结教育课程实施中需要的社会资源支持等因素，民族团结教育课程实施还需要全社会的共同支持。本研究提出的"建构一体化民族团结教育课程支持体系"对推进民族团结教育课程实施提出了构想，但"一体化"的实现，还需要全社会在认识上达成共识，在政策上得到支撑，在行动上形成统一。当前，社会的发展、经济的繁荣不断推动社会分工的深化和细化，不论是政府、教育行政部门、社会、学校这些部门和社会团体，还是课程管理者、教育行政部门各类型负责人、教科研专业工作者、教师等，都具有强烈的划界和分工意识，"一体化民族团结教育课程支持体系"的运转不仅需要政策和行政干预，还需要在相关系统和个人的意识上进行大量的宣传教育，形成全社会支持民族团结教育课程实施的氛围，才能使"一体化"民族团结教育课程实施真正得以实现。

研究的最后，还想在这里表明的是，研究者作为课程研究者，也作为实践工作者，希望通过本研究能为民族团结教育课程实施助力，为祖国的民族团结事业尽一份教育者和研究者的绵薄之力。

参考文献

一、中文参考文献

（一）著作类

[1] 陈侠.课程论 [M].北京：人民教育出版社.1989.

[2] 陈向明.质的研究方法与社会科学研究 [M].北京：教育科学出版社，2000.

[3] 费孝通.中华民族多元一体格局 [M].北京：中央民族大学出版社，2014.

[4] 费孝通.中华民族研究新探索 [M].北京：中国社会科学出版社，1991.

[5] 弗雷斯特·W·帕克，格伦·哈斯著，谢登斌等译.课程规划—当代之取向 [M].杭州：浙江教育出版社，2004.

[6] 辜鸿铭.中国人的精神 [M].上海：上海三联书店，2010.

[7] 哈经雄，滕星.民族教育学通论 [M].北京：教育科学出版社，2001.

[8] 胡德海.教育学原理 [M].北京：人民教育出版社，2013.

[9] 胡锦涛.在国务院第五次全国民族团结进步表彰大会上的讲话 [C].北京：人民出版社，2009.

[10] 黄甫全.现代课程与教学论学程 [M].北京：人民教育出版社，2006.

[11] 黄政杰.课程设计［M］.台北：太旺东华书局，1991.

[12] 江山野.简明国际教育百科全书·课程［M］.北京：教育科学出版社，1991.

[13] 金炳镐，王铁志.中国共产党民族纲领政策通论［M］.哈尔滨：黑龙江教育出版社，2002.

[14] 金炳镐.民族理论与民族政策概论（修订本）［M］.北京：中央民族大学出版社，2006.

[15] 金炳镐.新中国民族理论60年［M］.北京：中央民族大学出版社，2010.

[16] 金耀基，乐戴云.文化趋同还是文化多元［M］.上海：上海文化出版社，2000.

[17] 靳玉乐，黄清著.课程研究方法论［M］.重庆：西南师范大学出版社，2000.

[18] 靳玉乐.国家精品课程系列教材·课程论［M］.北京：人民教育出版社，2012.

[19] 靳玉乐.多元文化课程的理论与实践［M］.重庆：重庆出版社，2006.

[20] 兰久福.全球化过程中的价值多样化［M］.北京：北京师范大学出版社，2010.

[21] 李秉德，李定仁.教学论［M］.北京：人民教育出版社，1991.

[22] 李佃来.公共领域与生活世界——哈贝马斯市民社会理论研究［M］.北京：人民出版社，2006.

[23] 李桂林.中国现代教育史教学参考资料［C］.北京：人民教育出版社，1987.

[24] 李子建，黄显华.课程——范式、取向与设计［M］.香港：香港中文大学出版社，1996.

[25] 梁启超.新史学［A］.吴松等点校.饮冰室文集点校·第3集［M］.昆明：云南教育出版社，2001.

[26] 梁启超.饮冰室合集［M］.北京：中华书局，1989.

[27] 廖哲勋，田慧生主编.课程新论［M］.北京：教育科学出版社，2003.

[28] 廖哲勋.课程学［M］.武汉：华中师范大学出版社，1991.

[29] 林耀华.民族学通论［M］.北京：中央民族大学出版社，1997.

[30] 刘铁芳.守望教育［M］.上海：华东师范大学出版社，2008.

[31] 刘旭东.课程的价值取向研究［M］.兰州：甘肃教育出版社，2002.

[32] 陆达节.孙中山先生外集［M］.上海：中华书局出版，1932.

[33] 马克思恩格斯全集（第1卷）［C］.北京：人民出版社，1995.

[34] 马克思恩格斯全集（第3卷）［C］.北京：人民出版社，1960.

[35] 马克思恩格斯全集（第3卷）［C］.北京：人民出版社，1960.

[36] 马克思恩格斯全集（第46卷）［C］.北京：人民出版社，1980.

[37] 马戎.社会转型过程中的族群关系［M］.北京：社会科学文献出版社.2016.

[38] 马戎.中华民族是一个［M］.北京：社会科学出版社，2016.

[39] 毛泽东.毛泽东选集（第5卷）［C］.北京：人民出版社，1977.363.

[40] 毛泽东选集.第一卷［M］.北京：人民出版社，1991.

[41] 裴娣娜.教育研究方法导论［M］.合肥：安徽教育出版社，2000.

[42] 钱民辉.多元文化与现代教育之关系研究［M］.北京：民族出版社，2008.

[43] 钱穆.民族与文化［M］.台北：台湾新亚书院.1963.

[44] 乔治.A.比彻姆.课程理论［M］.北京，人民教育出版社，1989.

[45] 施良方.课程理论——课程的基础、原理与问题［M］.北京：教育科学出版社，1996.

[46] 世界教育百科全书［I］.海口：海南出版社，2006.

[47] 苏德.全球化与本土化［M］.北京：中央民族大学出版社，2013.

[48] 孙若穷.中国少数民族教育学概论［M］.北京：中国劳动出版社，1990.

[49] 孙中山选集.第一卷 [M].北京：人民出版社，1981.

[50] 滕星张俊豪.多民族文化背景下的教育研究 [M].北京：民族出版社，2009.

[51] 滕星，苏德.教育人类学理论、方法与应用研究 [M].北京：中央民族大学出版社，2015.

[52] 王晁著.文化马赛克：加拿大移民史 [M].北京：民族出版社，2003.

[53] 王鉴，万明钢.多元文化教育比较研究 [M].北京：民族出版社，2006.

[54] 王鉴.课程与教学基本原理 [M].北京：人民教育出版社，2014.

[55] 吴永军.课程社会学 [M].南京：南京师范大学出版社.1999.

[56] 张宝成.民族认同与国家认同 [M].北京：人民出版社，2012.

[57] 张华.课程与教学论 [M].上海：上海教育出版社，2001.

[58] 张雪.课程论问题 [M].呼和浩特：远方出版社.2005.

[59] 赵卿敏.课程论基础 [M].武汉：华中科技大学出版社，2004.

[60] 中国大百科全书·教育 [I].北京：中国大百科全书出版社，1985.

[61] 钟启泉，汪霞.课程与教学论 [M].上海：华东师范大学出版社.2008.

[62] 钟启泉.现代课程论 [M].上海：上海教育出版社，1989.

[63] [澳] 安德鲁·文森特. 现代政治意识形态 [M].袁久红等译.南京：江苏人民出版社，2005.

[64] [德] 雅思贝尔斯.什么是教育 [M].邹进译.北京：三联书店，1991.

[65] [法] 涂尔干.社会分工论 [M].渠东译.北京：生活·读书·新知三联书店，2000.

[66] [加] 富兰著. 教育变革新意义 [M].赵中建，陈霞，李敏译,北京：教育科学出版社，2005.

[67] [罗] S.拉塞克，从现在到2000年教育内容发展全球展望 [M].G

维迪努.马胜利等译.北京：教育科学出版社，1996.

[68]［美］蔡斯著，李一平、陆忻译.课程的概念与课程领域：载瞿葆奎.课程与教材（上册）[M].北京：人民教育出版社.1988.245-254.

[69]［美］哈罗德·伊罗生.群氓之族：群体认同与政治变迁[M].桂林：广西师范大学出版社，2018.

[70]［美］吉纳·E.霍尔，雪莱·M.霍德著．实施变革——模式、原则与困难[M].吴晓铃译.杭州：浙江教育出版社，2004.

[71]［美］科珀著.存在主义[M].上海：复旦大学出版社，2012.

[72]［美］拉尔夫·泰勒.课程与教学的基本原理[M].施良方译.北京：人民教育出版社，1994.

[73]［美］梅雷迪斯·D·高尔.教育研究方法导论[M].许庆豫等译．南京：江苏教育出版杜，2002.

[74]［美］约翰·杜威著，民主主义与教育[M].王承绪译.北京：人民教育出版社，2001.

[75]［美］约翰逊.社会学理论[M].南开大学社会学系译.北京：国际文化出版公司，1988.

[76]［美］约瑟夫·阿·勒文森．梁启超与中国近代思想[M].成都：四川人民出版社，1986.

[77]［英］安东尼·吉登斯著，郭忠华编.全球时代的民族国家：吉登斯讲演录[M].南京：江苏人民出版社，2010.

[78]［英］安东尼·史密斯.民族主义：理论，意识形态，历史[M].叶江译.上海：上海人民出版社，2006.

[79]［英］怀特海.教育的目的[M].庄莲平，王立忠译.上海：文汇出版社，2012.

[80]［日］佐藤学著，静悄悄的革命——创造活动的、合作的、反思的综合学习课程[M].李季湄译．长春：长春出版社，2003.

[81]［日］佐藤正夫著，教学论原理[M].钟启泉译．北京：人民教育出版社，1996.

(二) 期刊论文类

[1]《人民日报》评论员.各民族共建美好家园共创美好未来论学习贯彻习近平总书记全国民族团结进步表彰大会重要讲话（之三）[J].中国民族，2019，(10)：27.

[2]《人民日报》评论员.中华民族一家亲同心共筑中国梦论学习贯彻习近平总书记全国民族团结进步表彰大会重要讲话（之一）[J].中国民族，2019，(10)：25.

[3] Jamesa.banks.多元文化国家的多样性及公民教育[J].湖南师范大学教育科学学报，2013，(3)：5-11.

[4] 阿依努尔·海热拉.《新疆历史与民族宗教理论政策教程》专题化教学在民族团结教育中的意义[J].高教学刊，2016，(16)：96-97.

[5] 奔厦·泽米，吴宇.新时期的高校民族团结教育及其路径选择[J].西北民族研究，2011，(3)：231-237.

[6] 常永才，Johnw.berry.从文化认同与涵化视角看民族团结教育研究的深化——基于文化互动心理研究的初步分析[J].民族教育研究，2010，(6)：18-22.

[6] 陈效飞，傅敏."良好的公民是通过教育塑造的"——新西兰公民教育课程的历史发展及启示[J].外国教育研究，2013，40（09）：80-87.

[7] 程良宏.从事实存在到实践生成：课程理解的转向[J].全球教育展望，2014，43（6）：3-10.

[8] 崔允漷.课程实施的新取向：基于课程标准的教学[J].教育研究，2009（01）：74-79.

[9] 崔允漷.素养：一个让人欢喜让人忧的概念[J].华东师范大学学报（教育科学版），2016，

[10] 董丽娟.汉族地区中小学校民族团结教育课程开展的问题探析[J].基础教育研究，2014，(10)：6-8.

[11] 董楠.铸牢中华民族共同体意识的路径选择[J].北方民族大学学报

（哲学社会科学版），2019，（2）：5-11.

[12] 费孝通.中华民族的多元一体格局[J].北京大学学报（哲学社会科学版），1989，（4）：3-21.

[13] 费孝通.简述我的民族研究经历和思考[J].北京大学学报（哲社版），1997，（2）：5-13，159.

[14] 冯生尧，李子建.香港课程实施影响因素之分析[J].全球教育展望，2001（05）：30-35.

[15] 傅敏，田慧生.教育叙事研究：本质、特征与方法[J].教育研究，2008（05）：36-40.

[16] 傅敏.课程本体论：概念、意义与建构[J].西北师范大学学报，2004（5）.

[17] 傅敏.论学校课程范式及其转型[J].教育研究，2005（07）：38-43.

[18] 高承海.中华民族共同体意识：内涵、意义与铸牢策略[J].西南民族大学学报（人文社科版），2019，40（12）：24-30.

[19] 顾玉军.在乡土教材建设中凸显民族团结教育的思考[J].现代教育科学，2013，（10）：51-53.

[20] 关冰.广西中小学民族团结教育课程体系探索[D].广西民族大学，2015.10—11.

[21] 郭华.中国课程改革四十年[J].湖南师范大学教育科学学报，2018，17（6）：1-8.

[22] 郭丽华，何继春.深入挖掘教育资源做好民族团结教育工作[J].中国民族教育，2004，（3）：26-27.

[23] 郭思乐.课程本体：从符号研究回归符号实践[J].教育研究，2003，（7）：72-78.

[24] 韩永静.清末梁启超民族思想的演变[J].兰台世界，2012，（31）：61-62.

[25] 郝时远.中文"民族"一词源流考辨[J].民族研究，2004，（6）：

60-69.

[26] 何芳川."华夷秩序"论[J].北京大学学报(哲学社会科学版),1998,(6):30-45.

[27] 黄纯艳.论华夷一统思想的形成[J].思想战线,1995,(2):45-50.

[28] 黄四林,左璜,莫雷,等.学生发展核心素养研究的国际分析[J].中国教育学刊,2016,(6):8-14.

[29] 黄小莲.课程实施研究谱系(1970-2010年)[J].教育发展研究,2011,(8):31-38.

[30] 吉标,吴霞.课程实施:理解、对话与意义建构———一种建构取向的课程实施观[J].西南师范大学学报(人文社会科学版),2005(01):85-88.

[31] 吉克跃林,张立辉,刘毅.民族高校民族团结进步隐性教育"4S"课程体系构建[J].西南民族大学学报(人文社会科学版),2014,卷缺失(11):196-200.

[32] 吉克跃林.民族高校民族团结隐性课程建设刍议[J].西南民族大学学报(人文社会科学版),2012,(5):218-221.

[33] 姜荣华,马云鹏.关注为本采纳模式的优点、限制与研究建议[J].外国教育研究,2012,(10):60-64.

[34] 姜宇,辛涛,刘霞,林崇德.基于核心素养的教育改革实践途径与策略[J].中国教育学刊,2016(06):29-32+73.

[35] 靳玉乐.课程实施:现状、问题与展望[J].山东教育科研,2001,(11):3-7.

[36] 李斌.新疆高校民族团结教育有效途径研究[J].新疆社会科学,2013,(3):69-75.

[37] 李臣之.课程实施:意义与本质[J].课程.教材.教法,2001(09):13-17.

[38] 李景繁,罗希,向其英.民族体育文化融入贵州中小学民族团结教

育的理性思考[J].黔南民族师范学院学报,2011,(6):72-75.

[39] 李凌艳,张平平,李勉.美国基础教育质量的学校影响因素监测研究[J].比较教育研究,2015,37(11):101-106.

[40] 李明欢."多元文化"论争世纪回眸[J].社会科学研究,2001,03:99-105.

[41] 李如密,刘伦.课堂教学互动及其优化策略—符号互动理论的视角[J].教育教学研究,2012,(10):51.

[42] 李晓霞.新疆各民族交往交流交融70年回顾[J].新疆社会科学.2019.(4):23-32.

[43] 李艺,钟柏昌.谈"核心素养"[J].教育研究,2015,(9):17-23,63.

[44] 李永宁.民族地区多元文化信息资源库研究与设计[J].中国电化教育,2011,(5):79-83.

[45] 李子建,尹弘飚.后现代视野中的课程实施[J].华东师范大学学报(教育科学版),2003(01):21-33.

[46] 刘刚.以公民教育素养为目标的民族团结教育模式改革[J].新疆社会科学,2014,(5):58-63,161.

[47] 刘启迪.试论学生与课程实施的关系[J].课程.教材.教法,2002(02):8-11.

[48] 刘毅,王艳.民族高校民族团结隐性课程内涵论析[J].民族教育研究,2013,(1):49-53.

[49] 刘云生,张鸿.课程实施:整合与优化[J].中国教育学刊,2003(03):37-39,46.

[50] 罗丹,肖祥.加强高校民族团结案例资源库建设[J].中共山西省委党校学报,2015,(2):120-122.

[51] 吕立杰,韩继伟,张晓娟.学科核心素养培养:课程实施的价值诉求[J].课程.教材.教法,2017,37(09):18-23.

[52] 马进.民族团结教育中社会心态的调节与生成[J].北方民族大学学

报(哲学社会科学版),2010,(2):65-69.

[53] 马俊毅.国家建构与各民族共有精神家园建设——基于统一多民族国家建构中国话语的理论分析[J].中央民族大学学报(哲学社会科学版),2019,46(5):28-38.

[54] 马戎.知识分子在社会族群结构和族际交往中的角色——读戈登的《美国人生活中的同化》[J].社会科学战线,2013,(7):193-203.

[55] 马戎."中华民族是一个":围绕1939年这一议题的大讨论[M].北京:社会科学文献出版社.2016.

[56] 马戎.如何认识"民族"和"中华民族"——回顾1939年关于"中华民族是一个"的讨论[J].中南民族大学学报(人文社会科学版),2012,32(5):1-12.

[57] 马瑞.民族地区高校构建民族团结教育课程体系探析[J].现代教育科学,2013,(1):103-107.

[58] 马晓媛.新形势下建设各民族共有精神家园研究[J].青海社会科学,2019,(6):176-179.

[59] 马云鹏,金轩竹,张振.我国课程实施研究20年回顾与展望[J].教育研究与实验,2019,卷缺失(5):38-44.

[60] 马云鹏,金轩竹,张振.我国课程实施研究20年回顾与展望[J].教育研究与实验,2019(05):38-44.

[61] 马云鹏,唐丽芳.课程实施策略的选择——课程改革中一个不可忽视的问题[J].比较教育研究,2002,(1):16-20.

[62] 马云鹏.课程实施及其在课程改革中的作用[J].课程·教材·教法,2001(9).18-23.

[63] 牛瑞雪.基于学生发展核心素养的课程整合与创生[J].当代教育科学,2018,卷缺失(2):86-88,92.

[64] 欧用生.课程实施的叙说研究[J].全球教育展望,2006,35(10):12-19.

[65] 彭虹斌,程红.我国当前课程实施中存在的一些问题及对策[J].教

育理论与实践，2003（17）：38-42.

[66] 邵朝友，周文叶，崔允漷.基于核心素养的课程标准研制：国际经验与启示［J］.全球教育展望，2015，（8）：14-22，30.

[67] 邵晓霞，傅敏.论文化身份认同及其对民族团结教育课程的启示［J］.贵州民族研究，2011（1）

[68] 邵晓霞.论课程的对话意蕴［J］.西北师大学报（社科版），2012（2）：117-122.

[69] 邵晓霞.文化视角下的民族团结教育实现问题［J］.甘肃社会科学，2012，（2）：15-18.

[70] 邵晓霞.从民族团结教育课程看我国多元文化教育［J］.云南民族大学学报（哲学社会科学版），2011，（4）：19-24.

[71] 施良方.课程定义辨析［J］.教育评论，1994，（3）：44-47.

[72] 石中英.论国家文化安全［J］.北京师范大学学报，2004（3）.5-14.

[73] 孙延宾.民族团结教育教材编写不应回避热点、难点［J］.中国民族教育，2015，（5）：49-51.

[74] 谭轶斌，席恒，陈群波，等.构建上海市小学"基于课程标准的教学与评价"支持系统［J］.上海课程教学研究，2018，（12）：68-75.

[75] 滕星.族群、文化差异性与学校课程多样化［J］.江苏社会科学，2003，（4）.

[76] 田保华.试论学科德育的问题与出路［J］.课程.教材.教法，2015，35（7）：3-11.

[77] 托娅.《学校民族团结教育指导纲要》情感目标解读［J］.教学与管理，2013，（4）：43-45.

[78] 万明钢，安静.全球化与多元文化张力下公民教育的变革［J］.教育科学，2010（10）.28-32.

[79] 万明钢.论美国多元文化教育理论的演变及其对课程改革的影响［J］.比较教育研究，1993（5）.22-25.

[80] 万明钢.美国多元文化教育课程设计原则综述[J].民族教育研究，1995（3）90-94.

[81] 万明钢.画出最大同心圆寻求最大公约数[J].中国民族教育，2019（10）：42-43.

[82] 万明钢.中华民族多元一体格局与民族团结教育[J].中国民族教育，2019（06）：20-21.

[83] 汪霞.课程实施：一个值得关注的问题[J].教育科学研究，2003，（3）：5-8.

[84] 王德民，徐黎丽. 类主体视阈下少数民族国家认同的历史维度[J].西北民族大学学报（哲学社会科学版），2018，（1）1-5.

[85] 王东虓.论民族精神教育与公民教育相结合的历史必然性[J].郑州大学学报（哲学社会科学版），2006，卷缺失（4）：10-13.

[86] 王嘉毅，周福盛.少数民族双语教学中存在的问题及其对策[J].西北师大学报，2005（1）.32-36.

[87] 王鉴，安富海.当前我国民族教育研究前沿与热点问题综述[J].学术探索，2011（2）.124-132.

[88] 王鉴.简论民族教育的概念及其本质[J].西北师大学报，1994（3）.70-74.

[89] 王鉴.我国民族教育课程改革及其政策研究[J].西北师大学报，2002（11）.102-105.

[90] 王鉴.西方少数民族教育研究评述[J].世界民族，2002（4）.56-65.

[91] 王鉴.近年来西方多元文化课程与教学研究简论[J].西北师大学报，2001，（5）.50-54.

[92] 王丽宏.民族院校民族团结教育途径及成效探析——以宁夏大学民族预科教育学院为例[J].宁夏社会科学，2016，（4）：249-253.

[93] 王锐.现代中国需要怎样的历史教育——钱穆的历史教育论表微[J].北京大学教育评论，2019，17（3）：147-163，191.

参考文献

[94] 王艳玲."局外"与"局内":多元文化学校情境中教师的跨文化适应及其课程实施取向探究[J].全球教育展望,2014,卷缺失(4):45-58.

[95] 王宗礼.论多民族国家的公民意识教育[J].西北师大学报(社会科学版),2011,(4):6-10.

[96] 西林.论政治社会化过程中的民族团结教育[J].新疆社会科学,2009,(2):49-51.

[97] 夏雪梅.教师课程实施程度的评估:一种整合架构[J].教育发展研究,2009(22):19-24.

[98] 辛涛,姜宇,林崇德,等.论学生发展核心素养的内涵特征及框架定位[J].中国教育学刊,2016,(6):3-7,28.

[99] 辛涛,姜宇,王烨辉.基于学生核心素养的课程体系建构[J].北京师范大学学报(社会科学版),2014,(1):5-11.

[100] 邢和祥.课程实施影响因素:一种分析的框架[J].当代教育科学,2010,(18):22-25.

[101] 邢和祥.课程实施影响因素:一种分析的框架[J].当代教育科学,2010(18):22-25.

[102] 徐娇.全球化背景下高校民族团结教育的探讨[J].教育探索,2011,(4):18-20.

[103] 徐文彬,王爱菊.布鲁纳的课程理论:从美妙理想回归现实生活[J].西北师大学报(社会科学版),2005,(5):57-60.

[104] 徐小容,朱德全.课程实施:忠实取向与创生取向相统一[J].中国教育学刊,2011(08):42-44,48.

[105] 严庆,刘雪杉.民族交往:提升民族团结教育实效性的关键——以内地西藏班(校)为例[J].西藏民族学院学报(哲学社会科学版),2011,04:91-95.

[106] 严庆,青觉.我国中小学民族团结教育工作回顾及展望[J].民族教育研究,2007,(1):50-56.

［107］严庆.民族团结的多视角解读［N］.中国民族报.2011-01-28.

［108］杨进红.论课程实施的立场、取向及路径［J］.当代教育科学，2014，（23）：22-24.

［109］杨鹍飞.中华民族共同体认同的理论与实践［J］.新疆师范大学学报（哲学社会科学版），2016，37（1）：83-94.

［110］杨明全.课程实施的学理分析：内涵、本质与取向［J］.全球教育展望，2004，（1）：35-38.

［111］杨志成.论学校课程整合与课程体系建构的一般逻辑［J］.课程.教材.教法，2016，36（8）：55-59，82.

［112］易红郡.英国国家课程实施中的问题、对策及启示［J］.课程.教材.教法，2004（01）：91-95.

［113］尹弘飚，靳玉乐.课程实施的策略与模式［J］.比较教育研究，2003，（2）：11-15.

［114］尹弘飚，李子建.再论课程实施取向［J］.高等教育研究，2005（1）.67-73.

［115］尹可丽，张敏，张积家.民族团结教育活动对少数民族学生中华民族认同及族际交往的影响［J］.民族教育研究，2016，03：57-63.

［116］喻春兰.从泰勒原理到概念重构：课程范式已经转换［J］.教育学报，2007（3）：34-40.

［117］詹先友，杨继军.藏区高等学校开展民族团结教育的途径与方法［J］.民族教育研究，2014，（1）：45-49.

［118］张爱琴.民族团结教育与乡土教材开发［J］.广西师范大学学报（哲学社会科学版），2010，（4）：22-26.

［119］张海洋.民族团结是中国立国之本［N］.中国民族报，2011-12-30005.

［120］张华.论核心素养的内涵［J］.全球教育展望，2016，（4）：1-15.

［121］张华.论课程实施的涵义与基本取向［J］.外国教育资料，1999，（2）：28-33.

[122] 张庆华, 邵景进."生活世界"视域下课程文化的重建 [J]. 教育探索, 2013, (3): 6-8.

[123] 张增田, 靳玉乐.论解释学视域中的课程实施 [J]. 比较教育研究, 2004, (6): 1-5.

[124] 张珍.边疆民族地区大学生民族团结教育存在问题及对策 [J]. 高教论坛, 2015, (5): 32-35.

[125] 张珍.边疆民族地区大学生民族团结教育存在问题及对策 [J]. 高教论坛, 2015, (5): 32-35.

[126] 赵海霞.民族团结教育在"中国近现代史纲要"教学中的运用 [J]. 黑龙江教育（高教研究与评估）, 2014, (8): 32-34.

[127] 赵长林, 孙海生.教科书与意识形态再生产——对1949—2018年相关研究的回顾与省思 [J]. 课程.教材.教法, 2019, 39 (1): 34-39.

[128] 赵长林.论教科书的意识形态功能 [J]. 聊城大学学报（社会科学版）, 2016 (4): 116-121.

[129] 钟启泉."核心素养"赋予基础教育以新时代的内涵 [J]. 上海教育科研, 2016, (2): 1.

[130] 周竞红.传统社会资源的挖掘和创新利用——"民族团结誓词碑"的启示 [J]. 中央民族大学学报（哲学社会科学版）, 2016, (3): 5-10.

[131] 周平.中华民族：中华现代国家的基石 [J]. 政治学研究, 2015, (4): 19-30.

[132] 周耀治, 冯振华, 祖力亚提·司马义, 等.民族团结教育的非智力因素问题初探——以高等学校为例 [J]. 新疆大学学报（哲学·人文社会科学版）, 2011, (4): 55-57.

[133] 朱其永.晚清时期梁启超民族主义思想的演进 [J]. 山西师大学报（社会科学版）, 2014, 41 (4): 118-122.

（三）学位论文类

[1] 鲍道宏.教师课程理解初探 [D]. 上海：华东师范大学, 2008.

［2］崔萌.民族国家的认同危机及其社会整合［D］.济南：山东大学，2015.

［3］丁咚.中国共产党的民族理论与政策研究（1978-2009）［D］.天津：南开大学，2012.

［4］丁俊华.小学英语课程实施状况及影响因素研究［D］.沈阳：东北师范大学，2015.

［5］高山.普通高中物理模块课程教学实施调查及比较研究［D］.成都：西南大学，2009.

［6］郝琦蕾.初中综合科学课程的实施［D］.兰州：西北师范大学，2009.

［7］何静.少数民族文化融入幼儿园课程的个案研究［D］.沈阳：东北师范大学，2016.

［8］解月光.普通高中技术课程实施个案研究［D］.沈阳：东北师范大学，2007.

［9］柯森.基础教育课程标准及其实施研究［D］.上海：华东师范大学，2004.

［10］李捷.改革开放以来反新疆分裂主义的实践与理论思考［D］.兰州：兰州大学，2012.

［11］李瑞君.当代新疆民族文化现代化与国家认同研究［D］.北京：中央民族大学，2012.

［12］刘刚.新疆民族团结教育历史进程、基本经验与实践策略研究［D］.济南：山东大学，2018.

［13］刘子云.民族团结教育实践模式研究［D］.北京：中央民族大学，2015.

［14］柳翔浩.和合视域下跨境民族地区中学生国家认同教育研究［D］.成都：西南大学，2013.

［15］邵晓霞.民族团结教育课程的理论与实践研究［D］.兰州：西北师范大学.2012.

［16］苏贵民.幼儿园科学领域课程实施研究［D］.成都：西南大学，

2008.

[17] 谭玉林.我国民族团结教育理论与实践研究［D］.北京：中央民族大学，2011.

[18] 田景正.基于生活哲学的幼儿园社会领域课程研究［D］.长沙：湖南师范大学，2013.

[19] 徐园媛.大学生社会主义核心价值观教育"四位一体"课程实施路径研究［D］.成都：西南大学，2017.

[20] 荀洪梅.中小学艺术课程实施现状研究［D］.沈阳：东北师范大学，2013.

[21] 张彤.普通高中课程实施的个案研究—L中学"唤醒心灵教育"理念下的课程构建［D］.沈阳：东北师范大学，2016.

[22] 张新海.新课程实施中的教师阻抗研究［D］.兰州：西北师范大学，2008.

[23] 郑志辉.课程实施中的教师培训研究［D］.成都：西南大学，2010.

[24] 朱江华.民国时期新疆地方政府教育施政研究（1912-1944年）［D］.西安：陕西师范大学，2018.

(四) 政策文件类

[1] 教育部办公厅国家民委办公厅关于印发《学校民族团结教育指导纲要(试行)》的通知［J］.小学德育，2009（1）：4-7.

[2] 教育部办公厅.教育部办公厅、国家民委办公厅关于在全国中小学开展民族团结教育活动的通知［Z］.2004-06-14.

[3]《中国学生发展核心素养》项目组.中国学生发展核心素养（征求意见稿）［R］.2016-1-29.

[4] 中共中央国务院.国务院关于地名命名、更名的暂行规定载于《中华人民共和国国务院公报》［Z］.1980，（04）：121-124.

[5] 中华人民共和国教育部.全日制义务教育品德与生活课程标准［S］.北京师范大学出版社，2011.

［6］中华人民共和国教育部.义务教育思想品德课程标准［S］.北京师范大学出版社，2011.

［7］中华人民共和国教育部.普通高中思想政治课程标准［S］.北京师范大学出版社，2017.

（五）网络资料类

［1］天山网.《中华民族大团结》教材出版的前前后后

［EB/OL］.http：//culture.ts.cn/content/2014-08/22/content_10444917.htm.责任者：朱熹

［2］新华网."平语"近人——关于民族团结习近平这样说

［EB/OL］.http：//news.xinhuanet.com/politics/2015-10/02/c_128285839.htm 责任者：李晶瑶

［3］新华网.中共中央办公厅国务院办公厅印发《关于深入持久开展民族团结进步创建工作助老中华民族共同体意识的意见》

［EB/OL］.http：//www.xinhuanet.com//2019-10/23/c_1125142776.htm.2019-10-23.

［4］新华网.习近平在全国民族团结进步表彰大会上的讲话［EB/OL］.2019.9.27：http：//www.xinhuanet.com//politics/leaders/2019-09/27/c_1125049000.htm

［5］国新网.《新疆的若干历史问题》白皮书（全文）［EB/OL］.2019-7-21：http：//www.scio.gov.cn/zfbps/32832/Document/1659930/1659930.htm

二、外文参考文献

［1］ N.R.Tumposky.（1987）.StafffDevelopmentandCurriculumImplementation，TheEducationalForum,51(2).pp.235-274.

［2］Fullan,M.,&Pomfret,A.(1977).ResearchonCurriculumandInstructionImplementation.ReviewofEducationResearch,47(1),pp.335-397.

［3］Hall, G.E.（1992），TheLocalEducationalChangeProcessandPolicyImplementation.JournalofResearchinScienceTeaching，29（8）：pp.877-904.

[4] Snyder,J.,Bolin,F. & Zumwalt,K.(1992).Curriculumimplementation.InP.W.Jackson,Handbookofresearchoncurriculum.NewYour:MacmillanPub.Co,pp.402-435.

[5] James.A.Banks.,&Banks.(1993).C.A.M.Multiculturaleducation:issuesandperspectives,2nded.,Bostion:AllynandBacon,pp.3-5.

[6] Nieto,S.(1996).AfirmativeDiversity:thesocio-policontextofMulticulturaleducation.N.Y.pp.3.

[7] Banks,J.A.(1984).Blackyouthsinpredominantlywhitesuburbs:Anexploratorystudyoftheirattitudesandself-concepts.JournalofNegroEducation,53（1）,pp.3-17.

[8] Voogt,J.&RoblinN.(2012).Acomparativeanalysisofinternationalframeworksfor21stcenturycompetences:Implicationsfornationalcurriculumpolicies.JournalofCurriculumStudies,44(3),pp.299-321,309.

[9] Banks,J.A.(2001).CulturalDiversityandEducation-Foundation,CurriculumandTeaching.(FourthEdition).Boston:Allyn&Bacon.pp.91-95.

[10] Bennett,C.I.(1986),ComprehensiveMulticulturalEducation-TheoryandPractice.Boston:Allyn&Bacon.pp.218.

[11] Brawarsky,S.(1995).TowardaCommonDestiny.InFredSchultz.MulticulturalEducation.96/97.(ThirdEdition)Guilford,CT:DushkinPublishingGroup/Brown&BenchmarkPublishersSluiceDock.pp.9-11.

[12] Bullivant,B.M.(1993).Culture:ItsNatureandMeaningforEducators.InBanks,J.A,andBanks,C.A.M.(eds).(1989).MulticulturalEducation:IssuesandPerspectives.(SecondEdition).Boston,MA:Allyn&Bacon.pp.29.

[13] Fullan,A.Pomfret(1977).ResearchonCurriculumandInstructionImplementation.ReviewofEducationResearch,47（1）:pp.335-397.

[14] Gross,N(1979).BasicIssuesintheManagementofEducationalChangeEforts.In:R.E.HerriottandN.Gross,eds.TheDinamicsofPlannedEducationalChange.Berkeley,CA:McCutchan.,pp.20-46.

[15] S.F.Loucks.(1991).CurriculumAdaptation.In A.Lewy,(ed.).The International Encyclopedia of Curriculum.New York:Pergamon Press.

致　谢

农历庚子年注定今生难忘，在学校连续多日繁忙的值班岗位上撰写完最后一部分内容，通宵达旦地完成最后校对，论文终于基本定稿，此刻的心情莫名复杂。

时光荏苒，五年前踏入师门时，我曾在攻读学位申请中写下"尽管年过而立，几近不惑，青春不再，但豪情未减，对于苍穹星空的仰望，是我学术进步、追求真理的巨大动力"的豪言壮语。其时，尚带着对"博士"光环的无限向往，不了然攻博历程竟是如此不易。此刻，当这一历程将要画上休止符时，激动之余不禁潸然。踌躇满志的起点与激动不已的终点之间，是多少个焦灼的不眠之夜，白头搔更短的孤寒岁月、皓首穷经的攻读历程，"不登高山，不知天之高也；不临深溪，不知地之厚也"其中酸甜苦辣各种滋味，唯有经历者才得体会。

回顾求学历程，心中充满无尽的感激。感谢我的导师傅敏教授，恩师不嫌学生愚钝，将我收入门下，我是何等的幸运。傅老师渊博的学识、严谨治学的学者风范、正直的学术品格深深影响着我。几年来，恩师谆谆教诲，传道、授业、解惑，求学过程中每每遭遇困境，傅老师总为我指明方向，温言鼓励，谆谆教导，激励我不断前行。师母身患恶疾，却乐观豁达，怡然自若，始终对我们学生关怀有加，不时送来温暖和关怀。恩师坚毅宽厚，师母温婉贤惠，二位长者学为人师，行为世范，是我等学生一生的楷模和榜样。在此，向恩师和师母致以最诚挚的敬意和谢意。

衷心感谢王鉴教授、刘旭东教授、吕世虎教授、王兆璟教授、赵明仁教授、姜秋霞教授、张学强教授、孙百才教授，在论文开题、中期考核、答辩以及平时的交流中给予我的帮助和教导。感谢北京师范大学郭华教授、山东师范大学徐继存教授、华中科技大学沈红教授、兰州市教科所孙志刚研究员、东北师范大学马云鹏和于海波教授对我论文提出的中肯建议。

同学之情弥足珍贵，几年的求学经历中，同门师姐弟、同级师兄妹对我帮助有加。感谢同门师兄弟高建波博士、王太军博士，师姐邵晓霞博士、左文霞博士对我学习上的指导和生活中的关心与帮助。感谢同级的党宝宝博士、哈斯朝勒博士、王成军博士、张军历博士、兰才让博士、肖福赟博士、杨正军博士、陈建海博士、路娟博士、孙智琳博士的一路相伴和无时无刻的鼓励、关心和帮助，和同学们在一起的日子是我求学路上最美好的回忆，学术之外的深厚友谊亦是我弥足珍贵的收获。

最后，感谢我的父亲、母亲、岳父、岳母，在我攻博期间默默的支持和付出，正是他们无私的爱和支持才能让我完成学业。特别的感谢献给我的爱人和我的女儿，求学和工作交织，常常使我身心俱疲，每每带着一身疲惫甚至心灰意冷的时候，总有你们最温暖的爱伴随着我，给我信心和决心坚持完成学业，感谢你们对我求学期间缺失丈夫和父亲责任的包容。

困难终将过去，殷忧启圣，多难兴邦，沧海横流，方显英雄本色。博士阶段的学习，让我收获了读书、思考的好习惯，塑造了坚忍的意志品质。论文完成在即，"回首向来萧瑟处，也无风雨也无晴"，我相信，在未来的工作、学习和生活中，博士阶段的积累和积淀，将激励我向着更高的目标出发。

刘卫民
2020 年 3 月 25 日 9：48 分于笃行楼